Dia a dia com

OS PAIS DA IGREJA

DEVOCIONAL DIÁRIO

Publicações Pão Diário

Dia a dia com

OS PAIS DA IGREJA

DEVOCIONAL DIÁRIO

Originally published in English under the title
Day by Day with the Early Church Fathers
Compiled and Edited by Christopher D. Hudson, J. Alan Sharrer, and Lindsay Vanker

COORDENAÇÃO EDITORIAL: Dayse Fontoura
TRADUÇÃO: Cláudio F. Chagas
REVISÃO: Dalila de Assis, Dayse Fontoura, Lozane Winter, Rita Rosário
PROJETO GRÁFICO E DIAGRAMAÇÃO: Audrey Novac Ribeiro
CAPA: Audrey Novac Ribeiro

Dados Internacionais de Catalogação na Publicação (CIP)

Compilado e editado por Christopher D. Hudson, J. Alan Sharrer, and Lindsay Vanker
Dia a dia com os Pais da Igreja
Tradução: Cláudio F. Chagas – Curitiba/PR, Publicações Pão Diário.
Título original: *Day by Day with the Early Church Fathers*

1. Teologia prática	3. Vida cristã
2. Religião prática	4. Meditação e devoção

Publicações Pão Diário
Caixa Postal 4190
82501-970 Curitiba/PR, Brasil
publicacoes@paodiario.org
www.paodiariopaodiario.com.br
Telefone: (41) 3257-4028

Capa couro: DB537 • ISBN: 978-1-64641-014-9
Capa dura: Q8300 • ISBN: 978-1-64641-015-6

1.ª edição 2020 • 3.ª impressão: 2023

Impresso na China

Introdução

"Sereis minhas testemunhas..." (ATOS 1:8). Com essas palavras, Jesus declarou que o caminho da salvação seria conhecido por pessoas do mundo todo.

O Novo Testamento registra os primórdios do cristianismo, desde o discurso de Pedro no Pentecostes até a visão de João em Patmos. Após os apóstolos partirem para estarem no Céu com o Senhor, um grupo de indivíduos proclamou e protegeu a fé cristã contra os constantes ventos de heresia. Eles são comumente conhecidos como os Pais da Igreja.

Cada um deles enfrentou um desafio singular em seu respectivo ministério. A alguns foram atribuídas posições de autoridade eclesiástica contra a sua vontade. Outros foram atacados por líderes de seitas hereges. Todos enfrentaram o constante perigo de perseguições e morte por confessarem sua fé em Jesus. Porém, por sua orientação, a Igreja estendeu suas raízes para a Europa, a Ásia Menor e o Norte da África.

Durante séculos, os cristãos foram impactados e desafiados pelos ensinamentos dos patriarcas da Igreja Primitiva. Nomes como Martinho Lutero, João Calvino e John Wesley se beneficiaram das palavras de Agostinho, Crisóstomo e outros heróis da Igreja.

Agora é a sua vez.

As leituras devocionais presentes neste livro foram cuidadosamente selecionadas da série de 38 volumes *The Early Church Fathers* [Os Pais da Igreja Primitiva], inicialmente publicada em 1885. Cada volume da série foi cuidadosamente estudado, na tentativa de reunir seleções variadas e poderosas. Após terminado o processo de seleção, cada devocional foi editado para atualização a linguagem, porém apresentando o significado original pretendido pelo pai da Igreja.

Dado que muitos patriarcas da Igreja iniciavam um tema e o concluíam após iniciar outro tema, foram usadas reticências [...]

com a finalidade de clareza. Além disso, a passagem das Escrituras presente em cada devocional pode não corresponder a muitas das traduções atuais. Isso se deve à tradução feita por cada patriarca a partir dos manuscritos em grego ou hebraico.

Ao final do livro, há uma biografia de cada um dos 39 patriarcas da Igreja, juntamente com as datas em que seus textos selecionados se encontram.

Oramos para que, enquanto você lê o que esses grandes homens disseram, Deus ministre ao seu coração e o desafie a tornar-se mais semelhante ao Seu Filho, Jesus.

J. Alan Sharrer, Christopher D. Hudson
e Lindsay Vanker
Julho de 1999

Prefácio

Leia cuidadosamente este tratado e, se você o compreender, Deus seja louvado! Se não, ore por entendimento, pois Ele lho dará. Lembre-se do que dizem as Escrituras: "Se, porém, algum de vós necessita de sabedoria, peça-a a Deus, que a todos dá liberalmente e nada lhes impropera; e ser-lhe-á concedida". A sabedoria vem do alto, como afirma o apóstolo Tiago.

Há, porém, outra sabedoria da qual você precisa se livrar. Ore para que Deus a livre inteiramente dela. Tiago expressou sua ira por esse tipo de sabedoria ao dizer "Se, pelo contrário, tendes em vosso coração inveja amargurada e sentimento faccioso, [...] Esta não é a sabedoria que desce lá do alto; antes, é terrena, animal e demoníaca. Pois, onde há inveja e sentimento faccioso, aí há confusão e toda espécie de coisas ruins. A sabedoria, porém, lá do alto é, primeiramente, pura; depois, pacífica, indulgente, tratável, plena de misericórdia e de bons frutos, imparcial, sem fingimento". Então, que enorme bênção é que, se orarmos por sabedoria, a receberemos do Senhor! Como resultado, você poderá compreender o que é a graça, porque, se essa sabedoria procedesse de nós, não viria do alto e não teríamos de pedi-la ao Deus que nos criou.

Agostinho

LÁGRIMAS E ALEGRIA

CRISÓSTOMO

Bem-aventurados os que choram,
porque serão consolados. MATEUS 5:4

Como pode Paulo dizer "Alegrai-vos sempre no Senhor"? A alegria de que ele fala provém de lágrimas de pesar. Pois, tanto quanto a alegria mundana traz consigo tristeza, lágrimas piedosas produzem uma interminável alegria que não diminui. A prostituta, que obteve mais honra do que as virgens, experimentou alegria quando tomada por essa chama. Inteiramente aquecida pelo arrependimento, ela foi movida por seu anseio por Cristo. Ela soltou os cabelos, banhou os Seus santos pés com suas lágrimas, enxugou-os com seus cabelos e derramou todo o unguento. Entretanto, essas eram apenas manifestações exteriores. As emoções presentes na mente dela eram muito mais: eram fervorosas — coisas que somente Deus seria capaz de ver. Portanto, todo aquele que ouve falar dessa mulher se alegra com ela, deleita-se em suas boas obras e a absolve de todo pecado. Se nós, que somos maus, a julgamos dessa maneira, imagine que sentença ela recebeu de Deus, que ama a humanidade! Considere quanto, mesmo antes de receber as dádivas de Deus, ela foi abençoada por seu arrependimento. ...Pois busco as lágrimas derramadas, não para exibição, mas por arrependimento; quero aquelas que escorrem secretamente e a portas fechadas, fora da vista, suave e silenciosamente. Desejo aquelas que têm origem nas profundezas da mente, aquelas derramadas em angústia e tristeza, aquelas que são somente para Deus.

"Eu busco as lágrimas derramadas, não para exibição,
mas por arrependimento."

OBRA COMPLETA

GREGÓRIO DE NISSA

Porque ninguém pode lançar outro fundamento, além do que foi posto, o qual é Jesus Cristo. Contudo, se o que alguém edifica sobre o fundamento é ouro, prata, pedras preciosas, madeira, feno, palha, manifesta se tornará a obra de cada um; pois o Dia a demonstrará, porque está sendo revelada pelo fogo; e qual seja a obra de cada um o próprio fogo o provará.

1 CORÍNTIOS 3:11-13

Os soldados não se armam parcialmente, deixando desprotegido o resto do corpo. Afinal, se recebessem ferimentos mortais na área desprotegida, que lógica teria a sua armadura parcial? Novamente, quem consideraria impecável alguma feição quando, em um acidente, ela tivesse perdido algo essencial para a beleza? A desfiguração da parte mutilada destrói a graça da parte ilesa. O evangelho indica que quem tenta construir uma torre, mas gasta todo o seu tempo na fundação e nunca termina, é ridículo. Com a Parábola da Torre, aprendemos também a trabalhar arduamente e terminar todo objetivo grandioso, para completar a obra de Deus por meio das multifacetadas estruturas de Seus mandamentos. É claro que uma pedra não erige uma torre inteira, assim como obedecer a um mandamento não eleva a alma à altura necessária da perfeição. Sem dúvida alguma, a fundação precisa ser lançada em primeiro lugar. Porém, como diz o apóstolo Paulo, a estrutura de ouro e pedras preciosas precisa ser construída sobre ela. Porque o salmista exclama: "Amo os teus mandamentos mais do que o ouro, mais do que o ouro refinado".

"Uma pedra não erige uma torre inteira, assim como obedecer a um mandamento não eleva a alma à altura necessária da perfeição."

NEGANDO-SE A SI MESMO

ORÍGENES

Sim, deveras considero tudo como perda, por causa da sublimidade do conhecimento de Cristo Jesus, meu Senhor; por amor do qual perdi todas as coisas e as considero como refugo, para ganhar a Cristo.

FILIPENSES 3:8

Aqueles que não se negaram a si mesmos não podem seguir Jesus, porque escolher seguir Jesus e realmente segui-lo não provém de uma coragem comum. Quem se nega a si mesmo apaga sua antiga vida iníqua. Por exemplo, quem foi imoral nega seu eu imoral e adquire domínio próprio para sempre. ...Quem se tornou justo não confessa a si mesmo, e sim a Cristo. Quem encontra sabedoria, por possuir essa sabedoria, também confessa a Cristo. E quem "com o coração crê para justiça e com a boca confessa a respeito da salvação" e dá testemunho das obras de Cristo confessando-as a outros será confessado por Cristo diante de Seu Pai celestial. ...Como resultado, que todo pensamento, todo propósito, toda palavra e todo ato se tornem uma negação de nós mesmos e um testemunho de Cristo e em Cristo. Estou persuadido de que todo ato da pessoa perfeita é um testemunho de Cristo Jesus e que a abstinência de todo pecado é uma negação de si mesmo, que leva a Cristo. Essas pessoas estão crucificadas com Cristo. Elas tomam suas próprias cruzes para seguir Aquele que, por amor a nós, carrega a Sua própria cruz.

"Todo ato da pessoa perfeita é um testemunho de Cristo Jesus, e a abstinência de todo pecado é uma negação de si mesmo, que leva a Cristo."

MEMORIAIS

TEODORETO

Irmãos, tomai por modelo no sofrimento e na paciência os profetas, os quais falaram em nome do Senhor. TIAGO 5:10

Mesmo que não fosse oferecido um prêmio aos que lutam pela verdadeira religião, a Verdade em si bastaria para persuadir aqueles que a amam a aceitarem qualquer perigo em favor dela. O santo apóstolo Paulo atesta isso. Ele diz: "Porque eu estou bem certo de que nem a morte, nem a vida, nem os anjos, nem os principados, nem as coisas do presente, nem do porvir, nem os poderes, nem a altura, nem a profundidade, nem qualquer outra criatura poderá separar-nos do amor de Deus, que está em Cristo Jesus, nosso Senhor". Meu amigo, veja a chama desse afeto; veja a tocha do amor.

Paulo não cobiça o que é do Senhor. Eu só anseio por Ele, diz o apóstolo. E esse meu amor é insaciável. Eu me contentaria em abrir mão de todas as felicidades presentes e futuras, sim, sofrer e suportar todos os tipos de dor novamente para manter essa chama em mim com toda a sua intensidade. Paulo exemplificou isso em atos e em palavras, pois deixou para trás os memoriais de seus sofrimentos. Quando me lembro dele e dos demais patriarcas, profetas, apóstolos, mártires e sacerdotes, não posso deixar de deliciar-me com o que comumente consideramos desprezível. Fico envergonhado ao recordar-me de como aqueles que nunca aprenderam as lições que aprendemos, mas seguiram somente a natureza humana, conquistaram lugares de destaque na corrida da virtude.

"Mesmo que não fosse oferecido um prêmio aos que lutam pela verdadeira religião, a Verdade em si bastaria para persuadir aqueles que a amam a aceitarem qualquer perigo em favor dela."

O BOM PASTOR

CLEMENTE DE ALEXANDRIA

Como pastor, apascentará o seu rebanho; entre os seus braços recolherá os cordeirinhos e os levará no seio; as que amamentam ele guiará mansamente.

ISAÍAS 40:11

Alimenta-nos, teus filhos, como ovelhas, Mestre; enche-nos com a justiça do Teu próprio pasto. Instrutor, dá-nos alimento no Teu santo monte, a Igreja, que se eleva no ar, está acima das nuvens e toca o céu. "E eu serei", diz Ele, "seu Pastor" [N.T.: Neste devocional, várias citações entre aspas não são trechos da Bíblia, e sim do livro *The Sacred Writings of Clement of Alexandria* (Os escritos sagrados de Clemente de Alexandria).], e estarei tão perto delas quanto a roupa de sua pele. Ele quer salvar minha carne envolvendo-a no manto da imortalidade e unge o meu corpo. "Eles me chamarão", diz Ele, "e direi: eis-me aqui". Tu ouviste antes do que eu esperava, Mestre. "E, se passarem, não escorregarão", diz o Senhor, pois nós, que estamos passando para a vida eterna, não cairemos em corrupção porque Ele nos sustentará. Foi assim que Ele disse e assim que desejou. Nosso Instrutor é bom com justiça. "Não vim", disse, "para ser servido, mas para servir". Portanto, Ele é apresentado no evangelho como "cansado", porque labutou por nós e prometeu "dar a sua vida em resgate por muitos". Porque somente Cristo é o Bom Pastor. Ele é generoso e nos dá a maior de todas as dádivas: Sua própria vida. Ele é extremamente bom e amoroso para com os homens, visto que, quando poderia ter sido Senhor, desejou tornar-se um irmão para a humanidade. Ele é tão bom que morreu por nós.

TERMINE BEM

BASÍLIO

...mas revesti-vos do Senhor Jesus Cristo e nada disponhais para a carne no tocante às suas concupiscências.

ROMANOS 13:14

Nem mesmo Davi foi inocente, porque seus pensamentos se desviaram e pecou contra a esposa de Urias. Outro exemplo é, certamente, suficiente para manter seguro alguém que esteja vivendo de forma piedosa. Esse exemplo é a queda de Judas, de melhor para pior. Após ser discípulo de Cristo durante tanto tempo, ele vendeu seu Mestre visando obter lucro, mas, em vez disso, recebeu punição. Aprenda com isso, amado, que quem começa bem não é perfeito. O aprovado por Deus é aquele que termina bem. Então, não permita que seus olhos durmam ou que suas pálpebras cochilem, para que você possa ser salvo "como a gazela, da mão do caçador e, como a ave, da mão do passarinheiro", porque você está passando em meio a armadilhas. Está andando no topo de uma elevada muralha, de onde uma queda é muito mais perigosa. Portanto, não tente ser extremamente disciplinado imediatamente. Acima de tudo, tenha cuidado com a sua própria confiança, para não cair da altura de disciplina por falta de treinamento. É melhor avançar um pouco por vez. Por isso, afaste-se dos prazeres da vida pouco a pouco. Destrua gradualmente todos os seus maus hábitos, para não trazer sobre si mesmo uma massa de tentações ao provocar todas as suas paixões ao mesmo tempo. Quando tiver dominado uma paixão, só então comece a lutar contra outra e, em pouco tempo, você terá superado todas.

"Tenha cuidado com a sua própria confiança, para não cair da altura de disciplina por falta de treinamento. É melhor avançar um pouco por vez."

DEUS NOS CONHECE

AGOSTINHO

Porque fazes resplandecer a minha lâmpada;
o SENHOR, *meu Deus, derrama luz nas minhas trevas.*

SALMO 18:28

Tu, Senhor, és quem me julga. Pois, embora ninguém saiba "as coisas do homem, senão o seu próprio espírito, que nele está", há, em uma pessoa, algo que "o seu próprio espírito, que nela está" não conhece acerca de si mesmo. Contudo, tu, Senhor, que nos criaste, nos conheces inteiramente. Embora eu despreze quem eu sou aos Teus olhos e considere "que sou pó e cinza", inegavelmente sei algo acerca de ti que não sei acerca de mim mesmo. Com certeza, "agora, vemos como em espelho, obscuramente" e ainda não "face a face". Então, enquanto estou "ausente" de ti, estou mais "presente" com meu corpo do que contigo. Sei que és incapaz de pecar, mas não sei a quais tentações consigo resistir e a quais não consigo. Há, porém, esperança porque tu és fiel. Não permitirás sermos tentados além do que somos capazes de suportar, mas sempre criarás um meio de escaparmos da tentação para que possamos suportá-la. Portanto, confessarei o que sei acerca de mim mesmo. Confessarei também o que não sei acerca de mim mesmo. O que conheço acerca de mim mesmo sei por Tua revelação. E aquilo que não sei acerca de mim mesmo, não saberei até o momento em que vejas minha "escuridão como o meio-dia".

"Não sei a quais tentações consigo resistir e a quais não consigo. Há, porém, esperança porque tu és fiel."

GLÓRIA DURADOURA

CRISÓSTOMO

Pois eis que vem o dia e arde como fornalha; todos os soberbos e todos os que cometem perversidade serão como o restolho; o dia que vem os abrasará, diz o Senhor *dos Exércitos, de sorte que não lhes deixará nem raiz nem ramo.*

MALAQUIAS 4:1

Fuja da soberba porque ela é uma paixão mais traiçoeira do que qualquer outra. Dela nascem a cobiça e o amor pela riqueza, bem como o ódio, as guerras e as lutas, porque quem quer mais nunca conseguirá se deter. Seus desejos se originam em nada além de seu amor por exibir suas realizações. ...Se extirparmos a soberba (o principal de todos os males), mataremos com ela todos os outros membros da maldade. Então, nada poderá nos impedir de viver na Terra como se estivéssemos no Céu. A soberba não apenas lança seus cativos à iniquidade, mas até coexiste com a justiça deles. Quando não consegue livrar-se de todas as virtudes deles, ela danifica fortemente sua capacidade de exercitá-las. Ela nos força a trabalhar arduamente e nos priva do fruto. ...Portanto, se queremos conquistar a glória, precisamos fugir da glória humana e desejar somente a glória proveniente de Deus. Somente assim, obteremos e desfrutaremos das duas por meio da graça e bondade de nosso Senhor Jesus Cristo.

"Fuja da soberba, porque ela é uma paixão mais traiçoeira do que qualquer outra."

UM CORAÇÃO PURO

HERMAS

Não negligencieis, igualmente, a prática do bem e a mútua cooperação; pois, com tais sacrifícios, Deus se compraz.

HEBREUS 13:16

Seja humilde e inocente e você será como as crianças que não conhecem a maldade que arruína a vida dos homens. Primeiramente, então, não fale mal de ninguém, nem ouça com prazer quem fala mal de outra pessoa. Porém, se ouvir e acreditar na difamação, você participará do pecado do maldizente, porque, quando você acredita, também tem algo a falar contra seu irmão. Desse modo, você será culpado do pecado do difamador. A injúria é má e um demônio instável. Ela nunca está em paz, permanecendo sempre em conflito. Mantenha-se longe dela e sempre estará em paz com todos. Revista-se da santidade que não ofenderá com malícia, mas cujas ações são firmes e alegres. Pratique a bondade e, dos seus lucros, ...dê a todos, porque Deus quer que Suas dádivas sejam compartilhadas entre todos. ...Portanto, quem compartilha é inculpável, pois, assim como recebeu do Senhor, também inocentemente completou seu serviço por não debater sobre com quem deveria e com quem não deveria compartilhar. Esse serviço, se completado com humildade, é glorioso para Deus. Assim sendo, aquele que serve com humildade viverá para Deus. Portanto, guarde esses mandamentos conforme eu lhos dei, para que o seu arrependimento e o arrependimento de sua casa sejam considerados inculpáveis e seu coração possa ser puro e imaculado.

VERDADEIRA HUMILDADE

CRISÓSTOMO

Há daqueles que são puros aos próprios olhos e que jamais foram lavados da sua imundícia.

PROVÉRBIOS 30:12

Em tudo que você fizer a um conservo, lembre-se daquilo que seu Mestre o fez aos Seus servos. Escute e estremeça! Nunca se satisfaça com a sua humildade! ...Talvez você ria dessa afirmação, como se a humildade pudesse fazê-lo inflar-se. Porém, não se surpreenda se ela o inflar caso não seja genuína. Quando e de que maneira ela poderia fazer isso? Quando é praticada para obter o favor humano e não o divino. Quando é praticada para que possamos ser louvados e considerados grandes, pois isso é do diabo. Quem se vangloria de não ser arrogante se agrada de sua humildade e elevada consideração. ...Você praticou algum ato por humildade? Não se orgulhe disso, senão todo o mérito desse ato será perdido. O fariseu era assim. Ele se inflava porque dava seus dízimos aos pobres e, como resultado, perdeu a honra do ato. Isso não ocorreu com o cobrador de impostos, nem com Paulo, que disse: "de nada me argui a consciência; contudo, nem por isso me dou por justificado". Veja como ele não se exalta, mas de todas as maneiras se diminui e se humilha, mesmo quando já havia chegado ao topo. ...Quando você pensar em admirar-se por ser humilde, considere o seu Mestre. Lembre-se ao que Ele se reduziu e você deixará de admirar-se ou elogiar-se.

"Você praticou algum ato por humildade? Não se orgulhe disso, senão todo o mérito desse ato será perdido."

A TRANSFORMAÇÃO

LACTÂNCIO

...e vos revestistes do novo homem que se refaz para o pleno conhecimento, segundo a imagem daquele que o criou.

COLOSSENSES 3:10

O poder da sabedoria divina é tão grande que, quando infundida no coração, expulsa a tolice (a mãe de todos os erros) em um único impulso — de uma vez por todas. Essa sabedoria não necessita de pagamento, livros ou estudos noturnos para se realizar. Pelo contrário, os resultados ocorrem de maneira livre, fácil e rápida, bastando que os ouvidos estejam abertos e o coração tenha sede de sabedoria. Não tenha medo: nós não vendemos água, nem oferecemos o Sol como recompensa. A fonte de Deus, mais abundante e plena, está aberta a todos. Essa luz celestial se eleva para todos os que têm olhos. Os filósofos produziriam essas coisas ou conseguiriam atingir esses resultados se quisessem? Pois, embora passem a vida estudando filosofia, não são capazes de aprimorar pessoa alguma, nem a si mesmos. ...Na melhor das hipóteses, a sabedoria deles não erradica, mas, na verdade, esconde as falhas. Entretanto, alguns dos princípios de Deus transformarão as pessoas tão completamente e as tornarão novas ao fazê-las lançar fora o seu antigo eu, de modo que você não as reconhecerá como sendo as mesmas.

"O poder da sabedoria divina é tão grande que, quando infundida no coração, expulsa a tolice em um único impulso — de uma vez por todas."

VIDAS TRANSFORMADAS

JUSTINO MÁRTIR

Deixe o perverso o seu caminho, o iníquo, os seus pensamentos; converta-se ao SENHOR, *que se compadecerá dele, e volte-se para o nosso Deus, porque é rico em perdoar.*

ISAÍAS 55:7

De antemão o advertimos para que estivesse em guarda, a fim de que espíritos malignos não o enganem e distraiam de ler e compreender o que dizemos, porque eles se esforçam para o manter como escravo e servo. Algumas vezes, por aparições em sonhos e, outras, por enganos mágicos, eles subjugam todos os que não conseguem se lhes opor fortemente para sua própria salvação. Visto que somos persuadidos pela Palavra, permanecemos distantes dos demônios e seguimos o único Deus autossuficiente, por intermédio de Seu Filho. Nós, que anteriormente nos deliciávamos com a imoralidade sexual, agora abraçamos somente a castidade. Nós, que usávamos artes mágicas, dedicamo-nos ao Deus bom e autoexistente. Nós, que valorizávamos acima de tudo a aquisição de riqueza e posses, agora trazemos o que temos para um suprimento comum e compartilhamos com todos os necessitados. Nós, que odiávamos e destruíamos uns aos outros e, por conta dos hábitos diferentes, não conviveríamos com pessoas de tribo diferente, agora, desde que viemos a Cristo, vivemos próximos a eles. Agora, oramos pelos nossos inimigos e tentamos persuadir quem nos odeia injustamente a entrar em conformidade com os bons princípios e mandamentos de Cristo para que possam compartilhar conosco a mesma alegre esperança de uma recompensa de Deus, o governante de todos.

PROVADO PELO FOGO

CRISÓSTOMO

Farei passar a terceira parte pelo fogo, e a purificarei como se purifica a prata, e a provarei como se prova o ouro; ela invocará o meu nome, e eu a ouvirei; direi: é meu povo, e ela dirá: O SENHOR *é meu Deus.*

ZACARIAS 13:9

Os refinadores lançam pedaços de ouro no forno para serem testados e purificados pelo fogo. Da mesma maneira, Deus permite que a alma humana seja provada por problemas até se tornar pura, transparente e ter se beneficiado grandemente do processo. Essa é, portanto, a maior vantagem que temos. Por isso, não devemos ficar perturbados ou desanimados quando nos acontecem provações. Afinal, se os refinadores sabem quanto tempo deixar um pedaço de ouro no forno e quando tirá-lo, se não permitem que ele permaneça no fogo até ser queimado e destruído, quão melhor Deus entende desse processo. Quando Ele vê que nos tornamos mais puros, liberta-nos de nossas provações para não sermos esmagados e derrotados por elas. Assim sendo, não devemos fugir ou desanimar quando algo inesperado nos acontece. Em vez disso, devemos nos submeter Àquele que tem o maior conhecimento e provará nosso coração no fogo durante o tempo que quiser. Ele o faz por uma razão e pelo bem dos que são testados.

"Não devemos fugir ou desanimar quando algo inesperado nos acontece. Em vez disso, devemos nos submeter Àquele que tem o maior conhecimento e provará nosso coração no fogo durante o tempo que quiser."

VERDADE OCULTA

JERÔNIMO

Desvenda os meus olhos,
para que eu contemple as maravilhas da tua lei.

SALMO 119:18

Em Apocalipse é mostrado um livro selado com sete selos. Se você o desse a alguém culto e dissesse: "Leia isto", ele responderia: "Não posso porque está selado". Atualmente, muitas pessoas se consideram cultas, mas, para elas, as Escrituras são um livro selado. Não são capazes de abri-la sem a ajuda daquele "que tem a chave de Davi, que abre, e ninguém fechará, e que fecha, e ninguém abrirá". Em Atos dos Apóstolos havia um eunuco santo. Quando ele estava lendo Isaías, Felipe perguntou-lhe: "Compreendes o que vens lendo?". Ele respondeu: "Como poderei entender, se alguém não me explicar?" ...Então, Filipe se aproximou e lhe mostrou Jesus, que estava oculto no texto. Que excelente professor! Naquele mesmo momento, o eunuco creu e foi batizado. Ele se tornou um dos fiéis e um santo. Já não era mais aluno, e sim mestre, e encontrou mais nos escritos da Igreja ali, no deserto, do que jamais havia encontrado no templo dourado da sinagoga. ...É inútil tentar ensinar o que você não sabe, e — se eu puder falar com algum zelo — ainda pior não reconhecer a sua ignorância.

"É inútil tentar ensinar o que você não sabe,
e ainda pior não reconhecer a sua ignorância."

PARTICIPANDO DO SOFRIMENTO

TEODORETO

Bem-aventurados sois quando, por minha causa, vos injuriarem, e vos perseguirem, e, mentindo, disserem todo mal contra vós. Regozijai-vos e exultai, porque é grande o vosso galardão nos céus; pois assim perseguiram aos profetas que viveram antes de vós. MATEUS 5:11,12

O maior conforto para quem sofre falsas acusações é dado pelas palavras das Escrituras. Quando são feridos pelas palavras mentirosas de uma língua desenfreada e sentem as ferroadas da aflição, os sofredores podem recordar-se da história de José, que foi um exemplo de justiça ao sofrer uma acusação difamatória. Ele foi preso acusado de invadir a cama de outro homem e passou muito tempo em uma masmorra. Quando observamos o modelo de pureza de José, nossa dor é aliviada pelo remédio que a história proporciona. Encontramos o mesmo ao observarmos Davi, a quem Saul caçava como um tirano. Quando Davi capturou seu inimigo e o deixou ir embora ileso, recebeu conforto em sua aflição. E há também a história do próprio Senhor Cristo, Criador dos tempos, Criador de todas as coisas, o próprio Deus e Filho do próprio Deus. Contudo, foi chamado de glutão e bêbado pelos iníquos judeus. O sofrimento de Cristo não é apenas reconfortante, mas proporciona grande alegria a quem sofre, por ser considerado digno de participar dos sofrimentos do Senhor.

"O maior conforto para quem sofre falsas acusações é dado pelas palavras das Escrituras."

DEUS DÁ TUDO

GREGÓRIO NAZIANZENO

Assim, pois, não depende de quem quer ou de quem corre, mas de usar Deus a sua misericórdia.

ROMANOS 9:16

Concordo que as pessoas têm certas capacidades — umas têm mais; outras, menos. Porém, somente essas capacidades não conseguem aperfeiçoá-las. ...Algumas pessoas têm orgulho de seus sucessos. Elas atribuem tudo a si mesmas e nada Àquele que as criou, lhes deu sabedoria e lhes forneceu coisas boas. Tais pessoas precisam aprender que, mesmo ao desejar o bem a alguém, elas precisam da ajuda de Deus. Até mesmo decidir o que é certo é um presente da misericórdia de Deus, porque é necessário tanto que nos dominemos quanto que Deus nos poupe. É por isso que Ele não fala de pessoas que apenas desejam ou correm, mas das que também dependem de Deus. Isso demonstra misericórdia. Há um bom motivo pelo qual tudo é atribuído a Deus, porque, independentemente de quanto você corra ou lute, você precisa de alguém para lhe dar a recompensa. "Se o SENHOR não edificar a casa, em vão trabalham os que a edificam; se o SENHOR não guardar a cidade, em vão vigia a sentinela." Salomão diz: "não é dos ligeiros o prêmio, nem dos valentes, a vitória, nem tampouco dos sábios, o pão, nem ainda dos prudentes, a riqueza, nem dos inteligentes, o favor". Porém, é Deus quem dá a vitória. Ele leva o navio em segurança ao porto.

"É necessário tanto que nós nos dominemos quanto que Deus nos poupe."

ALMAS PURAS

AGOSTINHO

...desejai ardentemente, como crianças recém-nascidas, o genuíno leite espiritual, para que, por ele, vos seja dado crescimento...

1 PEDRO 2:2

Ninguém pode ver a "face", isto é, a aparência da sabedoria de Deus e viver, porque todos os que se esforçam para amar a Deus de todo coração, alma e mente anseiam por estudar essa revelação. Por meio de seu estudo, quem ama seu próximo o incentiva o máximo possível. Toda a Lei e os profetas dependem desses dois mandamentos. ...Portanto, essa "aparência" absorve toda alma racional com o desejo por ela e torna essa alma ainda mais pura e ávida por ela, pois quanto mais se eleva para as coisas espirituais, mais pura a alma se torna. Quanto mais morre para as coisas carnais, mais se eleva para as espirituais. Assim, enquanto estamos ausentes do Senhor e andamos por fé, em vez de por vista, devemos ver as "costas", ou a carne, de Cristo. Por essa mesma fé, nós permanecemos no sólido fundamento e rocha da fé de onde a observamos em uma segura torre de vigia. ...Porque passamos a amar ainda mais ver a face de Cristo quando mais reconhecemos o quanto Cristo nos amou primeiro em Sua carne.

"Quanto mais a alma morre para as coisas carnais, mais se eleva para as espirituais."

TESOURO CELESTIAL

CLEMENTE DE ALEXANDRIA

Por isso, não desanimamos; pelo contrário,
mesmo que o nosso homem exterior se corrompa,
contudo, o nosso homem interior se renova de dia em dia.

2 CORÍNTIOS 4:16

Há pessoas que, tal qual vermes chafurdando em pântanos e lama, alimentam-se de prazeres tolos e inúteis. As pessoas são como porcos, porque, como se diz, estes preferem a lama à água pura. Não sejamos, então, escravizados ou nos tornemos semelhantes a porcos. Em vez disso, como filhos da luz, levantemos os olhos e olhemos para a luz, para que o Senhor não descubra que somos superficiais. Portanto, arrependamo-nos e passemos da ignorância para o conhecimento, da loucura para a sabedoria, da sensualidade para o autocontrole, da injustiça para a justiça, da falta de Deus para Deus. Esforçando-se para chegar a Deus, a pessoa demonstra uma nobre audácia. O gozo de muitas coisas boas está ao alcance de quem ama a justiça e busca a vida eterna — especialmente aquelas coisas a que Deus faz alusão em Isaías. Ele diz: "recebereis do Senhor a recompensa da herança". Essa herança é nobre e desejável — nem ouro, nem prata, nem roupas, que as traças destroem, nem coisas terrenas, que os ladrões atacam porque são fascinados pela riqueza mundana. Em vez disso, é ao tesouro da salvação para o qual devemos nos apressar, tornando-nos amantes da Palavra. Então, obras louváveis descerão até nós e voarão conosco nas asas da verdade. Essa é a herança que Deus nos concede com a Sua aliança eterna, dando-nos o perene presente da graça. Consequentemente, nosso Pai amoroso — o verdadeiro Pai — nunca deixa de nos exortar, admoestar, treinar ou amar.

REVELAÇÃO DE DEUS

HILÁRIO DE POITIERS

Ele revela o profundo e o escondido; conhece o que está em trevas, e com ele mora a luz.

DANIEL 2:22

Nossa natureza não tem a capacidade de contemplar as coisas celestiais por sua própria força. Precisamos aprender com Deus o que devemos pensar acerca dele. Não temos outra fonte de conhecimento senão o próprio Deus. Você pode ser tão bem instruído quanto possível na filosofia secular e ter vivido uma vida de retidão. Contudo, apesar de tudo isso acrescentar à sua satisfação mental, não ajudará você a conhecer a Deus. Moisés foi adotado como filho da rainha. Foi instruído em toda a sabedoria dos egípcios. Além disso, por lealdade à sua raça, vingou o hebreu matando o egípcio que lhe fizera mal. No entanto, não conhecia o Deus que abençoou seus antepassados, porque, ao sair do Egito por medo de que seu ato fosse descoberto, ele viveu como pastor na terra de Midiã. Ali, viu um fogo na sarça, mas esta não se consumia. Então, ouviu a voz de Deus, perguntou o Seu nome e descobriu a Sua natureza. Apesar de tudo isso, ele nada poderia ter sabido exceto por intermédio do próprio Deus. Do mesmo modo, nós precisamos confinar o que quer que digamos acerca de Deus às palavras que Ele nos falou acerca de si mesmo.

"Não temos outra fonte de conhecimento senão o próprio Deus."

VISÃO CLARA

CLEMENTE DE ALEXANDRIA

Ora, a fé é a certeza de coisas que se esperam,
a convicção de fatos que se não veem.

HEBREUS 11:1

Nada falta à fé: ela é perfeita e completa em si mesma. Se algo lhe faltasse, não seria completamente perfeita. Porém, a fé não é aleijada em aspecto algum. Após deixarmos este mundo, ela não fará que nós, os que cremos, esperemos. Em vez disso, recebemos o penhor de um bem futuro sem distinção. ...Onde há fé, há a promessa. E a conclusão da promessa é o descanso. Além disso, por meio da iluminação nós recebemos conhecimento, e o fim do conhecimento é o descanso. ...Então, assim como a inexperiência termina pela experiência, e a perplexidade ao se encontrar uma saída evidente, também é obrigatório que as trevas desapareçam pela iluminação. As trevas são ignorância. Por meio dela, caímos em pecados, totalmente cegados para a verdade. Desta forma, o conhecimento é a iluminação que recebemos e que faz a ignorância desaparecer. Ele nos dá uma visão clara. ...As amarras da ignorância são rapidamente desatadas pela fé humana e pela graça divina, e nossos pecados são expelidos pelo remédio da Palavra. Somos lavados de todos os nossos pecados e não estamos mais enredados no mal. Nosso caráter não é o mesmo de antes de sermos lavados. Uma vez que o conhecimento surge com a iluminação no momento em que ouvimos, nós, que éramos iletrados, tornamo-nos discípulos, pois a instrução leva à fé, e a fé com o batismo é ensinada pelo Espírito Santo. Essa fé é a única salvação universal da humanidade.

"Nada falta à fé: ela é perfeita e completa em si mesma."

RICOS TOLOS

CIPRIANO

Ora, os que querem ficar ricos caem em tentação, e cilada, e em muitas concupiscências insensatas e perniciosas, as quais afogam os homens na ruína e perdição.

1 TIMÓTEO 6:9

Jesus nos ensina não somente que as riquezas devem ser desprezadas, mas também que elas são repletas de perigo. Elas são a raiz de males sedutores e enganam a mente humana cega por meio de enganos ocultos. Deus repreende os tolos ricos que só pensam em suas riquezas terrenas e se gabam da abundância de suas colheitas transbordantes. Ele diz: "Louco, esta noite te pedirão a tua alma; e o que tens preparado, para quem será?". O tolo estava se regozijando por seus suprimentos, mas morreria naquela mesma noite; alguém cuja vida já estava se esvaindo estava pensando na abundância de seus alimentos. Entretanto, o Senhor nos diz que aqueles que vendem todos os seus bens e os distribuem aos pobres se tornam perfeitos e completos. Fazendo isso, eles acumulam para si mesmos tesouros no Céu. Ele diz que aqueles que o seguem ...e não são enredados por posses mundanas ...acompanham as posses que enviam a Deus. Para obtermos tal recompensa, preparemo-nos, aprendamos a orar e a discernir, de nossas orações, como devemos nos tornar ...porque Ele promete que todas as coisas serão acrescentadas a quem busca o reino de Deus e a Sua justiça.

PERDOANDO OS INIMIGOS

AMBRÓSIO

Contudo, Jesus dizia: Pai, perdoa-lhes, porque não sabem o que fazem. Então, repartindo as vestes dele, lançaram sortes.

LUCAS 22:34

É-nos necessário lembrar o valor da crença correta. É-me proveitoso saber que Cristo suportou as minhas doenças e se submeteu às minhas concupiscências pelo meu bem. Ele se tornou pecado e maldição por mim — isto é, por todos. Ele se humilhou e se tornou servo por mim. Ele é o Cordeiro, a Videira, a Rocha, o Servo e o Filho de uma serva por mim. Ele não conhece o Dia do Juízo, mas, pelo meu bem, não sabe o dia e a hora. Que remédio glorioso é ter consolo em Cristo! Porque Ele suportou essas coisas com enorme paciência pelo nosso bem — então, sem dúvida, podemos suportá-las com paciência comum simplesmente pela glória de Seu nome! Quem não aprenderia a perdoar seus inimigos ao ver que, mesmo na cruz, Cristo orou por aqueles que o perseguiam? Você não vê que as fraquezas de Cristo são a sua força? Então, por que pergunta a Ele sobre remédios para nós? As Suas lágrimas nos lavam e o Seu choro nos purifica. ...Porém, se você começar a duvidar, desesperar-se-á, pois quanto maior é a afronta, maior gratidão é devida.

DÊ TESTEMUNHO

CRISÓSTOMO

Porque, assim como o corpo sem espírito é morto, assim também a fé sem obras é morta.

TIAGO 2:26

Todos prestam atenção no que fazemos e não no que dizemos. A Escritura diz: "terás de ser sua testemunha diante de todos os homens", não apenas para pessoas receptivas, mas também para as incrédulas, pois as testemunhas não se destinam a persuadir quem já sabe, e sim quem não sabe. Sejamos testemunhas confiáveis. Como podemos ser confiáveis? Pela vida que levamos. Os judeus atacaram Cristo; nossas paixões nos atacam. Elas nos dizem para rejeitarmos nosso testemunho. Porém, não devemos obedecê-las. Somos testemunhas enviadas por Deus para dar testemunho dele. Testifiquemos e persuadamos quem precisa decidir quem Ele é. Se não testemunharmos, também teremos de responder pelo erro dessas pessoas. Se as pessoas não aceitariam uma testemunha excessivamente perversa em um tribunal terreno, muito menos a aceitariam ao considerarem questões tão grandiosas. Dizemos ter ouvido Cristo e crer nas promessas feitas por Ele. Então, dizem: demonstre isso pelas suas obras, porque a sua vida testemunha o oposto — que você não crê. ...Nós, e não somente os mártires, seremos testemunhas de Cristo. Eles são chamados mártires porque suportaram tudo para falar a verdade mesmo quando instruídos a rejeitar a fé. Por isso, não devemos ser vencidos quando nossas paixões nos dizem que devemos rejeitar Cristo.

"Dizemos ter ouvido Cristo e crer nas promessas feitas por Ele. Então, dizem: demonstre isso pelas suas obras."

AMIZADE

ORÍGENES

Evidentemente, grande é o mistério da piedade:
Aquele que foi manifestado na carne foi justificado em espírito,
contemplado por anjos, pregado entre os gentios,
crido no mundo, recebido na glória.

1 TIMÓTEO 3:16

O Deus de todas as coisas e de Seus santos anjos tornou-se conhecido de antemão por meio dos profetas. …Como resultado, todo o povo judeu ficou na expectativa de Sua vinda. Após a chegada de Jesus, porém, as pessoas iniciaram uma disputa acirrada entre si. Um grande número reconheceu Cristo e creu que Ele era o objeto da profecia, enquanto outras não creram nele. …Em vez disso, elas ousaram infligir a Jesus as crueldades que Seus discípulos registraram com sinceridade e franqueza. Porém, Jesus e Seus discípulos desejavam que Seus seguidores não cressem meramente em Sua divindade e Seus milagres (como se Ele não tivesse também tomado a natureza humana e assumido a carne humana que "milita contra o Espírito"), mas que também vissem que Ele desceu à natureza humana e em meio às misérias humanas. Jesus assumiu alma e corpo humanos. Dele teve início a união do divino com a natureza humana, para que o humano, pela comunhão com o divino, pudesse ascender a ser piedoso. …Todos os que vivem em conformidade com o ensinamento de Jesus se elevam à amizade com Deus e à comunhão com Ele.

EXAMINE-SE DIARIAMENTE

ATANÁSIO

Esquadrinhemos os nossos caminhos,
provemo-los e voltemos para o Senhor.
LAMENTAÇÕES 3:40

"Não se ponha o sol sobre a vossa ira." Antão [N.E.: (251-356) Líder dos Padres do Deserto. Também conhecido como: Santo Antão do Egito; Santo Antão, o Grande; Santo Antão, o eremita.] acreditava que esse versículo se aplicava não somente à ira, mas a todos os mandamentos. O Sol não deve se pôr sobre nenhum de nossos pecados, porque é importante que nem o Sol, nem a Lua possam condenar nossos maus atos ou pensamentos. Para ser puro, é bom ouvir o apóstolo Paulo e guardar as suas palavras, porque ele diz: "Examinai-vos a vós mesmos ...provai-vos a vós mesmos". Portanto, todos os dias, devemos considerar o que fizemos naquele dia e naquela noite. Se tivermos pecado, precisamos parar. Porém, se não tivermos, não devemos nos orgulhar. Em vez disso, precisamos viver em bondade sem sermos negligentes. Precisamos não condenar os nossos próximos ou nos justificar "até que venha o Senhor, o qual não somente trará à plena luz as coisas ocultas", pois, frequentemente, fazemos as coisas na ignorância. O Senhor, porém, tudo vê. Deste modo, deixando para Ele o julgamento, precisamos ter empatia uns pelos outros. Precisamos suportar os fardos uns dos outros. Todavia, precisamos também nos examinar rapidamente para aprimorar as áreas em que somos falhos.

"Todos os dias, devemos considerar o que fizemos naquele dia e naquela noite. Se tivermos pecado, precisamos parar. Porém, se não tivermos, não devemos nos orgulhar."

DINHEIRO E SALVAÇÃO

CLEMENTE DE ALEXANDRIA

Eis que estou à porta e bato;
se alguém ouvir a minha voz e abrir a porta, entrarei em sua casa e cearei com ele, e ele, comigo.

APOCALIPSE 3:20

Dentre as pessoas dotadas de riqueza mundana, certo homem não apresentou seu nome para o concurso, por não confiar em sua capacidade de vencer e receber o prêmio. Outro, inspirado pela esperança de vitória, mas que não trabalhava, não fazia dieta e não se exercitava adequadamente, permaneceu sem recompensa e frustrado. Portanto, não permita que os ricos se considerem excluídos das listas do Salvador como ponto de partida, desde que sejam crentes e contemplem a grandeza da generosidade de Deus. Não lhes permita esperar conquistar as coroas da vida eterna sem luta e esforço, treinamento ou desafio. Em vez disso, permita-lhes submeter-se à Palavra como sua treinadora e a Cristo como o juiz do concurso. Que eles tenham o Novo Testamento do Senhor como alimento e bebida prescritos; para exercícios, os mandamentos; e, para elegância e adorno, a beleza de amor, fé, esperança, conhecimento da verdade, mansidão, humildade, compaixão e dignidade. Então, quando a última trombeta sinalizar a corrida e a partida do estádio da vida, eles poderão, com boa consciência, apresentar-se vitoriosos ao Juiz que concede as recompensas. Eles serão dignos de sua Pátria celestial, à qual retornarão com coroas e os louvores dos anjos.

PEDIDOS INCESSANTES

AGOSTINHO

E será que, antes que clamem, eu responderei;
estando eles ainda falando, eu os ouvirei.

ISAÍAS 65:24

Aquele que sabe o que precisamos antes que lho peçamos nos instou a "orar sempre e nunca esmorecer". O Senhor contou a história de uma viúva que desejava que fosse feita justiça contra o seu inimigo. Por meio de seus pedidos incessantes, ela convenceu um juiz iníquo a ouvi-la. O juiz não foi movido por justiça ou misericórdia, mas por ter sido vencido pelos cansativos pedidos dessa mulher. A história nos encoraja por ensinar que o Senhor Deus, que é misericordioso e justo, presta mais atenção às nossas contínuas orações do que quando aquela viúva venceu o juiz indiferente, injusto e iníquo com seus incessantes pedidos. ...O Senhor dá uma lição semelhante na parábola do homem que nada tinha para oferecer a um amigo viajante. Ele tentou tomar emprestados três pães ...de outro amigo que já estava dormindo. Devido aos seus pedidos muito urgentes e insistentes, conseguiu acordar o amigo, que lhe deu todos os pães de que precisava. Porém, a motivação desse amigo proveio de tentar evitar mais aborrecimentos, não de generosidade. Por meio dessa história, o Senhor ensinou que quem está dormindo é compelido a dar à pessoa que os perturba, mas Aquele que nunca dorme dará com muito mais bondade. De fato, Ele até nos desperta do sono para que possamos pedir-lhe.

"O Senhor Deus, que é misericordioso e justo,
presta atenção às nossas contínuas orações."

COMPREENDENDO DEUS

ORÍGENES

A tua vida será mais clara que o meio-dia;
ainda que lhe haja trevas, serão como a manhã.

JÓ 11:17

Independentemente de quanto conhecimento de Deus possamos obter observando-o ou refletindo sobre Ele, o Senhor é muito melhor do que nós o percebemos. Digamos que quiséssemos familiarizar ao brilho e esplendor do Sol alguém incapaz de suportar uma centelha de luz ou a chama de uma pequena lamparina. Não seria necessário dizer-lhe que o esplendor do Sol era indescritível e incalculavelmente mais glorioso do que toda a luz que ele já havia visto? Da mesma maneira, o nosso conhecimento de Deus é restringido pela carne e pelo sangue. Devido à participação em coisas materiais, nossa mente é embotada em suas tentativas de entender as coisas espirituais, muito embora o nosso entendimento dificilmente possa se comparar a uma faísca ou a uma lamparina. Entretanto, de todos os seres espirituais inteligentes, Deus é absolutamente superior — inexprimível e incalculavelmente superior. Até mesmo o mais puro e claro entendimento humano é incapaz de compreender a Sua natureza divina.

"Até mesmo o mais puro e claro entendimento humano é incapaz de compreender a Sua natureza divina."

SEMELHANTE A DEUS

CRISÓSTOMO

Sede misericordiosos, como também
é misericordioso vosso Pai.

LUCAS 6:36

Como é possível ser filho de Deus? Sendo livre de todas as paixões e demonstrando bondade para com quem nos ofende e nos faz mal. ...Nada nos aproxima mais de Deus e nos torna tão semelhantes a Ele do que fazer essas coisas boas. Portanto, com as palavras "Sede, pois, imitadores de Deus", Paulo quer dizer que eles se tornam seguidores fazendo essas coisas, pois precisamos praticar todas as boas ações, mas, acima de tudo, precisamos amar os outros e demonstrar bondade. Por pecarmos muitas vezes todos os dias, nós mesmos precisamos muito do Seu amor. Portanto, precisamos também demonstrar tal misericórdia. O muito e o pouco não são medidos pela quantidade de coisas dadas, mas pelos meios disponíveis aos doadores. ...E, se você nada tiver além de uma alma compassiva, isso preparará uma recompensa para você. ...Então, inclinemo-nos a demonstrar misericórdia e todas as outras bênçãos se seguirão. Quem tiver um espírito de amor e misericórdia dará dinheiro, mesmo não o tendo; se vir alguém angustiado, chorará por isso. Se encontrar uma pessoa que foi injustiçada, irá em sua defesa; se vir alguém sendo tratado com malícia, estenderá a mão para ele. Quem tem um tesouro de bênçãos, uma alma amorosa e misericordiosa fará que isso transborde para atender a todas as necessidades de seu próximo. Essas pessoas desfrutarão de todas as recompensas que Deus preparou.

"Inclinemo-nos a demonstrar misericórdia
e todas as outras bênçãos se seguirão."

O TEMPLO DE CRISTO

JERÔNIMO

Quando entre ti houver algum pobre de teus irmãos,
em alguma das tuas cidades, na tua terra que o SENHOR,
teu Deus, te dá, não endurecerás o teu coração,
nem fecharás as mãos a teu irmão pobre.

DEUTERONÔMIO 15:7

O verdadeiro templo de Cristo é a alma daquele que crê. Decore-a, vista-a, ofereça-lhe presentes, acolha Cristo nela. Para que servem paredes que brilham com joias quando Cristo, em Seu pobre povo, corre o risco de morrer de fome? As suas posses não são mais suas — elas foram confiadas aos seus cuidados. Lembre-se de Ananias e Safira — por medo do futuro, eles mantiveram o que possuíam. Cuide de não desperdiçar o que pertence a Cristo. Isto é, não dê insensatamente a propriedade de um pobre a quem não é pobre. Caso contrário, como certa vez um sábio nos disse, a caridade destruiria a caridade. ...Pois ser cristão e não apenas aparentar sê-lo é o mais importante. Porém, de um modo ou de outro, quem mais agrada ao mundo é quem menos agrada a Cristo. ...Estou lhe alertando, de amigo para amigo, antes de você embarcar em seu novo estilo de vida. Eu preferiria falhar pela minha capacidade do que pela minha vontade de servir a você, porque quero que você se mantenha firme onde eu caí.

TALENTOS PRECIOSOS

AMBRÓSIO

Porque Esdras tinha disposto o coração para buscar a Lei do Senhor, *e para a cumprir, e para ensinar em Israel os seus estatutos e os seus juízos.*

ESDRAS 7:10

Anseio dizer sinceramente de você: "Senhor, confiaste-me cinco talentos; eis aqui outros cinco talentos que ganhei". Então, eu poderia mostrar os talentos preciosos de sua justiça! "Temos [um] tesouro em vasos de barro". Estes são os talentos dos quais o Senhor nos cobra espiritualmente: as duas moedas do Novo e do Antigo Testamentos que o samaritano deixou para que o homem roubado tivesse suas feridas curadas. ...Portanto, não devemos manter o dinheiro do Senhor enterrado e escondido na carne. Não esconda o seu único talento em um guardanapo, mas, como os bons negociantes, trabalhe sempre com sua mente, seu corpo e sua vontade firme e pronta para distribuí-lo. Então, a Palavra estará perto de você, em sua boca e em seu coração. A Palavra do Senhor é o precioso talento que o redime. Esse dinheiro precisa ser visto frequentemente nas mesas das pessoas para que, trocando constantemente as boas moedas, elas possam adentrar em todas as terras e obter a vida eterna. "A vida eterna é esta", que tu, Pai Todo-poderoso, concedes gratuitamente: que possamos conhecer "a ti, o único Deus verdadeiro, e a Jesus Cristo, a quem enviaste".

"Não esconda o seu único talento em um guardanapo, mas, como os bons negociantes, trabalhe sempre com sua mente, seu corpo e sua vontade firme e pronta para distribuí-lo."

AMANDO OS OUTROS

CIPRIANO

Nisto conhecerão todos que sois meus discípulos: se tiverdes amor uns aos outros.

JOÃO 13:35

Através do título que Cristo dá ao Seu rebanho, devemos nos lembrar do nome pelo qual Ele chama Seu povo. Ele os chama de ovelhas, para que sua inocência cristã possa ser semelhante à das ovelhas. Ele os chama de cordeiros, para que sua simplicidade de mente possa imitar a natureza simples dos cordeiros. Por que o lobo se esconde sob a aparência de ovelhas? Por que quem afirma falsamente ser cristão desonra o rebanho de Cristo? Revestir-se do nome de Cristo e não andar no Seu caminho é zombaria do nome divino e uma deserção do caminho da salvação. Cristo ensina que aquele que guarda os Seus mandamentos receberá vida, e quem ouve e cumpre as Suas palavras é sábio. Além disso, quem pratica e ensina aquilo que foi bem e proveitosamente pregado será vantajoso para o pregador. Aquele que pratica o que prega é chamado de "maior no reino dos céus". Porém, o que o Senhor incutia mais frequentemente em Seus discípulos? O que, acima de tudo, dentre Seus mandamentos salvíficos e Seus princípios celestiais, Ele ordenou que guardássemos e observássemos, senão que amemos uns aos outros com o amor que Ele tinha pelos discípulos? E como se pode manter a paz ou o amor do Senhor quando não se consegue ser pacífico ou amoroso porque se é invejoso?

ADORAÇÃO DEVIDA

AMBRÓSIO

...antes, a si mesmo se esvaziou, assumindo a forma de servo, tornando-se em semelhança de homens; e, reconhecido em figura humana, a si mesmo se humilhou, tornando-se obediente até à morte e morte de cruz.

FILIPENSES 2:7,8

Nós lemos e cremos em muitas coisas à luz da Encarnação. Porém, mesmo em nossos sentimentos humanos, somos capazes de observar a grandeza de Deus. Por exemplo, Jesus se cansou em Sua jornada para que possa revigorar o cansado. Ele desejou beber quando estava prestes a dar água espiritual ao sedento. Teve fome quando estava prestes a fornecer aos famintos o alimento da salvação. Ele morreu para viver novamente. Foi sepultado para ressuscitar. Pendeu da apavorante cruz para fortalecer os apavorados. Escondeu o céu com espessas trevas para que pudesse trazer luz. Fez a Terra tremer para fortalecê-la. Ele despertou o mar para que pudesse acalmá-lo. Abriu os túmulos dos mortos para mostrar que estes são os lares dos que vivem. Nasceu de uma virgem para que as pessoas creiam que Ele veio de Deus. Alegou não ter conhecimento para poder dar conhecimento ao ignorante. Como judeu, foi-lhe ordenado adorar para que o Filho possa ser adorado como o verdadeiro Deus.

*"Mesmo em nossos sentimentos humanos,
somos capazes de observar a grandeza de Deus."*

PISANDO A MORTE

ATANÁSIO

...e manifestada, agora, pelo aparecimento de nosso Salvador Cristo Jesus, o qual não só destruiu a morte, como trouxe à luz a vida e a imortalidade, mediante o evangelho.

2 TIMÓTEO 1:10

A morte está destruída. A cruz triunfou sobre ela. Não tem mais poder: está realmente morta. É por isso que todos os discípulos de Cristo desprezam a morte e não mais a temem. Eles tomam a ofensiva contra ela. E, pelo que a cruz representou e por fé em Jesus, eles a pisam como morta. Antes da vinda do Salvador, a morte era terrível para os santos. Todos choravam pelos mortos como se houvessem perecido. Agora, porém, que o Salvador ressuscitou, a morte não é mais terrível, porque todo aquele que crê em Cristo pisa a morte. Eles prefeririam morrer a negar sua fé em Cristo, por saberem que, ao morrerem, não são destruídos, mas, na verdade, começam a viver. Por meio da ressurreição, eles se tornam incorruptíveis, porque o diabo, que antes se regozijava maliciosamente com a morte, é o único verdadeiramente morto agora que fomos libertados das dores da morte. Como prova disso, as pessoas são covardes e temem a morte antes de crerem em Cristo. Porém, quando se voltam à fé em Jesus e aos Seus ensinamentos, desprezam tanto a morte a ponto de ansiarem por ela. Assim testificam a vitoriosa ressurreição de Cristo.

"Agora, que o Salvador ressuscitou, a morte não é mais terrível, porque todo aquele que crê em Cristo pisa a morte."

EDIFICANDO A IGREJA

ORÍGENES

...prega a palavra, insta, quer seja oportuno, quer não, corrige, repreende, exorta com toda a longanimidade e doutrina.

2 TIMÓTEO 4:2

Oramos para que palavras nos sejam dadas, como está escrito no livro de Jeremias que o Senhor disse ao profeta: "Eis que ponho na tua boca as minhas palavras. Olha que hoje te constituo sobre as nações e sobre os reinos, para arrancares e derribares, para destruíres e arruinares e também para edificares e para plantares". Necessitamos agora de palavras que arranquem de toda alma ferida as desgraças faladas contra a verdade. ...Precisamos também de pensamentos que derrubem todas as edificações baseadas em opiniões falsas. ...E precisamos de uma sabedoria que derrube todas as coisas elevadas que se levantam contra o conhecimento de Deus. Assim como não devemos parar de arrancar e derrubar os obstáculos que acabamos de mencionar, precisamos, no lugar do que foi arrancado, cultivar as plantas do campo de Deus. Em lugar do que foi derrubado, temos de erguer o edifício de Deus e o templo de Sua glória. Por essa razão, precisamos também orar ao Senhor que deu os dons mencionados no livro de Jeremias. Orar para que Ele nos conceda palavras para edificarmos o templo de Cristo, plantarmos a lei espiritual e ensinarmos os outros a fazerem o mesmo.

GLÓRIA DESEJADA

AGOSTINHO

O que segue a justiça e a bondade achará a vida, a justiça e a honra.

PROVÉRBIOS 21:21

Que o desejo de glória seja superado pelo amor à justiça. Quando, em nosso coração, o nosso amor pela glória excede o temor de Deus ou o amor por Ele, isso se torna um mal hostil à fé. O Senhor disse: "Como podeis crer, vós os que aceitais glória uns dos outros e, contudo, não procurais a glória que vem do Deus único?" ...Os santos apóstolos proclamaram o nome de Cristo onde esse nome era simplesmente desacreditado e negligenciado. ...Mesmo em meio a xingamentos, acusações, perseguições e tratamento cruel, o ruído da ira humana não os impediu de pregar a Salvação dos homens. À medida que falavam sobre coisas piedosas e as praticavam, e viviam de maneira piedosa, eles conquistaram corações empedernidos e lhes apresentaram a paz da justiça. Então, grande glória os seguia na Igreja de Cristo. Eles não descansavam naquela recompensa como a meta de sua santidade. Davam a glória a Deus, porque, por Sua graça, eles eram o que eram. Portanto, procuravam estimular mentes a amarem a Deus. Por Ele, essas pessoas podiam ser transformadas naquilo que os apóstolos eram.

"Que o desejo de glória seja superado pelo amor à justiça."

A CRUZ DE CRISTO

RUFINO

E ele morreu por todos, para que os que vivem
não vivam mais para si mesmos, mas para aquele
que por eles morreu e ressuscitou.

2 CORÍNTIOS 5:15

A cruz de Cristo sujeitou aqueles que abusaram da autoridade a seus antigos subordinados. A cruz nos ensina, primeiramente, a resistirmos ao pecado até o ponto de morte e a estarmos dispostos a morrer em prol da religião. Ela nos estabelece também um exemplo de obediência e, da mesma maneira, pune a teimosia daqueles que antes nos governavam. Veja como o apóstolo Paulo nos ensinou a obediência pela cruz de Cristo: "Tende em vós o mesmo sentimento que houve também em Cristo Jesus, pois ele, subsistindo em forma de Deus, não julgou como usurpação o ser igual a Deus; antes, a si mesmo se esvaziou, assumindo a forma de servo, tornando-se em semelhança de homens; e, reconhecido em figura humana, a si mesmo se humilhou, tornando-se obediente até à morte e morte de cruz". Dessa maneira, assim como um mestre habilidoso ensina tanto por exemplo quanto por comando, Cristo nos ensinou obediência até o ponto da morte, morrendo para Si mesmo em obediência.

"A cruz nos ensina a resistirmos ao pecado até o ponto de
morte, e a estarmos dispostos a morrer em prol da religião.
Ela nos estabelece também um exemplo de obediência."

PRATIQUE O BEM

CLEMENTE DE ROMA

...glória, porém, e honra,
e paz a todo aquele que pratica o bem.

ROMANOS 2:10

O bom servo recebe com confiança o pão proveniente de seu trabalho. O servo preguiçoso não consegue olhar na face de seu empregador. É essencial, portanto, que sejamos rápidos em praticar boas obras, pois de Deus são todas as coisas. Ele nos adverte: "E eis que venho sem demora, e comigo está o galardão que tenho para retribuir a cada um segundo as suas obras". Ele nos exorta, portanto, a fazermos nosso trabalho com integridade de coração, de modo a não sermos preguiçosos em qualquer boa obra. Que nosso motivo de orgulho e nossa confiança estejam no Senhor. Submetamo-nos à Sua vontade. Consideremos como toda a multidão de Seus anjos está sempre pronta a servir à Sua vontade, pois a Escritura diz: "E clamavam uns para os outros, dizendo: Santo, santo, santo é o SENHOR dos Exércitos; toda a terra está cheia da sua glória". Ajuntemo-nos em harmonia e clamemos fervorosamente a Ele em uma só voz, para que possamos ser coparticipantes de Suas grandes e gloriosas promessas, porque a Escritura diz: "Nem olhos viram, nem ouvidos ouviram, nem jamais penetrou em coração humano o que Deus tem preparado para aqueles que o amam".

TODAS AS AÇÕES

ORÍGENES

Vi também os mortos, os grandes e os pequenos, postos em pé diante do trono. Então, se abriram livros. Ainda outro livro, o Livro da Vida, foi aberto. E os mortos foram julgados, segundo as suas obras, conforme o que se achava escrito nos livros.

APOCALIPSE 20:12

Toda boa ação que fazemos ao nosso próximo está inscrita no evangelho, que é escrito em tábuas celestiais e lido por todos os que são dignos do conhecimento da totalidade das coisas. Por outro lado, porém, há uma parte do evangelho que condena quem pratica as mesmas más ações infligidas a Jesus. O evangelho inclui a traição de Judas e os gritos da multidão iníqua ao dizer: "Fora com este", "Crucifica-o! Crucifica-o!", bem como o escárnio daqueles que o coroaram com espinhos e outras coisas do gênero. Há quem ainda tenha espinhos com os quais coroam e desonram a Jesus — pessoas sufocadas pelos cuidados, riquezas e prazeres da vida. Embora tenham recebido a Palavra de Deus, elas não a cumprem. Assim sendo, precisamos ter cuidado para não coroar Jesus com os nossos próprios espinhos; caso contrário, seríamos inscritos no evangelho e lidos com desprezo por quem conhece a Jesus. Ele está em todos e presente em todas as vidas — as racionais e as santas. Por um lado, Ele é ungido com unguento, é agradado e glorificado. Mas, por outro, é desonrado, ridicularizado e espancado. Tudo isso precisa ser dito. Nossas boas ações e os pecados dos que tropeçam são unidos ao evangelho e à vida eterna ou à culpa e vergonha eterna.

"Precisamos ter cuidado para não coroar Jesus com os nossos próprios espinhos."

PARA REVELAR A DEUS

AGOSTINHO

Assim brilhe também a vossa luz diante dos homens, para que vejam as vossas boas obras e glorifiquem a vosso Pai que está nos céus.

MATEUS 5:16

Aqueles que desejam que os demais vejam suas boas obras para que Deus, que lhes deu suas boas obras, seja glorificado, realmente resplandecem diante dos outros. ...Essas pessoas não fazem o bem para serem vistas, mas para que Deus seja revelado por meio delas. ...O apóstolo Paulo disse: "eu procuro, em tudo, ser agradável a todos [...] Sede meus imitadores". Porém, ele não parou aí, como se agradar os outros fosse seu objetivo. Caso contrário, ele teria dito erroneamente: "Se agradasse ainda a homens, não seria servo de Cristo". Em vez disso, imediatamente acrescentou o porquê de agradar aos outros: "não buscando o meu próprio interesse, mas o de muitos, para que sejam salvos". Então, ele não agradava aos outros em seu próprio benefício por medo de não servir a Cristo, mas, ao mesmo tempo, agradava aos outros pela salvação deles, para que ele fosse um servo fiel de Cristo. Para o apóstolo, era suficiente que Deus conhecesse a sua consciência e que outros tivessem nele algo a imitar.

"Essas pessoas não fazem o bem para serem vistas, mas para que Deus seja revelado por meio delas."

TEMPESTADES PRÓXIMAS

GREGÓRIO I

[Deus] guarda as veredas do juízo e conserva o caminho dos seus santos.

PROVÉRBIOS 2:8

O responsável pela pilotagem de um navio precisa observar com mais atenção à medida que se afasta da costa. Então, pode ver sinais de tempestades próximas. Quando pequenas tempestades vêm, o navio pode atravessá-las em linha reta. Se as tempestades se avolumam violentamente, os navegadores precisam evitá-las desviando-se para os lados. Frequentemente, eles vigiam sozinhos quando todos os que não estão no comando do navio estão descansando. ...Porém, se o poder do Espírito Santo sopra em uma mente aflita, o que foi feito fisicamente aos israelitas acontece espiritualmente em nós, porque está escrito: "Mas os filhos de Israel caminhavam a pé enxuto pelo meio do mar". E o profeta de Deus promete: "Quando passares pelas águas, eu serei contigo; quando, pelos rios, eles não te submergirão". Os rios submergem as pessoas cuja mente é agitada pela atividade do mundo. Porém, aquelas cuja mente persiste pela graça do Espírito Santo atravessam a água e não são submersas por rios, porque se movem em meio às multidões, mas não submetem sua mente à atividade do mundo.

MAIS DO QUE MESTRE

AMBRÓSIO

E, pondo-se Jesus a caminho, correu um homem ao seu encontro e, ajoelhando-se, perguntou-lhe: Bom Mestre, que farei para herdar a vida eterna? Respondeu-lhe Jesus: Por que me chamas bom? Ninguém é bom senão um, que é Deus. MARCOS 10:17,18

Aquilo em que os jovens não creem, Cristo os ajuda a compreenderem para que possam crer que o Filho de Deus não é um bom mestre, e sim o bom Deus. Afinal, se quem glorifica ao "único Deus" também glorifica plenamente o Seu Filho, como pode o Filho Unigênito não ter a bondade de Deus, quando somente Deus é bom? ...Então, com compreensão divinamente inspirada, nosso Senhor não disse "Não há outro bom além do Pai", e sim "Não há outro bom, somente Deus", porque o nome adequado a alguém que gera filhos é "Pai". Porém, a unidade de Deus não exclui, de modo algum, a divindade de cada uma das três Pessoas. É, portanto, a natureza de Deus que é adorada. A bondade faz parte da Sua natureza e o Seu Filho existe na natureza de Deus. Assim sendo, a bondade não se expressa em apenas uma Pessoa, e sim toda a unidade da divindade. Então, o Senhor não nega a Sua bondade, mas repreende o discípulo que duvida de Sua divindade. Quando o escriba disse "Bom Mestre", Jesus respondeu: "Por que me chamas bom?". O Senhor está dizendo: "Não basta chamar de bom alguém que você não acredita ser Deus. Não quero que pessoas desse tipo sejam meus discípulos — pessoas que consideram a minha humanidade e me veem como um bom mestre, em vez de olharem para a minha divindade e crerem que Eu sou o bom Deus".

PECADO SECRETO

TERTULIANO

...o Senhor aborrece [...] coração que trama projetos iníquos, pés que se apressam a correr para o mal.

PROVÉRBIOS 6:16,18

A maioria das pessoas pensa que idolatria é apenas queimar incenso, sacrificar uma vítima, comprometer-se com cerimônias sagradas ou sacerdócios. De semelhante modo, algumas encontram adultério somente em beijos, abraços e contato carnal, ou assassinato somente em derramamento de sangue e em tirar a vida. Porém, o Senhor olha para esses crimes em termos muito mais amplos. Ele diz que o adultério existe até mesmo na luxúria: "qualquer que olhar [...] com intenção impura" e agitar sua alma com uma excitação obscena. Ele vê homicídio até mesmo em um xingamento ou reprovação, em todo impulso de raiva e no negligenciar a bondade a um próximo. Como João ensina, quem odeia o próximo é homicida. Se fôssemos julgados somente pelas faltas que até mesmo as nações perversas consideram puníveis, tanto os esquemas do diabo quanto a disciplina do Senhor, pela qual Ele nos fortalece contra o diabo, teriam pouca importância. Pois de que maneira a nossa justiça excederá em muito a dos escribas e fariseus, como o Senhor ordenou, a menos que tenhamos permanecido firmes em meio à abundância de injustiça? Portanto, se a raiz da maldade é a idolatria, precisamos nos fortalecer antecipadamente contra as manifestações secretas e as evidências do pecado.

"Precisamos nos fortalecer antecipadamente contra as manifestações secretas e as evidências do pecado."

ESPERANDO POR NÓS

CIPRIANO

Pois a nossa pátria está nos céus, de onde também aguardamos o Salvador, o Senhor Jesus Cristo.

FILIPENSES 3:20

Lembre-se sempre de que nós renunciamos ao mundo e estamos vivendo aqui como hóspedes e estrangeiros nesse meio tempo. Anteveja o dia atribuído a cada um de nós para o regresso ao lar. Esse dia nos arrebatará, nos libertará das ciladas do mundo e nos devolverá ao Paraíso e ao reino. Quem, estando em terras estrangeiras, não se apressaria em voltar ao seu próprio país? Quem, ao se apressar para voltar aos seus amigos, não desejaria ansiosamente os ventos em popa para poder abraçar mais cedo os seus entes queridos? Nós consideramos o Paraíso como sendo o nosso país. Nós já consideramos os patriarcas como nossos pais. Por que não nos apressamos e corremos para podermos ver nosso país e saudar nossos pais? Um grande número de nossos entes queridos está esperando por nós lá. Uma densa multidão de pais, irmãos e filhos anseia por nós, já assegurados de sua própria segurança e ansiosos pela nossa salvação. ...Amados, corramos para essas pessoas fervorosamente. Ansiemos estar com elas e ir a Cristo rapidamente. Que Deus veja o nosso desejo fervoroso. Que o Senhor Jesus Cristo olhe para o propósito de nossa mente e nossa fé. Ele dará as maiores recompensas de Sua glória àqueles que têm maior desejo dele!

"Anteveja o dia atribuído a cada um de nós para o regresso ao lar."

SANTIFICADOS

AGOSTINHO

Tu, pois, filho meu, fortifica-te na graça que está em Cristo Jesus.

2 TIMÓTEO 2:1

Nós precisamos ser persuadidos do quanto Deus nos amou para não nos afastarmos dele em desespero. E precisamos também de que nos mostrem que tipo de pessoas somos nós, a quem Ele amou, para que também não nos afastemos dele por orgulho. Porém, Ele lidou conosco para que pudéssemos nos beneficiar de Sua força e, na fraqueza da humildade, nossa santidade pudesse ser aperfeiçoada. Um dos salmos implica isso quando diz: "Copiosa chuva derramaste, ó Deus, para a tua herança; quando já ela estava exausta, tu a restabeleceste". A "chuva copiosa" é graça dada livremente, não segundo o mérito. Ele não a deu porque éramos dignos, mas porque Ele quis. Sabendo disso, não devemos confiar em nós mesmos. É esse o significado de ser "enfraquecido". Entretanto, Ele nos aperfeiçoa e diz ao apóstolo Paulo: "A minha graça te basta, porque o poder se aperfeiçoa na fraqueza". Portanto, precisamos ser persuadidos do quanto Deus nos amou e do tipo de pessoas que éramos nós, a quem Ele amou. O primeiro é importante, para não nos desesperarmos; o último, para que não nos ensoberbeçamos.

"Precisamos ser persuadidos do quanto Deus nos amou e do tipo de pessoas que éramos nós, a quem Ele amou."

FALA OUSADA

CRISÓSTOMO

...linguagem sadia e irrepreensível, para que o adversário s eja envergonhado, não tendo indignidade nenhuma que dizer a nosso respeito.

TITO 2:8

É sempre tempo de falar com ousadia, pois o salmista disse: "Também falarei dos teus testemunhos na presença dos reis e não me envergonharei". Se estivermos entre pagãos, deveremos calá-los sem dureza ou ira. Se o fizermos com raiva, faremos com paixão e a ousadia dos que confiam em sua defesa. Porém, se falarmos com gentileza, isso será ousadia. Esta é bem--sucedida e a raiva fracassa. Sucesso e fracasso não podem andar juntos. Portanto, se quisermos ter ousadia, deveremos nos livrar de nossa ira para que ninguém possa atribuir a ela as nossas palavras. Independentemente de quão sãs suas palavras possam ser, de quão ousadamente você fale, de quão razoavelmente corrija, ou não, você estraga tudo quando fala com raiva. Veja Estêvão e quão isentas de paixão foram suas palavras aos seus perseguidores. Ele não abusou deles, e sim lembrou-lhes das palavras dos profetas. Para mostrar-lhes que isso não foi feito em ira, ele orou enquanto sofria o mal das mãos deles: "Não lhes imputes este pecado". Ele estava longe de dizer essas palavras com raiva. Não! Ele as pronunciou com tristeza e lamento por eles. Certamente, a Bíblia fala de sua aparência: "viram o seu rosto como se fosse rosto de anjo", para que aquelas pessoas pudessem crer em suas palavras.

"Se quisermos ter ousadia, deveremos nos livrar de nossa ira para que ninguém possa atribuir a ela as nossas palavras."

LEALDADE DIVIDIDA

CIPRIANO

Pois que aproveitará o homem
se ganhar o mundo inteiro e perder a sua alma?
Ou que dará o homem em troca da sua alma?

MATEUS 16:26

Quem se deleita no mundo e é seduzido por prazeres lisonjeiros e enganosos quer permanecer no mundo durante muito tempo. …Uma vez que o mundo odeia os cristãos, por que você ama aquilo que o odeia? E por que, em vez disso, você não segue a Cristo, que o redimiu e o amou? Em sua epístola, João clama e nos exorta a não seguirmos desejos carnais e amarmos o mundo. Ele diz: "Não ameis o mundo nem as coisas que há no mundo. Se alguém amar o mundo, o amor do Pai não está nele; porque tudo que há no mundo, a concupiscência da carne, a concupiscência dos olhos e a soberba da vida, não procede do Pai, mas procede do mundo. Ora, o mundo passa, bem como a sua concupiscência; aquele, porém, que faz a vontade de Deus permanece eternamente". Em vez disso, amados, estejamos preparados para a vontade de Deus com a mente sã, a fé firme e uma forte virtude. Deixando de lado o medo da morte, pensemos na vida eterna que está por vir. Por meio desse conhecimento, demonstremos que somos aquilo em que cremos. …Então, não atrasaremos nem resistiremos ao Senhor no dia em que Ele nos chamar para si.

"Estejamos preparados para a vontade de Deus
com a mente sã, a fé firme e uma forte virtude."

AQUIETE-SE

CIRILO DE JERUSALÉM

Aquietai-vos e sabei que eu sou Deus;
sou exaltado entre as nações, sou exaltado na terra.
SALMO 46:10

O momento de confessar é agora. Confesse o que você fez em palavras ou ações, à noite ou durante o dia. Confesse enquanto é o tempo aceitável e receba um tesouro celestial no dia da salvação. ...Elimine de sua mente todos os cuidados terrenos porque você está correndo pela sua alma. Você está abandonando totalmente as coisas do mundo. Porém, as coisas que está abandonando são pequenas, enquanto o que o Senhor está concedendo é grande. Abandone as coisas do presente e confie nas que estão por vir.

Você correu em círculos e se ocupou em vão com coisas mundanas? ..."Aquietai-vos e sabei que eu sou Deus", diz a Escritura. Abstenha-se de dizer muitas palavras inúteis. Não calunie, nem de bom grado ouça os caluniadores. Em vez disso, corra imediatamente para a oração. Exercitando a negação de si mesmo, mostre que seu coração é forte. Limpe seu vaso para poder receber graça mais abundantemente, porque, embora a remissão de pecados seja igualmente oferecida a todos, a comunhão com o Espírito Santo é concedida em proporção à fé que cada pessoa demonstra. Se você trabalhar pouco, receberá pouco, mas, se trabalhar com afinco, a recompensa será grandiosa.

EXERCÍCIO ESPIRITUAL

BASÍLIO

Pois o exercício físico para pouco é proveitoso, mas a piedade para tudo é proveitosa, porque tem a promessa da vida que agora é e da que há de ser. 1 TIMÓTEO 4:8

Preparar o coração significa desaprender maus pré-julgamentos. É apagar a lousa antes de tentar escrever nela. Ora, a solidão é muitíssimo útil para esse propósito. Ela aquieta as nossas paixões e abre espaço para que a santidade as elimine da alma. ...Por isso, destine um lugar para você se separar do contato com outras pessoas a fim de que os seus exercícios espirituais não sejam interrompidos. Exercícios puros e devotados alimentam a alma com pensamentos piedosos. O que pode ser melhor do que imitar os coros de anjos na Terra? Do que começar o dia com oração e honrando nosso Criador com hinos e canções? E, à medida que o dia se ilumina, orar ao longo dos nossos deveres e temperar o nosso trabalho com hinos, como que com sal? Hinos reconfortantes recompõem a mente, levando-a a um estado calmo e alegre. Então, como eu disse, o silêncio é o primeiro passo na nossa santificação. Ele é a língua que foi purificada das fofocas do mundo. Ele é os olhos que não são empolgados por uma cor bonita ou um formato encantador. Ele é o ouvido que não relaxa o corpo ou a mente com canções sensuais e nem, maliciosamente, fala com leviandade e faz piadas acerca de pessoas. Dessa maneira, a mente é salva do sensualismo exterior. Ela recai em si mesma e não em sentidos mundanos. Como resultado, a mente se eleva para contemplar a Deus.

"Destine para si um lugar a fim de que os seus exercícios espirituais não sejam interrompidos. Exercícios puros e devotados alimentam a alma com pensamentos piedosos."

CONTRA A NOSSA VONTADE

CRISÓSTOMO

Sabemos que todas as coisas cooperam para o bem daqueles que amam a Deus, daqueles que são chamados segundo o seu propósito.

ROMANOS 8:28

Paulo diz que essa deve ser a sua obra: dar graças em suas orações pelos benefícios vistos e pelos não vistos, e pela bondade de Deus para com os que estão dispostos e os que não estão. ...Eu conheço certo homem santo que orou assim: "Damos-te graças por toda a bondade que nos mostraste desde o primeiro dia até agora, mesmo que sejamos tão indignos. Damos-te graças pelo que sabemos que fizeste e pelo que não sabemos, por Tuas dádivas que vimos e as que não vimos, por Teus dons de palavras e de atos, por aqueles feitos segundo o que desejamos e por aqueles que são contra a nossa vontade, porque tudo isso foi dado a nós, os indignos. Damos graças pelas tribulações e pelos refrigérios, pelo inferno, pelo castigo e pelo reino dos Céus. Nós te imploramos que mantenhas santa a nossa alma e pura a nossa consciência, dignas da Tua benignidade. ...Tu, que nos deste o Unigênito e enviaste o Teu Espírito Santo para eliminar os nossos pecados — se, voluntária ou involuntariamente te desobedecemos, perdoa-nos. Não nos atribuas os nossos pecados. Lembra-te de todos os que invocaram o Teu nome em verdade. Lembra-te de todos os que nos desejam o bem ou o contrário, porque todos somos humanos." ...Ele orou desse modo porque Deus nos dá muitos benefícios, até mesmo contra a nossa vontade e, talvez, até mesmo sem o nosso conhecimento. Quando oramos por uma coisa e Ele faz o oposto, é claro que Ele está fazendo o bem, mesmo quando não o sabemos.

LOUVOR SINCERO

AGOSTINHO

Mas ele lhe respondeu: Falas como qualquer doida; temos recebido o bem de Deus e não receberíamos também o mal? Em tudo isto não pecou Jó com os seus lábios.

JÓ 2:10

Ler sobre as grandes provações que Jó sofreu faz estremecer, encolher-se e tremer. Contudo, no fim, o que ele recebeu? O dobro do que havia perdido. Entretanto, não permita que aquele que busca recompensas temporais sofra pacientemente e diga a si mesmo: "Que eu suporte males, e Deus me retribuirá como retribuiu a Jó". Tais atitudes não são realmente paciência, mas ganância, porque, se Jó não sofreu com paciência e perseverança para testemunhar com bravura a providência do Senhor, por que ele sofreu? ...Amado, que ninguém que suporte tais tribulações procure recompensa. Se sofrer alguma perda, que não diga, talvez: "o SENHOR o deu e o SENHOR o tomou; bendito seja o nome do SENHOR", quando tudo que deseja é receber o dobro novamente. Que a sua paciência louve a Deus, não a ganância, porque, se você tenta receber o dobro de suas perdas louvando a Deus, você o louva por cobiça, não por amor.

"Se você tenta receber o dobro de suas perdas louvando a Deus, você o louva por cobiça, não por amor."

TEMPLO DE DEUS

LACTÂNCIO

Seja a vossa vida sem avareza. Contentai-vos com as coisas que tendes; porque ele tem dito: De maneira alguma te deixarei, nunca jamais te abandonarei.

HEBREUS 13:5

Devemos levar sacrifícios a Deus por meio de nossas palavras, porque Deus disse que Ele é a Palavra. Portanto, o ato supremo de adorá-lo é o louvor que provém dos lábios de uma pessoa justa. Entretanto, para ser aceito por Deus, é preciso haver o mais alto grau de humildade, temor e devoção. Se alguém depositar confiança em sua própria integridade e inocência, será acusado de orgulho e arrogância e perderá a recompensa de sua moralidade. Porém, para obter o favor de Deus e ser liberto de toda mancha, implore sempre por Sua misericórdia. Ore por nada além de perdão pelos seus pecados, mesmo que você não os tenha. Se você quiser algo mais, não há necessidade de expressá-lo em palavras para Aquele que sabe o que desejamos. Se algo bom lhe acontecer, agradeça. Se acontecer algum mal, faça reparação e confesse que o mal lhe sobreveio devido às suas próprias falhas. Mesmo nos males, dê graças e, nos tempos bons, faça reparações, para que você possa ser o mesmo em todos os momentos. Seja firme, imutável e inabalável. Não suponha que essas coisas devam ser feitas somente no templo, mas também em casa e até mesmo na sua cama. Em suma, tenha Deus sempre com você e dedique seu coração a Ele, porque você é um templo de Deus.

"O ato supremo de adorar a Deus é o louvor que provém dos lábios de uma pessoa justa."

A ARMA PODEROSA

CRISÓSTOMO

...e tudo quanto pedirdes em oração,
crendo, recebereis.

MATEUS 21:22

A oração é uma arma poderosa se feita com a mentalidade correta. A oração é tão forte que apelos contínuos superaram falta de vergonha, injustiça e crueldade selvagem. ...Ela também superou a preguiça e coisas que a amizade não consegue realizar, porque, "se não se levantar para dar-lhos por ser seu amigo, todavia, o fará por causa da importunação". Além disso, pedidos contínuos tornaram digna uma mulher indigna. Jesus disse: "Não é bom tomar o pão dos filhos e lançá-lo aos cachorrinhos", mas a mulher disse: "Sim, Senhor, porém os cachorrinhos comem das migalhas que caem da mesa dos seus donos".

Oremos diligentemente. A oração é uma arma poderosa se usada com fervor e sinceridade, sem chamar atenção para nós mesmos. Ela desfez guerras e beneficiou toda uma nação indigna. ...Então, se orarmos com humildade, batendo no peito como o coletor de impostos e dizendo o que ele disse: "sê propício a mim, pecador", obteremos tudo o que pedirmos. ...Amado, precisamos de muito arrependimento, muita oração, muita persistência e muita perseverança para conquistar as boas coisas que nos foram prometidas.

"A oração é uma arma poderosa se usada com fervor e sinceridade, sem chamar atenção para nós mesmos."

MANTENHA A FÉ

IRINEU

Sereis odiados de todos por causa do meu nome; aquele, porém, que perseverar até ao fim, esse será salvo.

MATEUS 10:22

Por que Cristo exortou Seus discípulos a tomarem a cruz e segui-lo? ...No tocante ao sofrimento que Ele experimentaria e Seus discípulos suportariam, Ele sugere: "quem quiser salvar a sua vida perdê-la-á; e quem perder a vida por minha causa achá-la-á". E, porque os Seus discípulos precisam sofrer por amor a Cristo, Ele lhes disse: "eis que eu vos envio profetas, sábios e escribas. A uns matareis e crucificareis". Portanto, Ele conhecia os que sofreriam perseguição e os que seriam açoitados e mortos por causa dele. Ele não falou acerca de qualquer outra cruz, e sim do sofrimento que Ele experimentaria. ...Como resultado, deu-lhes esse encorajamento: "Não temais os que matam o corpo e não podem matar a alma; temei, antes, aquele que pode fazer perecer no inferno tanto a alma como o corpo". Ele os instou a manterem firmemente suas profissões de fé nele, pois prometeu confessar diante de Seu Pai quem confessa o Seu nome diante dos homens. Porém, anunciou que negaria quem o nega e teria vergonha de quem se envergonha de confessar lealdade a Ele.

MÚSICA DA ALMA

CRISÓSTOMO

Assim, pois, se alguém a si mesmo se purificar destes erros, será utensílio para honra, santificado e útil ao seu possuidor, estando preparado para toda boa obra.

2 TIMÓTEO 2:21

Permitamos que Cristo fale por meio de nós. Ele deseja isso mais do que nós, porque fez esse instrumento e não desejaria que se tornasse inútil e ocioso. Ele sempre deseja mantê-lo em Suas mãos. Por que, então, você não o torna útil para a mão do Criador? Por que você permite que sua alma tenha as cordas removidas, seja afrouxada pela luxúria e torne toda a harpa inútil para Ele? Você deve manter todas as partes dessa harpa totalmente esticadas, bem encordoadas e reforçadas com sal espiritual porque, se Cristo vir a nossa alma afinada dessa maneira, fará Sua música por meio dela. Quando isso tiver acontecido, você verá anjos saltando de alegria (arcanjos e querubins também). Então, tornemo-nos dignos de Suas mãos imaculadas. Convidemo-lo a tocar o nosso coração. Ou melhor, Ele não precisa ser convidado. Se você tornar a sua alma merecedora do toque dele, Ele será o primeiro a correr para você. Considerando que Ele corre para aqueles que ainda não se tornaram o seu melhor, o que não fará quando vir alguém totalmente equipado? Se Cristo fizer música e o Espírito repousar sobre nós, seremos melhores do que o Céu. Embora não tenhamos o Sol e a Lua adornando nosso corpo, o Senhor do Sol, da Lua e dos anjos estará habitando e caminhando em nós.

"Você deve manter todas as partes de sua harpa totalmente esticadas, bem encordoadas e reforçadas com sal espiritual."

CONCUPISCÊNCIAS TERRENAS

JOÃO CASSIANO

Mas Jesus lhe replicou: Ninguém que, tendo posto a mão no arado, olha para trás é apto para o reino de Deus.

LUCAS 9:62

Tenha cuidado para não pegar de volta coisa alguma a que você renunciou e abandonou. Cuidado para não se afastar do campo da obra evangélica, contrariamente ao mandamento do Senhor, e encontrar-se vestindo a capa que havia tirado. Não se afunde de volta nos desejos e concupiscências vulgares e terrenais do mundo. Não desafie a palavra de Cristo, descendo do telhado da perfeição e ousando retomar qualquer coisa a que tenha renunciado e abandonado. Cuidado para não se lembrar de seus relacionamentos ou de suas antigas afeições, a fim de não ser chamado de volta aos cuidados e ansiedades deste mundo. Como o nosso Senhor diz, não ponha a mão no arado e olhe para trás, caso contrário você será impróprio para o reino dos Céus. ...Em vez disso, fique atento. Continue até o fim na nudez que você professou diante de Deus e dos Seus anjos. ...Você deve não só continuar nessa humildade e paciência, mas também aprimorar-se e avançar com elas, porque, embora deva avançar dos primeiros estágios iniciais até a perfeição, infelizmente você começa a cair deles para coisas ainda piores. Não é salvo quem começa nessas coisas, mas, sim, quem continua nelas até o fim.

CORAÇÃO ABERTO

LACTÂNCIO

E não há criatura que não seja manifesta na sua presença; pelo contrário, todas as coisas estão descobertas e patentes aos olhos daquele a quem temos de prestar contas.

HEBREUS 4:13

A circuncisão da carne era uma figura da segunda circuncisão, significando que o coração deve ser desnudado. Em outras palavras, devemos viver com um coração aberto e simples, uma vez que devemos tratá-lo com reverência como a parte circuncidada do corpo. Como resultado, Deus nos incentiva a não escondermos nosso coração, isto é, não ocultarmos qualquer ato vergonhoso nos lugares secretos de nossa consciência. Essa é a circuncisão do coração da qual os profetas falam, que Deus transferiu da carne para a alma, a única que permanecerá eternamente. Desejando impulsionar nossa vida e nossa salvação segundo a Sua bondade, Deus proporcionou arrependimento na circuncisão do coração. Porém, o perdão é negado a quem é obstinado e oculta suas falhas. Todavia, se abrirmos nosso coração (isto é, se confessarmos os nossos pecados e fizermos as pazes com Deus), seremos perdoados por Aquele que não considera a aparência exterior, como as pessoas, e sim os segredos mais íntimos do coração.

"Deus nos incentiva a não escondermos nosso coração, isto é, não ocultar qualquer ato vergonhoso nos lugares secretos de nossa consciência."

ARMADURA DE DEUS

JOÃO CASSIANO

Portanto, tomai toda a armadura de Deus, para que possais resistir no dia mau e, depois de terdes vencido tudo, permanecer inabaláveis.

EFÉSIOS 6:13

Paulo diz: "embraçando sempre o escudo da fé, com o qual podereis apagar todos os dardos inflamados do Maligno". A fé é, portanto, o que intercepta os dardos inflamados da concupiscência. Por temor do julgamento futuro e crença no reino celestial, ela os destrói. Ele diz também: "vestindo-vos da couraça da justiça". Certamente, ela é o que vai em torno das partes vitais do tórax. O amor protege o que é vulnerável das feridas mortais dos pensamentos soberbos e evita golpes fatais. A couraça não permite que os dardos do diabo atinjam o nosso coração, porque "tudo sofre, tudo crê, tudo espera, tudo suporta". "Tomai também o capacete da salvação". O capacete protege a cabeça. Como Cristo é a nossa cabeça, devemos protegê-la contra todas as tentações e perseguições, na esperança das boas coisas vindouras. Especialmente, precisamos manter completa e imaculada a nossa fé nele. ..."E a espada do Espírito, que é a palavra de Deus", porque ela é "mais cortante do que qualquer espada de dois gumes, e penetra até ao ponto de dividir alma e espírito, juntas e medulas, e é apta para discernir os pensamentos e propósitos do coração". Ela separa e corta fora qualquer coisa carnal e terrena que encontra em nós. Quem quer que esteja protegido por essa armadura nunca será vencido pelas armas e a devastação do inimigo. Não será conduzido para a terra hostil dos pensamentos frívolos preso com as correntes do inimigo como cativo e prisioneiro. ...Porém, permanecerá como conquistador triunfante na terra dos pensamentos que escolheu.

AMANDO AS OVELHAS

CRISÓSTOMO

Nisto conhecerão todos que sois meus discípulos:
se tiverdes amor uns aos outros.

JOÃO 13:35

O que poderia ser maior do que ser visto fazendo as coisas que Cristo declarou serem provas de amor por Ele? Dirigindo-se ao líder dos apóstolos, Ele disse: "Simão, filho de João, tu me amas?". Quando Pedro confessou que sim, o Senhor acrescentou: "Pastoreia as minhas ovelhas". O Mestre não perguntou ao discípulo se ele o amava para obter informações (por que o faria, se já conhece o coração de todos?), e sim para nos ensinar quão grande interesse Ele tem no cuidado dessas ovelhas. Claramente, então, quem trabalha por essas ovelhas que Cristo valoriza tão grandemente receberá uma grande recompensa, porque quando vemos alguém cuidando de membros de nossa família, ou de nossos rebanhos, consideramos seu zelo por eles como um sinal de amor para conosco. No entanto, tudo isso pode ser comprado com dinheiro. Imagine, então, quão grande dádiva Cristo dará a quem cuida do rebanho que Ele comprou, não com dinheiro nem com coisa alguma desse tipo, mas com a Sua própria morte, pois Ele deu a própria vida para pagar pelo rebanho.

"Quem trabalha para as ovelhas que Cristo valoriza tão grandemente receberá uma grande recompensa."

A TRIBULAÇÃO SE APROXIMA

BASÍLIO

Porque os meus pensamentos não são os vossos pensamentos, nem os vossos caminhos, os meus caminhos, diz o SENHOR.

ISAÍAS 55:8

Traga à tona o dom da razão que Deus armazenou em nosso coração. Então, quando as tribulações nos cercarem, lembraremos que somos apenas humanos e, como já vimos e ouvimos, que a vida é cheia de infortúnios. ...Acima de tudo, a razão nos dirá, segundo a ordem de Deus, que nós, que confiamos em Cristo, não devemos nos lamentar pelos que morreram porque temos esperança na ressurreição e nas grandes coroas que o Mestre reservou para recompensar a nossa grande paciência. Precisamos permitir que nossos pensamentos mais sábios nos falem nessa melodia. Então, talvez possamos sentir um ligeiro alívio de nossas tribulações. Estimulo você a combater o seu oponente. O golpe é pesado, mas fique firme. Não caia sob o peso de sua aflição. Não desanime. Esteja perfeitamente seguro de que, embora não consigamos compreender as razões pelas quais Deus ordenou tais tribulações, Aquele que é sábio e que nos ama as preparou para nós. Precisamos aceitá-las, independentemente de quão difíceis de suportar elas sejam. Deus sabe que está designando o que é melhor para cada pessoa. Ele sabe por que os termos da vida que Ele determina para nós são desiguais.

"Embora não consigamos compreender as razões pelas quais Deus ordenou tribulações, Aquele que é sábio e que nos ama as preparou para nós."

A OBRA-PRIMA DE DEUS

BASÍLIO

Observai o que está evidente. Se alguém confia em si que é de Cristo, pense outra vez consigo mesmo que, assim como ele é de Cristo, também nós o somos.

2 CORÍNTIOS 10:7

Deus não julga a beleza de Sua obra pela maneira como ela encanta os olhos. A Sua ideia de beleza não é a mesma que a nossa. Ele considera belo aquilo que demonstra perfeitamente uma habilidade artística e tende a ser útil para a sua finalidade. Foi assim que Deus julgou o projeto de Suas próprias obras e aprovou cada uma delas. Elas cumpriram os seus objetivos segundo o Seu propósito criativo. Ninguém acharia linda uma das mãos, um olho ou qualquer parte de uma estátua separada do resto. Porém, se cada uma for restaurada ao seu próprio lugar em bela proporção, embora quase despercebida até agora, impactaria até os mais incultos. Antes de unir as partes de uma obra, os artistas distinguem e reconhecem a beleza de cada peça. Eles pensam acerca do objeto que têm em mãos. E as Escrituras retratam o Artista Supremo da mesma maneira. Elas louvam cada uma de Suas obras. Logo, porém, quando a Sua obra estiver completa, Deus dará o merecido louvor ao conjunto das partes.

"Deus considera belo aquilo que demonstra perfeitamente uma habilidade artística e tende a ser útil para a sua finalidade."

OS NOMES DE JESUS

ORÍGENES

Pelo que também Deus o exaltou sobremaneira e lhe deu o nome que está acima de todo nome, para que ao nome de Jesus se dobre todo joelho, nos céus, na terra e debaixo da terra, e toda língua confesse que Jesus Cristo é Senhor, para glória de Deus Pai.

FILIPENSES 2:9-11

Não é de admirar que, no evangelho, Jesus receba o cognome de muitas coisas boas. Se observarmos os nomes pelos quais o Filho de Deus é chamado, compreenderemos quantas dessas coisas boas Ele é. Os pés de quem prega o Seu nome são belos. Uma coisa boa é a vida. Jesus é a Vida. A Luz do mundo é outra (quando é luz verdadeira que ilumina as pessoas). E o Filho de Deus é assim chamado. Outra coisa boa, além de Vida e Luz, é a Verdade. Uma quarta é o Caminho que leva à Verdade. O nosso Salvador nos ensina que Ele é tudo isso. Ele diz: "Eu sou o caminho, e a verdade, e a vida". Ah, não é bom o Senhor ter sacudido a Terra e a mortalidade para ressuscitar? E obtivemos do Senhor o benefício de Ele ser a Ressurreição. Ele diz: "Eu sou a ressurreição". A porta pela qual alguém entra na maior alegria também é boa, e Cristo diz: "Eu sou a porta". ...Não podemos negligenciar a menção à Palavra, que é o Deus e Pai de todos, porque isso não é menos bom do que qualquer das outras coisas. Por isso, felizes são aqueles que aceitam essas boas coisas e as recebem de quem anuncia as suas bênçãos, daqueles cujos pés são belos.

"Se observarmos os nomes pelos quais o Filho de Deus é chamado, compreenderemos quantas coisas boas Ele é."

JESUS REALMENTE MORREU

TERTULIANO

Foi precisamente para esse fim que Cristo morreu e ressurgiu: para ser Senhor tanto de mortos como de vivos.

ROMANOS 14:9

Deus não foi realmente crucificado? E, tendo sido crucificado, realmente não morreu? E, tendo morrido, realmente não ressuscitou? Se não fosse assim, Paulo teria falsamente "[decidido] nada saber entre vós, senão a Jesus Cristo e este crucificado". Ele teria falsamente imposto a nós que Cristo foi sepultado e ressuscitou. Nesse caso, nossa fé também é falsa e tudo que esperamos de Cristo é um sonho. Quem absolve de culpa os assassinos de Deus é uma desgraça! Porque Cristo não sofreu por eles se realmente nunca sofreu. Você poupará o mundo inteiro de sua única esperança ao destruir a desonra essencial de nossa fé? Tudo que é indigno de Deus é proveitoso para mim. Estou a salvo se não me envergonho do meu Senhor. Ele diz: "qualquer que de mim e das minhas palavras se envergonhar, dele se envergonhará o Filho do Homem".

O Filho de Deus foi crucificado. Não me envergonho porque a humanidade precisa ter vergonha disso. E o Filho de Deus morreu. É necessário, de qualquer maneira, que se acredite nisso justamente por ser um absurdo. E Ele foi sepultado e ressuscitou. O fato é certo, porque é impossível. Porém, como tudo isso será verdade se Ele mesmo não fosse verdadeiro, se não tivesse dentro de si mesmo aquilo que poderia ser crucificado, morrer, ser sepultado e ressuscitar?

O PASTOR AMOROSO

DIONÍSIO DE ALEXANDRIA

Arrependei-vos, pois, e convertei-vos
para serem cancelados os vossos pecados, a fim de que,
da presença do Senhor, venham tempos de refrigério.

ATOS 3:19,20

Cristo, que é o bom Pastor, vai em busca de uma pessoa que vagueia e está perdida nas montanhas. Ele a chama de volta quando ela foge dele e, quando a encontra, dá-se ao trabalho de carregá-la sobre os ombros. Nós, por outro lado, rejeitamos asperamente tal Pastor quando Ele nos aborda. Não imponha sobre si essa miséria e, comportando-se dessa maneira, enterre uma espada em si mesmo, pois, quando as pessoas fazem o mal ou o bem aos outros, o que fazem não afeta apenas os outros. Em vez disso, conforme se ligam à maldade ou à bondade, elas mesmas se tornam controladas por virtudes piedosas ou por paixões desenfreadas. As primeiras se tornam seguidoras e amigas dos bons anjos. Tanto neste mundo como no próximo, desfrutarão de perfeita paz e imunidade contra todo mal. Elas obterão os mais abençoados destinos da eternidade e estarão em comunhão com Deus eternamente. As últimas, porém, cairão imediatamente da paz de Deus e da paz consigo mesmas. Tanto neste mundo quanto após a morte, elas habitarão com os espíritos assassinos. Portanto, não rejeite quem quiser retornar arrependido. Em vez disso, receba o perdido com alegria, conte-o novamente como um dos fiéis e conserte o que estiver defeituoso nele.

"Não rejeite quem quiser retornar arrependido."

FÉ SALVADORA

INÁCIO

Meus irmãos, qual é o proveito, se alguém disser que tem fé, mas não tiver obras? Pode, acaso, semelhante fé salvá-lo?

TIAGO 2:14

Aqueles que professam ser de Cristo são conhecidos não somente pelo que dizem, mas também pelo que praticam. "Cada árvore é conhecida pelo seu próprio fruto". É melhor um homem manter-se em silêncio e ser cristão do que falar e não ser seguidor de Cristo. "O reino de Deus não consiste em palavra, mas em poder." "Com o coração se crê para justiça e com a boca se confessa a respeito da salvação."

É bom ensinar que quem fala também age, porque "aquele [...] que os observar e ensinar, esse será considerado grande no reino dos céus". Nosso Senhor e Deus, Jesus Cristo, o Filho do Deus Vivo, primeiramente fez e depois ensinou, como Paulo testifica: "cujo louvor no evangelho está espalhado por todas as igrejas". Nada é oculto do Senhor; os nossos segredos estão desvelados a Ele. Portanto, façamos todas as coisas como tendo-o habitando em nós, para que possamos ser Seus templos e Ele possa ser em nós como Deus. Que Cristo fale em nós, assim como falou em Paulo. Que o Espírito Santo nos ensine a falar as coisas de Cristo da mesma maneira como Jesus falou.

"É melhor um homem manter-se em silêncio e ser cristão do que falar e não ser seguidor de Cristo."

SATISFAÇÃO

AGOSTINHO

...não que, por nós mesmos, sejamos capazes de pensar alguma coisa, como se partisse de nós; pelo contrário, a nossa suficiência vem de Deus.

2 CORÍNTIOS 3:5

A soberba é o anseio por glória merecida. E glória merecida é quando a alma abandona Aquele a quem ela deve se apegar para obter suficiência e, assim, torna-se autossuficiente. Isso acontece quando a alma se satisfaz consigo mesma. Ela se afasta do bem imutável que a satisfaria mais do que ela mesma e o faz espontaneamente. A vontade deve permanecer apaixonada pelo bem maior e imutável que a ilumina para a inteligência e a estimula para o amor. Desta forma, ela não se tornaria tão escura e fria ao buscar encontrar satisfação em si mesma. Nós não nos afastamos tanto a ponto de nos tornarmos absolutamente nada. Em vez disso, voltando-nos para nós mesmos, nossa alma se tornou mais isolada do que quando nos apegávamos ao Ser Supremo. Semelhantemente, o existirmos em nós mesmos, isto é, sermos a nossa própria satisfação após abandonar Deus, não é tornar-se uma nulidade. Porém, as Sagradas Escrituras atribuem outra denominação às pessoas orgulhosas: "arrogantes". Portanto, é bom elevar o coração. Porém, não é bom elevá-lo para nós mesmos; isso é soberba. É bom somente elevar o nosso coração ao Senhor, porque isso é obediência e humildade.

"Glória merecida é quando a alma abandona Aquele a quem ela deve se apegar para ter suficiência e, assim, torna-se autossuficiente."

NECESSIDADES DEFINITIVAS

CLEMENTE DE ALEXANDRIA

Disse eu: compadece-te de mim, SENHOR;
sara a minha alma, porque pequei contra ti.
SALMO 41:4

Se os governantes não aterrorizam quem faz boas obras, como é que Deus, que é por natureza bom, aterrorizará quem não peca? Paulo diz: "se fizeres o mal, teme", sempre usando palavras severas para com as igrejas, segundo o exemplo do Senhor. Consciente de sua própria ousadia e da fraqueza dos ouvintes, ele diz aos gálatas: "Tornei-me, porventura, vosso inimigo, por vos dizer a verdade?". Pessoas saudáveis não precisam de médicos quando estão fortes, mas quem está doente necessita da habilidade desse profissional. Da mesma maneira, nós, que estamos doentes em decorrência de vergonhosas concupiscências, excessos e outras chamas das paixões, necessitamos do Salvador. E Ele não apenas administra remédios leves, mas também os severos. Em seguida, as raízes amargosas do temor desintegram as feridas dos nossos pecados que nos corroem. Portanto, o temor é benéfico se for amargo. Enfermos, necessitamos do Salvador; errantes, de alguém para nos guiar; cegos, de alguém para nos levar à luz; sedentos, da "fonte a jorrar para a vida eterna", da qual todo aquele que beber "nunca mais terá sede". Mortos, necessitamos de vida; ovelhas, necessitamos de um pastor; filhos, necessitamos de um tutor. Toda a humanidade necessita de Jesus para que não permaneçamos até o fim como pecadores obstinados e sejamos condenados.

"Toda a humanidade necessita de Jesus
para que não permaneçamos até o fim como pecadores
obstinados e sejamos condenados."

COMPAIXÃO GENUÍNA

SULPÍCIO SEVERO

Então, as multidões o interrogavam, dizendo:
Que havemos, pois, de fazer? Respondeu-lhes:
Quem tiver duas túnicas, reparta com quem não tem;
e quem tiver comida, faça o mesmo.

LUCAS 3:10,11

No meio de um inverno incomumente rigoroso, cujo frio extremo matou muitas pessoas, São Martinho encontrou, no portão de Amiens, um homem pobre sem roupas. Ele implorava aos transeuntes que tivessem compaixão dele. Entretanto, todos passavam pelo pobre homem sem lhe dar atenção. Martinho, um homem cheio de Deus, reconheceu que, por ninguém mais demonstrar piedade por aquele homem, a situação estava em suas mãos. Porém, o que poderia fazer? Ele nada tinha além da capa que usava, porque já havia dado o resto de suas roupas por motivos semelhantes. Portanto, pegando sua espada, ele dividiu a capa em duas partes iguais. Martinho deu uma parte ao pobre homem e voltou a vestir-se com o que havia restado. Alguns dos espectadores riram daquilo, porque agora ele tinha uma aparência medonha e se destacava por estar parcialmente vestido. Todavia, muitos que tinham melhor compreensão gemeram profundamente por não haver feito algo semelhante. Estes ficaram especialmente envergonhados porque tinham mais posses do que Martinho. Eles poderiam ter vestido o pobre homem sem se reduzirem à nudez. Na noite seguinte, enquanto dormia, Martinho teve uma visão de Cristo vestido com aquela parte da capa com que ele havia vestido o pobre.

COMO O MAR

ATANÁSIO

Quando passares pelas águas, eu serei contigo; quando, pelos rios, eles não te submergirão; quando passares pelo fogo, não te queimarás, nem a chama arderá em ti.

ISAÍAS 43:2

Como que com a fé dos discípulos, devemos falar frequentemente com o nosso Mestre, porque para nós o mundo é como o mar, amados. Navegamos nesse mar, com nosso próprio livre-arbítrio atuando como o vento, porque todos navegam segundo as suas vontades. Se a Palavra for o nosso piloto, entraremos no repouso. Porém, se o prazer assumir o controle de nosso ser, enfrentaremos o perigo de tempestades e naufragaremos, porque, assim como o oceano tem tempestades e ondas, no mundo há muitas aflições e provações. O Senhor disse: "em lhe chegando a angústia ou a perseguição por causa da palavra, logo se escandaliza". Por não serem fortalecidos pela fé e favorecerem as coisas temporais, os incrédulos não conseguem resistir às dificuldades. Assim como a casa do homem insensato construída na areia, quem não tem entendimento cai sob as tempestades da tentação. Os santos, porém, exercitaram seus sentidos para terem domínio próprio. Por serem fortes em fé e compreenderem a Palavra, eles não desmaiam sob provações. De tempos em tempos, tribulações cada vez mais poderosas se lhes opõem, mas eles continuam a ser fiéis. Eles despertam o Senhor que está com eles e são libertados. Por encontrarem alívio ao passar por água e fogo, eles celebram oferecendo orações agradecidas a Deus, que os resgatou.

"Se a Palavra for o nosso piloto, entraremos no repouso. Porém, se o prazer assumir o controle de nosso ser, enfrentaremos o perigo de tempestades e naufragaremos."

AMANDO A DEUS

AGOSTINHO

Amarás, pois, o S*ENHOR*, *teu Deus,*
de todo o teu coração, de toda a tua alma
e de toda a tua força.

DEUTERONÔMIO 6:5

Eu te amo, Senhor, não com incerteza, mas com consciência e convicção. ...Porém, o que eu amo ao amar-te? Não é beleza física, o esplendor do tempo ou o brilho agradável da luz. Não são as doces melodias de todos os tipos de canções ou o fragrante aroma de flores, unguentos e especiarias. Não são o maná e o mel. Não são os agradáveis braços para abraços carnais. Não são essas as coisas que amo quando amo ao meu Deus. Ainda assim, amo um certo tipo de luz, som, fragrância, alimento e abraço ao amar ao meu Deus. Ele é a luz, o som, a fragrância, o alimento e o abraço da minha pessoa interior. Nesse amor brilha a luz que não pode ser contida em minha alma. Nele ressoam as coisas que o tempo não consegue arrebatar, há uma fragrância que brisa nenhuma consegue espalhar, há um alimento que nenhum comer consegue findar e há um apego que nenhum prazer consegue separar. É isso que eu amo quando amo ao meu Deus.

"Eu te amo, Senhor, não com incerteza,
mas com consciência e certeza."

DOAÇÃO ALTRUÍSTA

LACTÂNCIO

Antes, ao dares um banquete, convida os pobres, os aleijados, os coxos e os cegos; e serás bem-aventurado, pelo fato de não terem eles com que recompensar-te.

LUCAS 14:13,14

A maior vantagem das riquezas não é usá-las para o prazer específico de um indivíduo, e sim para o bem-estar de muitas pessoas. Elas não são para a satisfação imediata de alguém, e sim para a justiça que nunca termina. Portanto, de modo algum devemos esperar receber algo em troca ao demonstrarmos misericórdia. Precisamos esperar que a recompensa por tal dever venha unicamente de Deus. Se você esperar isso dos outros, o que você fez não foi bondade, e sim emprestar algo cobrando juros. Quem age para seu próprio bem e não pelo dos outros não merece ser recompensado. Contudo, sempre que um homem doa a outros sem buscar sua própria vantagem, na realidade, está doando a si mesmo, porque Deus o recompensará. Deus também nos ordenou convidar para as nossas festas quem não pode nos retribuir. Tudo que fazemos na vida deve ser realizado com misericórdia. Não pense, no entanto, que isso o impede de interagir com amigos ou de demonstrar bondade para com o próximo. Porém, Deus nos revelou o que é um comportamento verdadeiramente correto: viver misericordiosamente com nosso próximo, desde que saibamos que um modo de vida se relaciona a pessoas e o outro, a Deus.

"Quem age para seu próprio bem e não pelo dos outros não merece ser recompensado."

A MISERICÓRDIA DE DEUS

CRISÓSTOMO

Ainda assim, agora mesmo, diz o SENHOR:
Convertei-vos a mim de todo o vosso coração;
e isso com jejuns, com choro e com pranto.

JOEL 2:12

Esta é a misericórdia de Deus: Ele nunca desvia Sua face de um arrependimento sincero. Se alguém que se tornou extremamente iníquo decide retornar ao caminho da santidade, Deus o aceita e o acolhe. Ele faz tudo que pode para restaurar essas pessoas à sua posição anterior. Porém, Deus demonstra misericórdia ainda maior: se alguém não demonstrar total arrependimento, ainda assim Ele não ignorará sua pequena e insignificante chance. Em vez disso, Ele até dá a essas pessoas uma grande recompensa. Isso fica evidente nas palavras do profeta Isaías acerca dos judeus: "Por causa da indignidade da sua cobiça, eu me indignei e feri o povo; escondi a face e indignei-me, mas, rebelde, seguiu ele o caminho da sua escolha. Tenho visto os seus caminhos e o sararei; também o guiarei e lhe tornarei a dar consolação, a saber, aos que dele choram". E podemos citar também aquele rei mais ímpio [N.E.: Acabe, conforme 1 Reis 21:27-29.], que pecou sob a influência de sua esposa. Entretanto, quando tudo que ele fez foi chorar, vestir-se com pano de saco e condenar seu pecado, recebeu a misericórdia de Deus e foi libertado de todos os males que o ameaçavam.

"Deus nunca desvia Sua face de um arrependimento sincero."

EVITANDO O ENGANO

LACTÂNCIO

...nem ofereçais cada um os membros do seu corpo ao pecado, como instrumentos de iniquidade; mas oferecei-vos a Deus, como ressurretos dentre os mortos, e os vossos membros, a Deus, como instrumentos de justiça.

ROMANOS 6:13

Aquele que é, ao mesmo tempo, o Senhor e o Pai mais indulgente promete que perdoará os pecados do arrependido. Ele apagará todas as iniquidades de quem recomeça praticando a justiça, porque a antiga retidão não é útil para quem vive no mal. A iniquidade subsequente destruiu suas obras de justiça. Da mesma maneira, os antigos pecados não são obstáculos para quem corrigiu sua vida, porque a justiça subsequente apagou a mancha de sua vida anterior. Quem se arrepende do que fez compreende seus erros anteriores. Acerca disso, os gregos falam melhor e mais significantemente sobre a metanoia, que pode ser entendida como o retorno ao entendimento correto. Aqueles que retornam a um entendimento correto e resgatam sua mente da loucura, que lamentam seus erros e se repreendem pela loucura, e dedicam sua mente a uma melhor conduta na vida são protegidos contra serem novamente levados às mesmas armadilhas. Em suma, até mesmo quando animais não inteligentes são iludidos por truques, mas se desembaraçam e escapam, tornam-se mais cautelosos no futuro. Eles sempre evitarão as coisas em que viram truques, artimanhas e armadilhas. Portanto, o arrependimento nos torna cautelosos e diligentes para evitar os erros que fomos enganados a praticar.

"Aqueles que retornam a um entendimento correto e resgatam sua mente da loucura são protegidos contra serem novamente levados às mesmas armadilhas."

RESISTA À IRA

HERMAS

O insensato expande toda a sua ira,
mas o sábio afinal lha reprime.
PROVÉRBIOS 29:11

A paciência é grande, poderosa, forte e calma. Ela é alegre, regozija-se, despreocupada, glorificando a Deus em todos os momentos, sem amargura e permanece continuamente mansa e tranquila. Ora, essa paciência habita em quem tem fé total. A ira, porém, é tola, volúvel e disparatada. Ora, a insensatez dá à luz a amargura; a amargura, a ira; e a ira, a loucura. Essa loucura, produto de tantos males, resulta em grande e incurável pecado, porque, quando todos esses espíritos habitam em um vaso no qual o Espírito Santo também habita, o vaso não consegue contê-los e transborda. Então, o sensível Espírito, não estando acostumado a habitar com o espírito iníquo, nem com a dureza, retira-se de tal homem e procura habitar onde há mansidão e paz. Então, quando Ele se retira do homem em quem habitava, o homem é esvaziado do Espírito justo e, sendo daí em diante tomado por espíritos malignos, está em estado de anarquia em todos os seus atos, sendo arrastado para lá e para cá pelos espíritos malignos, e em sua mente há trevas total quanto a tudo que é bom. É isso, então, que acontece a todas as pessoas raivosas. Portanto, afaste-se desse espírito mais perverso, a ira, e revista-se de paciência. Resista à ira e à amargura e você será encontrado em companhia da pureza que é amada pelo Senhor.

"Resista à ira e à amargura e você será encontrado em companhia da pureza que é amada pelo Senhor."

EM PROCESSO

AGOSTINHO

Respondeu Jesus: Se alguém me ama,
guardará a minha palavra; e meu Pai o amará,
e viremos para ele e faremos nele morada.

JOÃO 14:23

Há quem queira obedecer a Deus e não consegue possuir uma boa vontade, ainda que pequena e fraca; porém, consegue obedecer quando obtém uma vontade forte e robusta. Quando os mártires obedeciam aos grandes mandamentos, agiam por uma grande resolução — isto é, com grande amor. O Senhor fala desse grande amor: "Ninguém tem maior amor do que este: de dar alguém a própria vida em favor dos seus amigos". ...O apóstolo Pedro não possuía esse amor quando, amedrontado, negou o Senhor três vezes. O evangelista João diz em sua primeira carta: "No amor não existe medo; antes, o perfeito amor lança fora o medo". Embora o amor de Pedro fosse pequeno e imperfeito, ainda estava presente quando disse ao Senhor: "Por ti darei a própria vida". Pedro acreditava ser capaz de realizar sozinho o que sentia estar disposto a fazer. ...Entretanto, Deus age em nós para que possamos ter a vontade de obedecer. Uma vez obtida essa disposição, Deus trabalha em nós para nos aperfeiçoar. O apóstolo Paulo diz: "Estou plenamente certo de que aquele que começou boa obra em vós há de completá-la até ao Dia de Cristo Jesus" [N.T.: Filipenses 1:6.]. Portanto, Deus age sem o nosso auxílio para que possamos ter o desejo de obedecer, mas, quando agimos de acordo com esse desejo, Ele coopera conosco.

"Deus age em nós para que possamos ter a vontade
de obedecer. Uma vez obtida essa disposição,
Deus trabalha em nós para nos aperfeiçoar."

OFERTA VOLUNTÁRIA

CRISÓSTOMO

...levantou-se Ana, e, com amargura de alma, orou ao SENHOR, *e chorou abundantemente.*

1 SAMUEL 1:10

Você entende o que é vigilância em oração? Escute as palavras de Ana: "Adonai Eloí Sabaô". Porém, ouça ainda o que precedeu essas palavras. O relato diz: "Após terem comido e bebido ", ela, porém, não se permitiu dormir ou descansar. ...Diz, porém, que ela "fez um voto" diante do Senhor. Então, o que ela disse? "Adonai, Senhor, Eloí Sabaô"! Interpretado, isso significa "Ó Senhor, o Deus dos Exércitos". As lágrimas de Ana precederam as suas palavras. Com suas lágrimas, ela esperava convencer Deus a atender ao seu pedido. E prossegue: "se benignamente atentares para a aflição da tua serva, e de mim te lembrares, e da tua serva te não esqueceres, e lhe deres um filho varão, ao SENHOR o darei por todos os dias da sua vida". Ana não disse "durante um ano" ou "durante dois", como nós dizemos. Também não disse "Se tu me deres um filho, eu te darei dinheiro". Porém, disse: "Devolvo a ti o próprio presente, o meu primogênito, o filho de minha oração". Ali estava uma verdadeira filha de Abraão, porque Abraão ofertou quando lhe foi pedido. E Ana oferece antes mesmo de lhe ser pedido. ...Que todos a imitemos. ...Porque a oração pode realizar grandes coisas.

"As lágrimas de Ana precederam as suas palavras. Com suas lágrimas, ela esperava convencer Deus a atender ao seu pedido."

SEJA DIGNO

CIRILO DE JERUSALÉM

...e perguntou-lhe: Amigo, como entraste aqui sem veste nupcial? E ele emudeceu.

MATEUS 22:12

Os evangelhos contam que certo homem que entrou em uma festa de casamento vestido com roupas inadequadas sentou-se e comeu — porque o noivo permitiu. Entretanto, ao ver todos os demais vestidos de branco, deveria ter encontrado o mesmo tipo de roupa para si mesmo. Embora comesse como eles, não era semelhante a eles em traje e propósito. E, embora o noivo fosse generoso, não era estúpido. Ao passar pelos convidados e observá-los, não se importava com o que eles comiam, mas com o comportamento refinado deles. Ele viu esse estranho que não estava usando roupas de casamento e lhe disse: "Amigo, como você entrou aqui? Com que consciência? Não foi porque o porteiro não o impediu, mas por causa da generosidade do anfitrião. Você ignorava qual roupa deveria vestir para o banquete? Você entrou e viu o estilo resplandecente dos convidados — não deveria ter aprendido com o que estava bem diante de seus olhos? Não deveria ter se desculpado delicadamente para poder voltar vestido adequadamente?". Então, ordenou aos servos: "Amarrem seus pés que se intrometeram ousadamente. Amarrem suas mãos que não souberam vestir roupas alegres. E lancem-no fora, nas trevas, pois ele é indigno da celebração do casamento." Você vê o que aconteceu àquele homem? Por isso, seja digno do banquete.

"Ao ver todos os demais vestidos de branco, deveria ter encontrado o mesmo tipo de roupa para si mesmo."

CORAÇÕES EMPEDERNIDOS

CLEMENTE DE ALEXANDRIA

Beijai o Filho para que se não irrite, e não pereçais no caminho; porque dentro em pouco se lhe inflamará a ira. Bem-aventurados todos os que nele se refugiam.

SALMO 2:12

Ó, que enorme mal é envergonhar-se do Senhor! Ele oferece liberdade; você foge para a escravidão. Ele oferece a salvação; você afunda na destruição. Ele concede vida eterna; você espera pelo castigo e prefere o fogo que o Senhor "[preparou] para o diabo e seus anjos". Portanto, o bendito apóstolo Paulo diz: "digo e no Senhor testifico que não mais andeis como também andam os gentios, na vaidade dos seus próprios pensamentos, obscurecidos de entendimento, alheios à vida de Deus por causa da ignorância em que vivem, pela dureza do seu coração, os quais, tendo-se tornado insensíveis, se entregaram à dissolução para, com avidez, cometerem toda sorte de impureza". ...Com constante diligência, o Senhor apela, aterroriza, exorta, suscita e repreende. Portanto, não deixe que pessoa alguma despreze Jesus, por medo de que despreze a si mesmo involuntariamente, porque a Escritura diz: "Hoje, se ouvirdes a sua voz, não endureçais o vosso coração". ...Por que, então, devemos continuar trocando a graça pela ira, em vez de receber a Palavra com ouvidos abertos ou receber Deus como hóspede em um coração puro? Pois a Sua promessa é cheia de graça "se hoje ouvirmos a sua voz". Dessa maneira, quem crer e obedecer receberá graça superabundante.

"Com constante diligência, o Senhor apela, aterroriza, exorta, suscita e repreende."

A SUA MENTE

MELITO

Os céus proclamam a glória de Deus, e o firmamento anuncia as obras das suas mãos.

SALMO 19:1

Deus fez você tão perfeito quanto pareceu bom a Ele. O Senhor lhe deu uma mente livre. Ele colocou muitos objetos à sua frente para que você possa distinguir sua natureza e escolher as coisas boas para si mesmo. Ele colocou os céus diante de você e colocou nele as estrelas. Ele colocou o Sol e a Lua diante de você. Eles percorrem o seu curso todos os dias. Diante de você, colocou todas as águas e as restringiu pela Sua Palavra. E também o mundo inteiro, que permanece em repouso e continua a prosperar sem mudar. Por precaução que você possa presumir que a Terra permanece devido à sua própria natureza, Ele a faz tremer quando se agrada nisso. Ele colocou as nuvens diante de você, as quais, sob o Seu comando, despejam a água que satisfaz a Terra. Consequentemente, você deveria saber que Aquele que coloca essas coisas em movimento é superior a todas elas. Aceite a Sua bondade com gratidão, porque Ele lhe deu a mente para distinguir entre elas. Portanto, eu o aconselho: conheça-se a si mesmo e conheça a Deus.

"Eu o aconselho: conheça-se a si mesmo e conheça a Deus."

ABNEGAÇÃO

JOÃO CASSIANO

O galardão da humildade e o temor do SENHOR
são riquezas, e honra, e vida.
PROVÉRBIOS 22:4

Atletas cristãos que competem segundo as regras ...e desejam ser coroados pelo Senhor devem, por todos os meios, lutar para destruir a besta mais feroz da soberba, porque ela destrói toda virtude. Eles precisam saber que, enquanto a soberba permanecer em seu coração, nunca estarão livres do mal e, por influência dela, até perderão qualquer boa qualidade que pareçam ter. Porque, por assim dizer, nenhuma torre de justiça pode ser levantada em nossa alma se o fundamento da verdadeira humildade não for, primeiramente, colocado em nosso coração. Colocado de maneira segura, ele é capaz de suportar o peso da perfeição e do amor colocados em nós, de maneira que possamos demonstrar aos outros uma verdadeira humildade do fundo do nosso coração. E não nos contentaremos em entristecer os outros ou em feri-los. Porém, não seremos capazes de administrar isso a menos que o amor de Cristo implante em nós a verdadeira abnegação. Isso consiste em nos despir e privar de todas as nossas posses. Além disso, precisamos tomar o jugo da obediência e da submissão com humildade e sem exibicionismo. Desse modo, ...nossa própria vontade não estará viva em nós.

"Nenhuma torre de justiça pode ser levantada em nossa alma se o fundamento da verdadeira humildade não for, primeiramente, colocado em nosso coração."

ALIMENTO ESPIRITUAL

ATANÁSIO

Então, lhe disseram: Senhor, dá-nos sempre desse pão.

JOÃO 6:34

A alma se humilha quando não segue a iniquidade, mas se alimenta da justiça, porque a justiça e a iniquidade são o alimento da alma. Segundo sua preferência, a alma pode desejar e comer qualquer um desses alimentos. Se for inclinada à justiça, será nutrida por retidão, moralidade, autocontrole, mansidão e coragem. Paulo disse: "alimentado com as palavras da fé e da boa doutrina". Assim foi com o nosso Senhor, pois Ele disse: "A minha comida consiste em fazer a vontade daquele que me enviou". Porém, se a alma não for semelhante a Ele, preferirá a iniquidade e será nutrida unicamente pelo pecado. O Espírito Santo descreveu os pecadores e seu alimento referindo-se ao diabo quando disse: "...deste-o como alimento às nações etíopes" [N.E.: Salmo 74:1, Septuaginta.], porque o diabo é alimento para os pecadores. Da mesma maneira, o nosso Senhor e Salvador Jesus Cristo, o Pão celestial, é alimento para os santos, porque Ele disse: "Quem comer a minha carne e beber o meu sangue tem a vida eterna". O diabo é alimento para os impuros e para os que fazem as obras das trevas e não as da luz. Portanto, para desviar essas pessoas da iniquidade, Cristo ordena que elas sejam nutridas pelo alimento da justiça, ou seja, humildade da mente, mansidão que resiste a humilhações e reconhecimento de Deus.

"O diabo é alimento para os pecadores.
Da mesma maneira, o nosso Senhor e Salvador Jesus Cristo,
o Pão celestial, é alimento para os santos."

AMOR COMPARTILHADO

AGOSTINHO

Eu, porém, vos digo: amai os vossos inimigos e orai pelos que vos perseguem.

MATEUS 5:44

Se você gosta muito de determinado ator e considera sua arte uma das melhores, acabará por gostar de todas as pessoas que o admiram, por causa de sua admiração em comum. E, quanto mais fervoroso você é em sua admiração, mais se empenha por conseguir novos admiradores para ele e mais anseia por mostrá-lo a outras pessoas. ...Ora, se isso for verdade, o que é adequado fazermos quando vivemos no amor de Deus e encontramos a verdadeira felicidade ao desfrutar dele? ...Quando não tememos que alguém que venha a conhecê-lo fique desapontado? Quando sabemos que todos os que realmente o amarem obterão uma recompensa eterna: Aquele a quem amam? Então, precisamos até amar os nossos inimigos, porque não temos medo deles. Eles não podem tirar de nós aquilo que amamos. Em vez disso, lamentamos por eles porque, quanto mais nos odeiam, mais ficam separados daquele a quem amamos. Porém, se eles se voltassem a Deus, seriam forçados a amá-lo da melhor maneira. Eles também nos amariam porque compartilharíamos essa bênção com eles.

"Lamentamos por nossos inimigos porque, quanto mais eles nos odeiam, mais ficam separados daquele a quem amamos."

REFLEXÃO DE PÁSCOA

LACTÂNCIO

Certamente, ele tomou sobre si as nossas enfermidades e as nossas dores levou sobre si; e nós o reputávamos por aflito, ferido de Deus e oprimido. Mas ele foi traspassado pelas nossas transgressões e moído pelas nossas iniquidades; o castigo que nos traz a paz estava sobre ele, e pelas suas pisaduras fomos sarados.

ISAÍAS 53:4,5

Agrada-lhe passar por toda a minha dor e sentir aflição comigo? Então, considere as tramas contra mim e o irreverente preço do meu sangue inocente. Considere os beijos falsos do discípulo, os insultos e abusos da multidão e, mais ainda, os golpes zombeteiros e as línguas acusadoras. Imagine as testemunhas falsas, o julgamento maldito de Pilatos, a imensa cruz pressionada sobre meus ombros e minhas costas cansadas e meus dolorosos passos em direção a uma morte terrível. Estude-me da cabeça aos pés. Fui desertado e estou erguido bem acima de minha amada mãe. Veja meu cabelo banhado em sangue e minha cabeça rodeada pelos cruéis espinhos, porque uma torrente de sangue está caindo como chuva por todos os lados da minha divina face. Observe meus olhos afundados e turvos e minhas faces espancadas. Veja minha língua ressecada que foi envenenada com fel. Meu rosto está pálido de morte. Olhe para as minhas mãos perfuradas com cravos e meus braços estendidos. Veja a grande ferida no meu lado e o sangue fluindo dela. Imagine meus pés perfurados e meus membros manchados de sangue. Então, curve-se e, pranteando, tenha apreço pelo madeiro. Com rosto humilde, incline-se até a terra molhada de sangue inocente. Borrife-a com lágrimas e carregue a mim e meu encorajamento em seu devoto coração.

"Imagine meus pés perfurados e meus membros manchados de sangue."

CORPOS SANTOS

CRISÓSTOMO

Se o teu olho direito te faz tropeçar, arranca-o e lança-o de ti; pois te convém que se perca um dos teus membros, e não seja todo o teu corpo lançado no inferno.

MATEUS 5:29

Disciplinemos nossa língua para ministrar a graça do Espírito e livrar nossa boca de toda amargura, malícia e palavras vergonhosas, pois temos o poder de tornar cada parte de nós um instrumento de iniquidade ou de retidão. Ouça como algumas pessoas fazem da língua um instrumento de pecado e outras, de justiça! Está escrito sobre alguns: "espada afiada, a sua língua". Mas sobre outros: "a minha língua é como a pena de habilidoso escritor". Os primeiros provocavam destruição; os últimos escreviam a Lei de Deus. Portanto, uma língua era espada e a outra, uma caneta; não por natureza, mas pela escolha daqueles que a usavam. ...Vemos o mesmo acontecer com a boca. Aqueles que têm a boca cheia de imundície e iniquidade foram acusados: "a boca, eles a têm cheia de maldição e de amargura". Porém, isso não se aplicou a outros: "Os meus lábios falarão sabedoria, e o meu coração terá pensamentos judiciosos". ...Por isso, sabendo dessas coisas, fortaleçamo-nos por todos os lados com santidade para afastar a ira de Deus. Façamos dos membros do nosso corpo instrumentos de justiça. Disciplinemos nossos olhos, boca, mãos, pés, coração, língua e o corpo todo para serem usados somente em santidade.

"Temos o poder de tornar cada parte de nós um instrumento de iniquidade ou de retidão."

ENCONTRANDO A VERDADE

TERTULIANO

De lá, buscarás ao Senhor, teu Deus,
e o acharás, quando o buscares de todo o teu coração
e de toda a tua alma.

DEUTERONÔMIO 4:29

Suponha que as palavras "buscai e achareis" tivessem sido dirigidas a todas as pessoas igualmente. O objetivo de uma pessoa é determinar cuidadosamente o sentido das palavras. Proponho que há algo definido, ensinado por Cristo, que os gentios devem crer. Eles precisam "buscar" para que creiam quando o "acharem". Entretanto, não pode haver uma busca indefinida pela única coisa definida. Você precisa "buscar" até "achar" e crer quando houver encontrado. Você não deve ter outra coisa a fazer senão obedecer àquilo em que creu (desde que acredite que nada mais deve ser crido e, portanto, nada mais deve ser buscado). ...O seu Mestre o instrui a não buscar coisa alguma além daquilo que Ele ensinou.

"Você precisa 'buscar' até 'achar'
e crer quando houver encontrado."

PESSOAS ESPIRITUAIS

GREGÓRIO DE NISSA

Nós, porém, que somos do dia, sejamos sóbrios,
revestindo-nos da couraça da fé e do amor
e tomando como capacete a esperança da salvação.

1 TESSALONICENSES 5:8

Coragem e confiança são as nossas armas para desviar os inesperados ataques do inimigo. Esperança e paciência são os bordões para nos apoiarmos quando estamos desgastados por tribulações mundanas. E precisamos nos abastecer de tristeza e estarmos prontos para aplicá-la, se necessário, quando nos arrependermos de nossos pecados. Ao mesmo tempo, precisamos acreditar que ela só é útil para servir ao nosso arrependimento. A justiça será a nossa diretriz, protegendo-nos de tropeçar em palavras ou atos, orientando-nos sobre como usar as nossas habilidades espirituais e nos ensinando a sermos atenciosos com todas as pessoas que encontrarmos. ...Porém, alguém que não use corretamente essas habilidades espirituais, mas que as use para motivações opostas... será inexprimivelmente estranho e antinatural. Imagine alguém colocando sua armadura da maneira errada: invertendo o capacete de modo a cobrir o rosto, colocando os pés no peitoral, encaixando as caneleiras no peito, colocando no lado direito tudo que pertence ao esquerdo e vice-versa. Como tal soldado seria capaz de se sair em batalha? Então, isso nos dá uma ideia do destino que aguarda quem usa suas habilidades espirituais contrariamente ao seu uso adequado.

"Alguém que não use corretamente suas habilidades espirituais, mas que as use para motivações opostas... será inexprimivelmente estranho e antinatural."

CRUZ MISTERIOSA

AMBRÓSIO

Então, disse Jesus a seus discípulos: Se alguém quer vir após mim, a si mesmo se negue, tome a sua cruz e siga-me.

MATEUS 16:24

Ó, o divino mistério daquela cruz! A fraqueza se apoia nela, o poder é liberado por ela, o mal é pregado nela e troféus triunfais são elevados em direção a ela. Certo santo disse: "Perfuro minha carne com cravos por temor de ti". Ele não quis dizer cravos de ferro, mas de temor e fé, porque as cadeias da retidão são mais fortes do que as da punição. A fé do apóstolo Pedro era o que o atava quando ele seguiu o Senhor até o salão do sumo sacerdote. Nenhuma pessoa o havia amarrado e a punição não o libertou, porque a sua fé o prendia. Novamente, quando Pedro foi preso pelos judeus, a oração o libertou. A punição não o segurou porque ele não se afastara de Cristo.

Você também crucifica o pecado para poder morrer para ele? Quem morre para o pecado vive para Deus. Você vive para Aquele que sequer poupou o próprio Filho para que Ele pudesse crucificar os nossos pecados em Seu corpo? Porque Cristo morreu por nós para que pudéssemos viver em Seu corpo ressurreto. Portanto, nossa culpa — e não nossa vida — morreu nAquele acerca do qual se diz: "carregando ele mesmo em seu corpo, sobre o madeiro, os nossos pecados, para que nós, mortos para os pecados, vivamos para a justiça; por suas chagas, fostes sarados".

"Cristo morreu por nós para que pudéssemos viver em Seu corpo ressurreto."

ALMAS PROTEGIDAS

ATANÁSIO

Porque o pendor da carne dá para a morte,
mas o do Espírito, para a vida e paz.
ROMANOS 8:6

Debrucemo-nos no fato de que, enquanto o Senhor está conosco, nossos inimigos não podem nos fazer mal. Quando se aproximam de nós, eles se conformam ao estado em que nos encontram. Eles adaptam seus enganos à condição da nossa mente. Portanto, se nos encontrarem tímidos e confusos, eles nos atacarão como ladrões, encontrando nossa mente desprotegida. Eles pensam de nós da mesma maneira que pensamos de nós mesmos. Se nos encontram fracos e covardes, aumentam nosso terror por meio de delírios e ameaças; a alma infeliz é, então, atormentada por essas coisas. Porém, se nos veem regozijando-nos no Senhor, contemplando a felicidade futura, atentos ao Senhor, considerando que todas as coisas estão em Suas mãos e sabendo que nenhum espírito maligno tem força contra os cristãos, nem poder sobre alguém, nossos inimigos são derrotados e rechaçados pela força desses pensamentos. Vendo Jó fortalecido dessa maneira, o inimigo retirou-se dele. Porém, encontrando Judas desatento, levou-o cativo. Portanto, se queremos desprezar o inimigo, precisamos pensar nas coisas do Senhor sempre. Nossa alma precisa sempre se alegrar na esperança. Então, veremos que as armadilhas do diabo são como fumaça e que os malignos fugirão em vez de nos perseguir.

"Se queremos desprezar o inimigo, precisamos pensar nas coisas do Senhor sempre. Nossa alma precisa sempre se alegrar na esperança."

LUTE PELA FÉ

CIPRIANO

Por isso, cingindo o vosso entendimento,
sede sóbrios e esperai inteiramente na graça que vos está
sendo trazida na revelação de Jesus Cristo.

1 PEDRO 1:13

Contemple uma grande e nobre batalha com a gloriosa recompensa de uma coroa celestial. Na medida em que Deus nos observa enquanto lutamos e observa aqueles sobre quem se inclinou para que se tornassem, Seus filhos, Ele aprecia o espetáculo de nossa peleja. Deus nos observa lutar por nossa fé. Seus anjos nos observam, e Cristo nos observa. Quão grande é a dignidade, alegria e glória de competir e ser coroado na presença de Deus tendo Cristo como o juiz! Amados, estejamos armados com toda a nossa força e preparados para a luta com a mente incorrupta, fé sólida e coragem devotada. Que o exército de Deus marche adiante até o campo de batalha designado. Que os estáveis sejam armados, para que não sejam derrotados. Que os apóstatas também sejam armados, para que até mesmo eles possam recuperar o que perderam. Que a honra estimule a batalha.

"Estejamos armados com toda a nossa força
e preparados para a luta com a mente incorrupta,
fé sólida e coragem devotada."

UM CORDEIRO PARA MATAR

ORÍGENES

Vós sois as minhas testemunhas, diz o SENHOR*,*
o meu servo a quem escolhi; para que o saibais, e me creiais,
e entendais que sou eu mesmo, e que antes de mim deus
nenhum se formou, e depois de mim nenhum haverá.

ISAÍAS 43:10

Até mesmo para as pessoas comuns foi surpresa que alguém acusado e atacado por falso testemunho tivesse se recusado a proteger-se. Ele tinha capacidade para defender-se e mostrar que não era culpado de qualquer das acusações alegadas. Ele poderia ter elencado os atos louváveis de Sua própria vida e Seus milagres feitos por poder divino para permitir que o juiz fizesse um julgamento mais honroso a Seu respeito. Porém, pela nobreza de Sua natureza, Ele condenou Seus acusadores. Sem hesitação, o juiz o haveria libertado se Ele houvesse apresentado uma defesa. Isso fica claro em sua declaração: "A quem quereis que eu vos solte, a Barrabás ou a Jesus, chamado Cristo?". E sobre isso as Escrituras acrescentam: "Porque sabia que, por inveja, o tinham entregado". Jesus, porém, está continuamente atacado por falsos testemunhos e, enquanto a impiedade permanece no mundo, Ele é continuamente exposto a acusações. Contudo, até mesmo agora Ele permanece em silêncio na presença dessas coisas e não dá resposta audível; em vez disso, coloca Sua defesa na vida de Seus discípulos genuínos. Eles são um testemunho extraordinário, superior a todo falso testemunho. Isso refuta e derruba todas as acusações e alegações infundadas.

RECOMPENSA FINAL

EUSÉBIO

Não abandoneis, portanto, a vossa confiança; ela tem grande galardão. Com efeito, tendes necessidade de perseverança, para que, havendo feito a vontade de Deus, alcanceis a promessa.

HEBREUS 10:35,36

Há paz genuína entre nós e um amor incansável pelos outros? Se repreendemos uma falha, é nosso objetivo encorajar e não destruir? Nossa correção se destina a salvar ou a ser cruel? Exercemos fé sincera não somente em relação a Deus, mas também fidelidade em nossas interações sociais? Temos compaixão dos desventurados? Temos uma vida simples que odeia ocultar o mal por trás do engano e da hipocrisia? Reconhecemos o verdadeiro Deus e Sua indivisa soberania? É verdadeira piedade e religião sincera e sem mácula ...que quem confessa lealdade a Deus não se ire facilmente. Em vez disso, mantém-se nobremente sob a pressão da necessidade. As provações que testam sua lealdade são, de fato, passaportes para o favor de Deus, pois não podemos duvidar que Deus se agrada de uma conduta humana excelente. Se as pessoas poderosas e as humildes agradecem quem as serviu e retribuem servindo-os, seria absurdo se o supremo Soberano, que é o próprio Bem, negligenciasse fazer o mesmo. Ele nos segue ao longo da nossa vida, está próximo a nós em todos os nossos atos de bondade, aceita e recompensa nossa justiça e obediência. Porém, adia a compensação total até o momento em que revisará todos os atos de nossa vida. Naquele momento, os que são puros receberão a recompensa da vida eterna, enquanto os ímpios sofrerão as penalidades que merecem.

"As provações que testam sua lealdade são, de fato, passaportes para o favor de Deus."

ALCANCE O QUE ESTÁ À FRENTE

ATANÁSIO

...para aprovardes as coisas excelentes e serdes sinceros e inculpáveis para o Dia de Cristo, cheios do fruto de justiça, o qual é mediante Jesus Cristo, para a glória e louvor de Deus.

FILIPENSES 1:10,11

Tendo já começado a andar em retidão, esforcemo-nos mais para alcançar as coisas que estão à nossa frente. Não se volte para as coisas que ficaram para trás de você, como fez a mulher de Ló, porque o Senhor disse: "Ninguém que, tendo posto a mão no arado, olha para trás é apto para o reino de Deus". Esse olhar para trás é o sentimento de arrependimento e o tornar-se mundano novamente. Porém, não tenha medo da justiça, nem se intimide por ela. Ela não está longe de nós, pois não está fora de nós, mas, sim, dentro. É fácil andar em retidão se estivermos dispostos. ...Por outro lado, quando nossa mente se desvia e se afasta de seu estado natural, ela se torna a culpa de nossa alma. Isso não é difícil de entender. Se permanecemos como fomos feitos, somos justos, mas, se pensamos em coisas desonrosas, somos maus. Se tivéssemos de obter justiça de fora de nós mesmos, seria difícil, mas, se ela está em nós, precisamos nos manter afastados de pensamentos imundos. Devido ao Senhor nos ter dado nossa alma como um depósito, precisamos preservá-la. Então, Ele reconhecerá a obra que fez.

"Esforcemo-nos mais para alcançar as coisas que estão à nossa frente. Não se volte para as coisas que ficaram para trás de você, como fez a mulher de Ló."

GEMIDOS E LÁGRIMAS

AGOSTINHO

E, orando, não useis de vãs repetições, como os gentios; porque presumem que pelo seu muito falar serão ouvidos.

MATEUS 6:7

Não é errado ou improdutivo dedicar muito tempo à oração, desde que isso não nos impeça de realizar outras boas e necessárias obras para as quais o dever nos chama, ...porque passar muito tempo em oração não é, como alguns pensam, o mesmo que orar com "muito falar". Palavras multiplicadas são uma coisa, mas o contínuo ardor do desejo é outro. Está escrito que o Senhor permaneceu orando durante toda a noite e que Sua oração foi prolongada quando Ele estava em agonia. Isso não é, para nós, um exemplo do nosso Intercessor que, junto ao Pai, ouve eternamente as nossas orações? ...Se estivermos prestando atenção à nossa alma, longe de nós usarmos o "muito falar" em oração ou nos abstermos de orações prolongadas. Falar muito em oração é banalizar e usar excessivamente nossas palavras enquanto pedimos algo necessário. Porém, prolongar a oração é fazer nosso coração palpitar com contínuas emoções piedosas em relação Àquele a quem oramos. Na maioria dos casos, a oração consiste mais em gemidos do que em fala, mais em lágrimas do que em palavras. Ele vê as nossas lágrimas. O nosso gemido não está oculto ao Senhor, porque Ele criou tudo por meio de uma palavra e não precisa de palavras humanas.

"Na maioria dos casos, a oração consiste mais em gemidos do que em fala, mais em lágrimas do que em palavras."

GRANDE E MARAVILHOSO AMOR

CLEMENTE DE ROMA

Nisto consiste o amor: não em que nós tenhamos amado a Deus, mas em que ele nos amou e enviou o seu Filho como propiciação pelos nossos pecados. Amados, se Deus de tal maneira nos amou, devemos nós também amar uns aos outros.

1 JOÃO 4:10,11

Quem consegue descrever o vínculo bendito do amor de Deus? Que homem é capaz de relatar a excelência de sua beleza tal qual ela deve ser contada? A altura a que o amor exalta é indescritível. O amor nos une a Deus. O amor cobre uma multidão de pecados. O amor tudo suporta — é longânimo em tudo. Nada há de cruel ou de arrogante no amor. O amor não permite divisões; o amor não suscita rebeliões; o amor faz tudo em harmonia; pelo amor, todos os eleitos de Deus foram aperfeiçoados; sem amor, nada é agradável a Deus. No amor, o Senhor nos levou a si. Devido ao Seu amor por nós, Jesus Cristo, nosso Senhor, deu Seu sangue por nós pela vontade de Deus, Sua carne por nossa carne e Sua alma por nossa alma.

Você vê, amado, quão grande e maravilhoso é o amor e que é impossível declarar adequadamente sua perfeição? Quem é apto a ser encontrado nele, se não aqueles a quem Deus graciosamente privilegiou? Oremos, portanto, e imploremos por Sua misericórdia, para que possamos viver sem culpa no amor, livres de todas as parcialidades humanas de uns sobre os outros.

"Pelo amor, todos os eleitos de Deus foram aperfeiçoados; sem amor, nada é agradável a Deus."

QUEM É BOM?

GREGÓRIO DE NISSA

Respondeu-lhe Jesus: Por que me perguntas acerca do que é bom? Bom só existe um. Se queres, porém, entrar na vida, guarda os mandamentos. [...] Disse-lhe Jesus: Se queres ser perfeito, vai, vende os teus bens, dá aos pobres e terás um tesouro no céu; depois, vem e segue-me.

MATEUS 19:17-21

O Senhor, que vê o coração, discerniu os motivos do jovem quando este se aproximou dele com uma pergunta. O jovem o fez com a intenção de fixar sua alma em Deus, mas buscou o *homem*, chamando Jesus de "Bom Mestre" [N.T.: MARCOS 10:17; LUCAS 18:18.]. Ele esperava obter algum conhecimento acerca de como retardar a aproximação da morte. Com boa razão, Cristo respondeu da mesma maneira como foi abordado, porque, dado que a pergunta não foi dirigida ao Deus Palavra, a resposta foi dada pela humanidade de Cristo. Como resultado, uma dupla lição foi oferecida ao jovem por meio de uma única resposta. Cristo lhe ensinou o dever de reverenciar a Deus não com discursos lisonjeiros, mas com sua vida. Jesus ensinou o jovem a honrar a Deus guardando os mandamentos e a adquirir a vida eterna abrindo mão de todas as posses. Porém, ensinou também que a raça humana, que afundou em depravação por meio do pecado, está excluída do título de "bom". Ele disse: "Por que me perguntas acerca do que é bom?". O pronome "me" implica a natureza humana que o envolvia. Porém, ao atribuir bondade a Deus, Jesus declarou expressamente ser bom, porque o evangelho diz que Ele é Deus.

A COROA DE JESUS

TERTULIANO

Os soldados, tendo tecido uma coroa de espinhos, puseram-lha na cabeça e vestiram-no com um manto de púrpura. Chegavam-se a ele e diziam: Salve, rei dos judeus! E davam-lhe bofetadas.

JOÃO 19:2,3

A que tipo de grinalda Jesus Cristo... se submeteu pelo bem da humanidade? Uma grinalda feita de espinhos e cardos — símbolos de nossos pecados, produzidos pelo solo da carne. Entretanto, o poder da cruz removeu esses espinhos, enfraquecendo todos os aguilhões da morte na cabeça sofredora do Senhor. Sim, ainda mais do que esse símbolo, o desprezo, a vergonha, a desgraça e a feroz crueldade desfiguraram e dilaceraram as têmporas do Senhor. Assim foi para que, agora, você possa ser coroado com louro, murta, oliveira e qualquer ramo conhecido — também com rosas — e os dois tipos de lírio, violetas de todas as variedades e, talvez, com pedras preciosas e ouro — grinaldas que rivalizarão até mesmo a coroa que Cristo obteve depois daquilo, porque, depois do fel, Ele provou o favo de mel. Ele não foi recebido no Céu como Rei da Glória antes de ser condenado à cruz como Rei dos Judeus. Primeiramente, o Pai o fez um pouco menor do que os anjos durante algum tempo e, depois, o coroou com glória e honra. Se você deve a sua cabeça a Ele por essas coisas, pague-a se puder; Ele ofereceu a dele pela sua. Caso contrário, não seja coroado com flores. Se não puder suportar espinhos, talvez nunca seja coroado com flores.

"Jesus não foi recebido no Céu como Rei da Glória antes de ser condenado à cruz como Rei dos judeus."

A TUA VONTADE

CIPRIANO

...agrada-me fazer a tua vontade, ó Deus meu;
dentro do meu coração, está a tua lei.
SALMO 40:8

Nós dizemos "faça-se a tua vontade, assim na terra como no céu", não para que Deus faça o que Ele quiser, mas para que nós façamos o que Deus quiser. Afinal, quem resiste a Deus e o impede de fazer o que Ele quer? Porém, como o diabo nos impede de sempre obedecer à vontade de Deus com nossos pensamentos e atos, oramos e pedimos que a vontade de Deus seja feita em nós. ...Ora, se o Filho foi obediente para fazer a vontade de Seu Pai, o servo deve ser muito mais obediente à vontade de seu Mestre! ...Esta é a vontade de Deus que Cristo cumpriu e ensinou: humildade na conversação; firmeza na fé; modéstia nas palavras; justiça nos atos; misericórdia nas obras; disciplina na moral; incapacidade de fazer o mal e capacidade de suportar um mal recebido; manter a paz com os irmãos; amar a Deus com todo o coração; amá-lo como Pai; temê-lo como Deus; preferir nada acima de Cristo (porque Ele não preferiu coisa alguma acima de nós); aderir inseparavelmente ao Seu amor; e permanecer ao lado de Sua cruz com bravura e fidelidade. Quando houver alguma batalha contra Seu nome e Sua honra, é vontade de Deus que exibamos a consistência da confissão; na tortura, a confiança com a qual batalhamos; na morte, a paciência com que somos coroados. Isso é cumprir o mandamento de Deus. Isso é fazer a vontade do Pai.

"Se o Filho foi obediente para fazer a vontade de Seu Pai, o servo deve ser muito mais obediente à vontade de seu Mestre!"

CORAÇÕES DE PEDRA

ORÍGENES

Disse, pois, Jesus aos judeus que haviam crido nele:
Se vós permanecerdes na minha palavra,
sois verdadeiramente meus discípulos.

JOÃO 8:31

Considere uma pessoa ignorante que está sentindo sua desgraça. Quer motivada pelo encorajamento de alguém, quer movida pelo desejo de imitar outros sábios, essa pessoa se entrega a alguém que ela tem certeza de que a treinará atentamente e a instruirá com competência. Então, se ela, que se endurecera na ignorância, se entregasse fielmente a um mestre e prometesse obedecer-lhe em tudo, o mestre, vendo sua determinação, prometeria tirar toda a ignorância e encher sua mente com conhecimento. O mestre não tentará fazer isso se o aluno recusar ou resistir aos seus esforços, mas somente se ele se sacrificar e se comprometer com a total obediência. Da mesma maneira, a Palavra de Deus promete retirar o coração de pedra daqueles que se aproximam dele. Deus não fará isso a quem não ouve a Sua palavra, mas somente àquele que recebe os Seus mandamentos.

"A Palavra de Deus promete retirar o coração de pedra daqueles que se aproximam dele."

ESPERANÇA PELO FUTURO

CIPRIANO

Estai vós de sobreaviso; tudo vos tenho predito.

MARCOS 13:23

Quem luta por Deus, tendo sido alistado no exército celestial, deve aguardar pelas coisas profetizadas. Uma vez que o Senhor nos disse que elas viriam, não tremeremos nas tempestades e redemoinhos do mundo e não teremos motivo para alarme. O encorajamento de Sua Palavra preditiva instrui, ensina, prepara e fortalece o povo de Sua Igreja para suportar as adversidades vindouras. Ele predisse que guerras, fomes, terremotos e pragas surgiriam em todos os lugares. Temendo que um mal inesperado e novo nos abale, o Senhor nos advertiu previamente de que o sofrimento aumentaria cada vez mais nos últimos tempos. ...Amado, o reino de Deus está muito próximo. A recompensa da vida, o gozo da salvação eterna e a eterna alegria e obtenção do Paraíso estão chegando agora com o findar do mundo. As coisas celestiais já estão tomando o lugar das coisas terrenas; as coisas grandes, o das pequenas; e as eternas, o das que desvanecem. Que espaço há para ansiedade e preocupação? Quem, em meio a essas coisas, está tremendo e triste, se não aqueles que não têm esperança e fé? Pois os que não estão dispostos a irem a Cristo é que temem a morte; e os que não creem que estão prestes a reinar com Cristo não estão dispostos a ir a Cristo.

"Quem luta por Deus, tendo sido alistado no exército celestial, deve aguardar pelas coisas profetizadas."

CORAÇÕES DIVIDIDOS

GREGÓRIO DE NISSA

Todo aquele que permanece nele não vive pecando; todo aquele que vive pecando não o viu, nem o conheceu. Filhinhos, não vos deixeis enganar por ninguém; aquele que pratica a justiça é justo, assim como ele é justo.

1 JOÃO 3:6,7

É sempre difícil resistir ao hábito. Ele possui um enorme poder de atrair e seduzir a alma. Quem tem opiniões solidificadas pode imaginar que tudo é bom. Nada é tão mal que não possa ser considerado desejável e louvável quando se torna moda. ...Pois quem se voltou para o mundo, sente as suas ansiedades e empenha seu coração em agradar as pessoas não consegue cumprir o primeiro e maior mandamento do Mestre: "Amarás o Senhor, teu Deus, de todo o teu coração [...] e de toda a tua força". Como alguém pode cumprir isso quando divide seu coração entre Deus e o mundo, quando exaure o amor que deve ser dispensado somente a Ele usando-o para afeições humanas? ...Se lutar contra o prazer parecer cansativo, tenha coragem. Esse hábito produzirá sensação de prazer (mesmo nas coisas mais irritantes) por meio do próprio esforço da perseverança. E esse prazer será o mais nobre e puro. O inteligente pode se enamorar por ele em vez de incluir-se nele. No entanto, objetivos obtusos visando objetos inúteis o alienarão da verdadeira grandeza incompreensível.

CRUCIFICADOS COM CRISTO

ORÍGENES

Porquanto, quem quiser salvar a sua vida perdê-la-á; e quem perder a vida por minha causa achá-la-á.

MATEUS 16:25

Perceba que no início é dito "quem quiser", mas, depois, "quem perder". Então, se desejarmos ser salvos, percamos nossa vida para o mundo como quem foi crucificado com Cristo, pois nossa glória está na cruz do nosso Senhor Jesus Cristo. O mundo deve ser crucificado, a cruz de Cristo para nós, e nós para o mundo, para que possamos obter a salvação de nossa vida. Essa salvação começa quando perdemos nossa vida por amor à Palavra. Porém, se pensarmos que a salvação de nossa vida (ou a salvação em Deus e a alegria de estar com Ele) é algo bendito, qualquer perda de vida deve ser boa. Por causa de Jesus, a morte precisa preceder a bendita salvação. Portanto, parece-me que, segundo a analogia da abnegação, cada um de nós deve perder a própria vida. Percamos todos a nossa própria vida pecaminosa, de modo que, tendo perdido o que é pecaminoso, possamos receber aquilo que é salvo pela justiça. De modo algum nos beneficiaremos de ganhar o mundo inteiro. ...Porém, quando temos a escolha de ganhar a nossa vida perdendo o mundo ao perder a nossa vida, é muito melhor escolher perder o mundo e ganhar a nossa vida perdendo-a por causa de Cristo.

"Se pensarmos que a salvação de nossa vida é algo bendito, qualquer perda de vida deve ser uma coisa boa."

DESPREZE A DÚVIDA

HERMAS

Por isso, vos digo que tudo quanto em oração pedirdes, crede que recebestes, e será assim convosco.

MARCOS 11:24

Quem é perfeito na fé pede tudo a Deus confiando no Senhor. Eles obtêm porque pedem sem duvidar e sem ânimo dobre, pois as pessoas de ânimo dobre, mesmo que se arrependam, terão dificuldade em ser salvas. Portanto, elimine de seu coração toda dúvida e coloque fé, porque esta é forte. Confie em Deus que você obterá dele tudo que pedir. Se, em algum momento após ter pedido ao Senhor, estiver demorando mais do que o esperado para obter o que pediu, não duvide. ...Portanto, não pare de fazer o pedido da sua alma e você o obterá. Porém, se você se cansar e vacilar naquilo que pede, culpe a si mesmo e não Àquele que não o concede a você. Considere a mente que duvida. Ela é perversa e insensata, e afasta totalmente da fé muitas pessoas, embora elas sejam muito fortes, porque essa dúvida é filha do diabo e age de maneira extremamente perversa para com os servos de Deus. Então, despreze o ânimo dobre e conquiste domínio sobre ele em tudo. Vista-se da fé, que é forte e poderosa, porque a fé promete tudo e aperfeiçoa tudo, mas a dúvida, não tendo fé total em si mesma, falha em toda obra que empreende.

"A dúvida, não tendo fé total em si mesma, falha em toda obra que empreende."

PERCEBIDO POR DEUS

CRISÓSTOMO

Respondeu João: O homem não pode receber coisa alguma se do céu não lhe for dada.

JOÃO 3:27

Não devemos pensar em coisa alguma como nossa, porque até a própria fé não é nossa, e sim mais de Deus do que nossa. Ele [Paulo] disse: "Porque pela graça sois salvos, mediante a fé; e isto não vem de vós; é dom de Deus". Por isso, não devemos pensar grandes coisas acerca de nós mesmos ou ser pomposos, porque somos humanos, pó e cinzas, fumaça e sombra. Por que você pensa grandes coisas acerca de si mesmo? ...Nada se compara à humildade. Ela é a mãe, a raiz, a ama, a fundação e o vínculo de todas as coisas boas. Sem ela, somos detestáveis, malditos e imundos. Digamos que alguém ressuscite os mortos, cure os coxos e sare os leprosos, mas soberbamente se agrade de si mesmo. Nada pode ser mais maldito, mais ímpio, mais detestável do que isso. Não atribua coisa alguma a si mesmo. Você é eloquente e tem a graça de ensinar? Não pense que, devido a isso, deve ter mais do que outras pessoas. Ao contrário, você especialmente deveria se humilhar, visto que lhe foram confiados dons mais abundantes, pois quem foi mais perdoado amará mais. Se assim for, você deve também se humilhar porque Deus, tendo passado por outros, percebeu você. Tema por causa disso, pois isso o destruirá caso você não seja cuidadoso.

"Nada se compara à humildade. Ela é a mãe, a raiz, a ama, a fundação e o vínculo de todas as coisas boas."

NOSSA CRUZ

JOÃO CASSIANO

...sabendo isto: que foi crucificado com ele o nosso velho homem, para que o corpo do pecado seja destruído, e não sirvamos o pecado como escravos.

ROMANOS 6:6

O temor do Senhor é a nossa cruz. Quem está crucificado não tem mais o poder de mover ou virar seus membros em qualquer direção que desejar. De semelhante modo, não devemos fixar nossos desejos e anseios no que nos agrada e deleita agora, e sim segundo a maneira como a Lei do Senhor nos constrange. Quem está preso à madeira da cruz não mais considera as coisas presentes ou pensa em suas preferências. Ele não é distraído por ansiedade e cuidado com o amanhã e não é perturbado pelo desejo de qualquer posse. Não é inflamado por soberba, contenda ou rivalidade. Não chora pela dor atual e não se lembra de ferimentos do passado, porque, embora ainda esteja respirando no corpo, se considera morto para todas as coisas terrenas. Em vez disso, direciona os pensamentos de seu coração para onde eles sabem que logo seguirão. Por isso, quando somos crucificados pelo temor do Senhor, devemos definitivamente estar mortos para todas essas coisas. Isto é, devemos morrer não somente para a impiedade, mas também para todas as coisas terrenas. Devemos centrar nossa mente no lugar que, constantemente, esperamos alcançar, porque, assim, conseguimos destruir todos os nossos desejos e afeições carnais.

"Quando somos crucificados pelo temor do Senhor, devemos morrer não somente para a impiedade, mas também para todas as coisas terrenas."

A CAUSA DO MEDO

CRISÓSTOMO

Então, entrando ele no barco, seus discípulos o seguiram. E eis que sobreveio no mar uma grande tempestade, de sorte que o barco era varrido pelas ondas. Entretanto, Jesus dormia.

MATEUS 8:23,24

Cristo dorme. Se Ele estivesse acordado quando a tempestade chegou, os discípulos não teriam ficado com medo, não teriam procurado Sua ajuda ou não teriam pensado que Ele pudesse fazer algo a respeito. Portanto, Ele dorme. Ele os deixa nervosos e lhes dá uma percepção mais clara do que estava acontecendo. As pessoas não olham para o que acontece aos outros da mesma maneira como ao que acontece a elas mesmas. Então, quando os discípulos viram outros se beneficiando, e não eles mesmos, ficaram apáticos. Por eles serem incapazes de ver ou desfrutar de suas próprias bênçãos provindas de Cristo, o Senhor permitiu a tempestade. Depois, por sua libertação dela, eles conseguiriam obter uma melhor percepção de seus benefícios. Cristo não faz isso na presença da multidão — as pessoas poderiam ser condenadas como tendo pouca fé. Em vez disso, Ele chama os discípulos de lado, corrige-os diante das águas tempestuosas e acaba com a tempestade que havia na alma de cada um deles. Cristo repreende Seus discípulos e diz: "Por que sois tímidos, homens de pouca fé?". O Senhor lhes ensina que o medo não é causado por provações que vêm, e sim pela fraqueza da mente.

"O medo não é causado por provações que vêm, e sim pela fraqueza da mente."

O JULGAMENTO DA MENTE

BASÍLIO

...mas o que se gloriar, glorie-se nisto: em me conhecer e saber que eu sou o SENHOR e faço misericórdia, juízo e justiça na terra; porque destas coisas me agrado, diz o SENHOR.

JEREMIAS 9:24

A função primária da nossa mente é conhecer a Deus tanto quanto o muito pequeno pode conhecer o infinitamente grande. Quando nossos olhos percebem objetos visíveis pela primeira vez, todos eles não são visualizados de uma só vez. O hemisfério celeste não é visto com um só olhar. Entretanto, nós estamos cercados pela aparência de algo que, na realidade, é muitas coisas. A maioria, se não todas as coisas contidas nele, não é percebida: a natureza das estrelas, sua grandeza, distâncias, movimentos, associações, tamanho e outras condições, bem como a essência real do céu. ...Não obstante, ninguém sugeriria que os céus são invisíveis devido ao que é desconhecido. Ele é visível por causa da nossa percepção limitada dele. Assim ocorre com Deus. Se demônios feriram a mente, ela será culpada de idolatria ou será pervertida para alguma outra forma de iniquidade. Porém, se ela se rendeu ao auxílio do Espírito Santo, entenderá a verdade e conhecerá a Deus. Todavia, como diz o apóstolo Paulo, ela o conhecerá em parte; de maneira mais perfeita, somente na vida vindoura, porque "Quando [...] vier o que é perfeito, então, o que é em parte será aniquilado". O julgamento da mente é, portanto, bom. Ele nos foi dado para um bom propósito — perceber Deus.

"A função primária da nossa mente é conhecer a Deus tanto quanto o muito pequeno pode conhecer o infinitamente grande."

MOLDANDO BARRO

ANÔNIMO

Daí por diante, passou Jesus a pregar e a dizer:
Arrependei-vos, porque está próximo o reino dos céus.
MATEUS 4:17

Enquanto estivermos na Terra, pratiquemos o arrependimento. Somos como o barro na mão do artista, porque os oleiros remodelarão um vaso que eles fizeram se este ficar distorcido ou quebrar em suas mãos. Porém, se a peça já foi colocada no forno, nunca poderá ser consertada. Da mesma maneira, enquanto estivermos neste mundo, precisamos nos arrepender de nossos atos malignos carnais enquanto temos a chance de nos arrepender de todo o coração para que o Senhor possa nos salvar, porque, depois de termos deixado o mundo, não teremos mais poder para confessar ou nos arrepender. Portanto, amado, fazendo a vontade do Pai, mantendo a carne santa e observando os mandamentos do Senhor, obteremos a vida eterna, porque o Senhor disse no evangelho de Lucas: "Quem é fiel no pouco também é fiel no muito; e quem é injusto no pouco também é injusto no muito". O que Ele quer dizer é isto: "Mantenha a carne santa e o selo sem mácula, para que você possa receber a vida eterna".

"Precisamos nos arrepender de nossos atos malignos carnais enquanto temos a chance de nos arrepender de todo o coração, para que o Senhor possa nos salvar."

AMALDIÇOADO POR CAUSA DE JESUS

TERTULIANO

É na vossa perseverança que ganhareis a vossa alma.

LUCAS 21:19

Você fere mais os violentos resistindo-lhes, pois eles serão derrotados por Aquele por quem você os suporta. Se uma língua irromper em maldições ou repreensões amargas, lembre-se do ditado: "Quando o amaldiçoarem, regozije-se". O próprio Senhor foi "amaldiçoado" pela lei, mas é o único Bendito. Portanto, que Seus servos sigam o nosso Senhor de perto e sejam amaldiçoados pacientemente, para que também nós possamos ser abençoados. Se eu revidar com a minha língua, como posso ser encontrado em obediência ao Senhor? Porque Ele disse que "não é o que entra pela boca o que contamina o homem, mas o que sai da boca, isto, sim, contamina o homem".

Além disso, falarei sobre o prazer da paciência. Todo ferimento, infligido pela língua ou pela mão, quando tratado com paciência, terá o mesmo destino que uma arma lançada contra uma pedra imóvel e sólida, e embotada por ela, porque cairá por completo e ficará ali, inútil e infrutífera. Portanto, quando você perturbou a satisfação deles por não sofrer, eles sofrem pela perda do prazer. Então, você não apenas vai embora ileso, o que é suficiente, mas, também, gratificado pela decepção do seu inimigo e vingado pelo sofrimento dele. Essa é a utilidade e o prazer da paciência.

"Se eu revidar com a minha língua, como posso ser encontrado em obediência ao Senhor?"

PESSOAS BOAS

TESTEMUNHOS DOS DOZE PATRIARCAS

Acaso, pode a fonte jorrar do mesmo lugar o que é doce e o que é amargoso? Acaso, meus irmãos, pode a figueira produzir azeitonas ou a videira, figos? Tampouco fonte de água salgada pode dar água doce.

TIAGO 3:11,12

A mente das pessoas boas não é fortalecida pelo espírito enganador do diabo, pois o anjo da paz guia a alma delas. Elas não contemplam apaixonadamente coisas corruptíveis, nem acumulam riquezas para o seu prazer. Não se deleitam no prazer. Não ferem seu próximo. Elas não se empanturram de comida. Não pecam com olhos soberbos, porque o Senhor é a sua porção. A boa mente não aceita a glória e a desonra das pessoas e não engana, mente, combate ou amaldiçoa, porque o Senhor habita nessas pessoas e ilumina a sua alma. Elas estão sempre alegres com todos. A boa mente não tem duas línguas — bênção e maldição, insulto e honra, tristeza e alegria, tranquilidade e problemas, hipocrisia e verdade, ou pobreza e riqueza, e sim uma única disposição para com todos: pura e incorrupta. Essas pessoas não têm visão dupla ou audição dupla, porque, em tudo que fazem, falam ou veem, sabem que o Senhor está observando sua alma. Elas limpam a mente para não serem condenadas por Deus ou por outras pessoas.

"A boa mente tem uma única disposição para com todos: pura e incorrupta."

UNICAMENTE POR FÉ

GREGÓRIO DE NISSA

Ora, a fé é a certeza de coisas que se esperam,
a convicção de fatos que se não veem.
HEBREUS 11:1

Afirmo corajosamente que Aquele que está acima de todo nome tem muitos nomes em relação a nós. E recebo-os de acordo com as Suas diversas maneiras de lidar graciosamente conosco. Ele é chamado Luz quando dispersa a escuridão da ignorância. Ele é a Vida quando nos dá a bênção da vida eterna. Ele é chamado Caminho quando nos guia do erro para a verdade. Ele é também chamado "Torre forte", "Cidade de refúgio", Fonte, Rocha, Videira, Médico e a Ressurreição. Todos esses termos se referem às diversas bênçãos justas que Ele nos concedeu. Aqueles, porém, que visam coisas que excedem o entendimento humano, que veem o incompreensível, mas ignoram o que é compreensível, usam tais títulos para explicar Deus. Eles não apenas têm certeza de que o veem, mas também mensuram Aquele a quem ninguém viu ou é capaz de ver. ...E parece apropriado alertar os jovens arqueiros para não atirarem em um alvo impossível enquanto a fé lhes estiver disponível. Precisamos adverti-los a abandonar seus esforços inúteis de compreender o incompreensível e não perder as bênçãos disponíveis, que são encontradas unicamente por fé.

ORAÇÃO E ESFORÇO

AGOSTINHO

...semeai para vós outros em justiça,
ceifai segundo a misericórdia; arai o campo de pousio;
porque é tempo de buscar ao SENHOR, *até que ele venha,*
e chova a justiça sobre vós.

OSEIAS 10:12

Rejeite as pessoas que dizem que nós só precisamos do nosso livre arbítrio e não de oração para nos ajudar a evitar o pecado. Nem mesmo o fariseu foi cegado por tais trevas, porque, embora erroneamente pensasse que só precisava de sua própria justiça (e acreditava estar saturado dela), ele agradeceu a Deus por não ser "como os demais homens, roubadores, injustos e adúlteros, nem ainda como [o] publicano; [jejuava] duas vezes por semana e [dava] o dízimo de tudo quanto [ganhava]". ...Mesmo assim, Deus não o aprovou, porque ele não pediu por mais justiça, como se já estivesse repleto dela. Ele também, arrogantemente, se preferia ao coletor de impostos que tinha fome e sede de justiça. Então, como fica quem reconhece não ter justiça, mas acredita poder encontrá-la dentro de si mesmo, em vez de buscar seu Criador, a fonte de toda justiça?

Contudo, não se trata apenas de orações, como se não precisássemos incluir nossos esforços intencionais, porque, embora Deus seja "nosso Ajudador", ninguém pode ser ajudado se não fizer algum esforço próprio. Deus não opera a nossa salvação em nós como se fôssemos pedras amorfas ou criaturas sem razão nem vontade.

"Embora Deus seja 'nosso Ajudador', ninguém pode ser ajudado se não fizer algum esforço próprio."

BUSQUE, BATA E PEÇA

TERTULIANO

Buscai o Senhor *enquanto se pode achar,*
invocai-o enquanto está perto.
ISAÍAS 55:6

Se eu creio no que estava fadado a crer e, depois disso, acho que possa haver algo mais a considerar, espero descobrir que exista esse algo mais. Entretanto, eu não deveria esperar encontrar algo novo, a menos que não houvesse inicialmente crido, embora parecesse ter crido, ou que tenha parado de crer. Se eu abandonar a minha fé, por conseguinte também a negarei. Ninguém busca, senão a pessoa que nunca possuiu ou que perdeu o que buscava. No evangelho de Lucas, uma senhora perdeu uma de suas dez moedas de prata e começou a procurá-la. Quando a encontrou, porém, parou de procurar. Um vizinho não tinha pão, então bateu à porta. Porém, assim que a porta se abriu e ele recebeu o pão, parou de bater. Uma viúva vivia pedindo para ser ouvida pelo juiz, porque isso não lhe era consentido. Entretanto, quando seu processo foi ouvido, parou de pedir. Portanto, há um limite para o buscar, o bater e o pedir. Cristo diz: "Pedi, e dar-se-vos-á; buscai, e achareis; batei, e abrir-se-vos-á". Tolo é quem sempre busca porque nunca encontra, porque busca onde nada pode ser encontrado. Tolo é quem sempre bate porque a porta nunca se abre, porque bate onde não há uma porta para ser aberta. Tolo é quem sempre pergunta porque não será ouvido. Ele pergunta a alguém que não ouve.

"Ninguém busca, senão a pessoa que nunca possuiu
ou que perdeu o que buscava."

NADA É DURADOURO

TEODORETO

Pois tudo quanto, outrora, foi escrito para o nosso ensino foi escrito, a fim de que, pela paciência e pela consolação das Escrituras, tenhamos esperança.

ROMANOS 15:4

Por que bebemos na instrução das Escrituras tal como os bebês bebem o leite de sua mãe? Para que, quando tivermos problema, possamos aplicar o ensinamento do Espírito para aliviar a nossa dor. Eu sei quão triste e angustiante é alguém amar algo e, de repente, ser privado daquilo. Em um momento, eles caem da felicidade para o sofrimento. Porém, para quem recebeu bom-senso e usa o discernimento, os problemas nunca são totalmente inesperados, porque nada humano é estável. Nada é duradouro — nem beleza, nem riqueza, saúde, dignidade ou qualquer coisa que a maioria das pessoas valoriza. Alguns homens caem de um topo de abundância para a mais profunda pobreza. Alguns perdem a saúde e lutam contra diversas formas de doença. Alguns que se orgulham de sua gloriosa linhagem arrastam o esmagador jugo da escravidão. A beleza é estragada pela doença e destruída pela velhice. O Supremo Governante não permitiu que qualquer dessas coisas permanecesse. Ele espera que quem as possui tenha medo da mudança e diminua sua aparência soberba. Sabendo como todas as posses vão e voltam, essas pessoas poderão parar de depositar sua confiança no que é breve e fugaz e fixar suas esperanças no Doador de todo bem.

PORTA ETERNA

AMBRÓSIO

Tributai ao S*ENHOR* *a glória devida ao seu nome, adorai o* S*ENHOR* *na beleza da santidade.*

SALMO 29:2

Busque as pessoas que são portas eternas. Assim que veem Jesus, elas são elevadas. Pedro é uma "porta eterna", a quem os portões do inferno não podem conquistar. Tiago e João, os filhos do trovão, são "portas eternas", porque as portas da Igreja são eternas. Ali, os profetas que querem proclamar os louvores de Cristo dizem: "para que, às portas da filha de Sião, eu proclame todos os teus louvores". Portanto, o mistério de Cristo é grande. Até mesmo os anjos estavam diante dele maravilhados e perplexos. E, como resultado, é seu dever adorá-lo. Sendo um servo, você não deve aviltar o seu Senhor. Não pode alegar ignorância, pois Ele desceu para que você pudesse crer. Se não crê, Ele não desceu por você, não sofreu por você. As Escrituras dizem: "Se eu não viera, nem lhes houvera falado, pecado não teriam; mas, agora, não têm desculpa do seu pecado. Quem me odeia odeia também a meu Pai". Então, quem odeia a Cristo? Aquele que o desonra — pois, assim como o amor presta louvor, o ódio remove a honra. Quem odeia, difama; quem ama, reverencia.

"Então, quem odeia a Cristo? Aquele que o desonra — pois, assim como o amor presta louvor, o ódio remove a honra."

TENHA COMPAIXÃO

LACTÂNCIO

Tenho-vos mostrado em tudo que, trabalhando assim, é mister socorrer os necessitados e recordar as palavras do próprio Senhor Jesus: Mais bem-aventurado é dar que receber.

ATOS 20:35

É adequado que os retos apoiem os pobres e resgatem os cativos, uma vez que os injustos estimam quem faz essas coisas. Afinal, é merecedor do maior elogio aquele que concede benefício quando ninguém esperava dele tal conduta, porque quem faz o bem a parentes, vizinhos ou amigos não merece elogios ou, pelo menos, nenhum grande elogio, porque é obrigado a fazê-lo. Eles seriam ímpios e detestáveis se não fizessem o que a natureza e o relacionamento exigem. E, se o fazem, não é tanto para obter glória, e sim para evitar repreensão. Porém, quem faz isso a um estranho e a um desconhecido é verdadeiramente digno de louvor, porque foi levado a fazê-lo somente por bondade. A justiça existe onde não há obrigação de servir. ...Deus promete uma grande recompensa pela misericórdia: Ele perdoará todos os pecados. Ele diz que, se você ouvir as súplicas de quem lhe pedir ajuda, o Senhor também ouvirá a sua apelação. Se você tiver misericórdia dos aflitos, Ele terá misericórdia da sua aflição. Porém, se você não tiver consideração por eles, nem lhes prestar assistência, Deus terá a mesma disposição contra você e o julgará segundo as suas próprias leis.

"A justiça existe onde não há obrigação de servir."

APERFEIÇOADOS NO AMOR

AGOSTINHO

Eu, porém, vos digo: amai os vossos inimigos
e orai pelos que vos perseguem.

MATEUS 5:44

O que é perfeição no amor? Amar até mesmo os nossos inimigos e amá-los para que possam tornar-se também cristãos, porque o amor não deve ser carnal. Desejar às pessoas o bem-estar físico temporal é bom. Porém, quando isso não acontece, espere que a alma delas esteja segura. Você deseja vida ao seu amigo? Faz bem. Você se alegra com a morte de seu inimigo? Faz mal. Entretanto, até mesmo a vida que você deseja aos seus amigos pode não ser boa para eles. E a morte de seus inimigos, pela qual você se regozijar, pode ter sido para o bem deles. Não se sabe se esta vida presente será proveitosa ou inútil para alguém, mas, sem dúvida, a vida com Deus é proveitosa. Por isso, ame seus inimigos desejando que eles se tornem cristãos. Ame seus inimigos para que eles possam ter comunhão com você, porque Cristo amou dessa maneira e, pendurado na cruz, disse: "Pai, perdoa-lhes, porque não sabem o que fazem". Ele não disse: "Pai, dá-lhes uma longa vida. Mesmo que eles me matem, deixa-os viver". Ele estava tirando deles a morte eterna por meio de Sua oração misericordiosa e Sua suprema força. ...Portanto, se aprendeu a orar por seu inimigo, você anda no caminho do Senhor.

"O que é perfeição no amor?
Amar até mesmo os nossos inimigos e amá-los para que
possam tornar-se também cristãos."

O MENOR DESTES

CRISÓSTOMO

E eles lhe perguntarão: Senhor, quando foi que te vimos com fome, com sede, forasteiro, nu, enfermo ou preso e não te assistimos?

MATEUS 25:44

Se algum de vocês disser: "Se eu tivesse de receber Paulo como convidado, o faria pronta e ansiosamente", escute! Está ao seu alcance receber o Mestre de Paulo como seu convidado, mas você não o fará. Cristo disse: "sempre que o fizestes a um destes meus pequeninos irmãos, a mim o fizestes". Quanto menor for o seu próximo, mais Cristo virá a vocês por meio deles, porque quem recebe os grandes o faz, frequentemente, por vanglória. Quem, porém, receber o pequeno, faça-o puramente por amor a Cristo. Está em seu poder receber até mesmo o Pai de Cristo como seu convidado, mas você não o fará. "[Eu] era forasteiro, e me hospedastes", diz Ele. E também: "sempre que o fizestes a um destes meus pequeninos irmãos, a mim o fizestes". Embora eles não sejam Paulo, se forem os menores dentre os crentes, Cristo virá a vocês por meio deles. Abra a sua casa. Convide Cristo para entrar. Ele disse: "Quem recebe um profeta [...] receberá o galardão de profeta". Portanto, quem também receber a Cristo receberá a recompensa de quem tem Cristo como seu convidado. Não duvide de Suas palavras, e sim creia.

"Quanto menor for o seu próximo, mais Cristo virá a vocês."

SEUS OLHOS VIGILANTES

BASÍLIO

Os olhos do Senhor estão em todo lugar,
contemplando os maus e os bons. PROVÉRBIOS 15:3

Os animais são privados da razão, mas são capazes de pensar e se preservar. Por exemplo, um peixe sabe qual tipo de comida procurar e qual evitar. Então, o que podemos dizer quando somos honrados com a razão, instruídos pela Lei, encorajados pelas promessas, tornados sábios pelo Espírito e, no entanto, somos menos racionais do que peixes quanto aos nossos assuntos? Eles sabem como garantir o futuro, mas nós negamos nossa esperança e desperdiçamos nossa vida em brutal indulgência. Um peixe percorre toda a extensão do mar para encontrar o que é bom para ele, mas e aqueles de nós que são constantemente ociosos? ...Ninguém faça da ignorância a sua desculpa, porque em nós foi implantada a razão natural. Ela nos diz para nos identificarmos com o bem e evitarmos tudo que é prejudicial...

Alguém que vive perto do mar disse que o ouriço-do-mar, uma pequena criatura desprezível, costuma alertar os marinheiros de uma calmaria ou tempestade que se aproxima. Quando ele percebe antecipadamente um distúrbio dos ventos, vai para baixo de uma pedra grande, fixa-se a ela como uma âncora e se põe em segurança. O peso da pedra o impede de tornar-se um brinquedo para as ondas. ...Deus já viu tudo antecipadamente. Nada foi negligenciado por Ele. Seus olhos, que nunca dormem, vigiam tudo. Ele está presente em todos os lugares e propicia a cada ser os meios necessários para a própria preservação.

"Um peixe percorre toda a extensão do mar
para encontrar o que é bom para ele, mas e aqueles de nós
que são constantemente ociosos?"

OLHE PARA DIANTE

CIPRIANO

...mas agora que conheceis a Deus ou, antes,
sendo conhecidos por Deus, como estais voltando, outra vez,
aos rudimentos fracos e pobres, aos quais, de novo,
quereis ainda escravizar-vos?
GÁLATAS 4:9

Que todos, reconhecendo seus próprios pecados, abandonem o comportamento do seu antigo eu. "Ninguém que, tendo posto a mão no arado, olha para trás é apto para o reino de Deus." A esposa de Ló, que desafiadoramente olhou para trás quando foi salva, perdeu a recompensa de sua fuga. Não olhe para as coisas que ficaram para trás, para as quais o diabo nos chama de volta. Em vez disso, olhe para as coisas que estão à nossa frente, para as quais Cristo nos chama. Levantemos os nossos olhos ao Céu para que a Terra não nos engane com seus deleites e seduções. Que cada um de nós ore não somente por si mesmo, e sim por todo o povo de Deus, como o Senhor nos ensinou a orar. Ele nos chama a orar por todos em comum oração e concordância. Se o Senhor nos vir como humildes e pacíficos, se Ele nos vir unidos, se Ele nos vir como tementes à Sua ira, se formos corrigidos pelas provações atuais, Ele nos manterá a salvo do inimigo. A disciplina vem primeiro, mas o perdão se seguirá.

"Levantemos os nossos olhos ao Céu, para que a Terra não nos engane com seus deleites e seduções."

CARIDADE SINCERA

LEÃO I

Lança o teu pão sobre as águas,
porque depois de muitos dias o acharás.
ECLESIASTES 11:1

Não devemos ter medo de que os nossos recursos mundanos diminuam enquanto praticamos a misericórdia; a pobreza cristã é sempre rica, porque o que ela tem é mais valioso do que o que ela não tem. Além disso, os pobres não devem ter medo de agir neste mundo, porque o Senhor de tudo lhes deu a propriedade de tudo. Portanto, quem faz coisas boas nunca deve ficar receoso de perder o poder de fazer o bem. No evangelho de Lucas, Cristo louvou a devoção da viúva por causa de suas duas moedas. ...Porque o valor da nossa caridade é determinado pela sinceridade dos nossos sentimentos. E quem demonstra misericórdia para com os outros nunca terá falta de misericórdia para si mesmo. A viúva de Sarepta descobriu isso. Ela ofereceu a Elias um dia de comida durante a fome. Era tudo o que ela tinha, mas ela colocou a fome do profeta antes de suas próprias necessidades e abriu mão de um punhado de farinha e um pouco de azeite. Ela, porém, não perdeu o que ofertou com fé, porque, nas botijas que ela esvaziou por sua piedosa generosidade, uma nova fonte de abundância surgiu. Seu sustento não diminuiu em decorrência do santo propósito para o qual ela o usou. Isso ocorreu porque ela nunca teve medo de ficar necessitada.

"O valor da nossa caridade é determinado
pela sinceridade dos nossos sentimentos."

A CAUSA DO PECADO

AGOSTINHO

Deixe o perverso o seu caminho, o iníquo, os seus pensamentos; converta-se ao Senhor, *que se compadecerá dele, e volte-se para o nosso Deus, porque é rico em perdoar.*

ISAÍAS 55:7

Duas causas levam ao pecado: não conhecermos o nosso dever ou não cumprirmos o dever que conhecemos. O primeiro é o pecado da ignorância; o último, o da fraqueza. Ora, é nosso dever lutar contra essas coisas. Porém, certamente seremos vencidos na luta, a menos que Deus nos ajude a ver nosso dever e a tornar o nosso amor pela justiça mais forte do que o nosso amor pelas coisas terrenas. Nosso desejo ansioso por coisas temporais e nosso medo de perdê-las nos leva de olhos abertos para o pecado conhecido. Então, não somos somente pecadores (porque somos pecadores até mesmo quando pecamos por ignorância), mas somos transgressores da Lei. Deixamos de fazer o que sabemos que devemos fazer e fazemos o que sabemos que não devemos fazer. Portanto, não devemos orar somente por perdão quando pecamos, dizendo: "perdoa-nos as nossas dívidas, assim como nós temos perdoado aos nossos devedores", e sim devemos orar por orientação para nos impedir de pecar. Devemos orar: "e não nos deixes cair em tentação". Como diz o salmista, "O Senhor é a minha luz e a minha salvação". Deus é a minha luz porque remove a minha ignorância. Ele é a minha salvação porque retira a minha fraqueza.

"Duas causas levam ao pecado: não conhecermos o nosso dever ou não cumprirmos o dever que conhecemos."

DEUS MESMO

AMBRÓSIO

Dirigiram-se, pois, a ele, perguntando: Que faremos para realizar as obras de Deus? Respondeu-lhes Jesus: A obra de Deus é esta: que creiais naquele que por ele foi enviado.

JOÃO 6:28,29

O fundamento de nossa fé é saber que o Filho de Deus nasceu. Se Ele não nasceu, não é o Filho. Também não é suficiente chamá-lo Filho se você não o distinguir como o Filho Unigênito. Se Ele é uma criatura, não é Deus. Se Ele não é Deus, não é a Vida. Se Ele não é a Vida, não é a Verdade ...Portanto, a fé é proveitosa quando a sua fronte resplandece com uma bela coroa de boas obras. Essa fé ...está contida nos seguintes princípios que não podem ser derrubados. Se o Filho não teve uma origem, não é o Filho. Se Ele é uma criatura, não é o Criador. Se Ele foi criado, não fez tudo. Se Ele precisa aprender, não tem presciência. Se Ele é um receptor, não é perfeito. Se evolui, não é Deus. Se Ele é diferente do Pai, não é a imagem do Pai. Se é Filho por graça, não o é por natureza. Se Ele não faz parte da Divindade, tem a capacidade de pecar. "Ninguém é bom senão um, que é Deus."

"A fé é proveitosa quando a sua fronte resplandece com uma bela coroa de boas obras."

REPREENDER EM AMOR

AGOSTINHO

Acautelai-vos. Se teu irmão pecar contra ti, repreende-o; se ele se arrepender, perdoa-lhe.

LUCAS 17:3

Devemos repreender em amor — não ansiando por ferir a pessoa, mas sinceramente cuidando de aprimorá-la. Se temos essa mentalidade, praticamos o que Cristo ordenou: "Se teu irmão pecar contra ti, vai argui-lo entre ti e ele só". Por que você repreende tais pessoas? Por que você se ofende por elas terem pecado contra você? Deus não o permita. Se você faz isso por amor a si mesmo, nada faz. Se faz isso por amor à outra pessoa, age com excelência. Perceba o que essas palavras dizem acerca de quem você deve amar ao fazê-lo — a si mesmo ou à outra pessoa: "Se ele te ouvir, ganhaste a teu irmão". Faça isso pelo bem da outra pessoa, para que você possa "ganhá-la". Se, ao fazê-lo, você a "ganha", ela se perderia se você não o fizesse. ...Portanto, não deixe alguém não se importar ao pecar contra outro cristão, porque o apóstolo Paulo disse: "E deste modo, pecando contra os irmãos, golpeando-lhes a consciência fraca, é contra Cristo que pecais", porque todos fomos feitos membros de Cristo. Como você pode não pecar contra Cristo se peca contra um membro de Cristo?

"Não deixe alguém não se importar ao pecar contra outro cristão."

PROPÓSITO ÚNICO

LEÃO I

Em cada alma havia temor; e muitos prodígios e sinais eram feitos por intermédio dos apóstolos.

ATOS 2:43

Amados, é ótimo e muito precioso aos olhos do Senhor todos os cristãos trabalharem juntos nos mesmos deveres e todas as classes, de ambos os sexos, e que cooperem com a mesma intenção. Quão maravilhoso é quando um propósito motiva todos a se afastarem do mal e fazerem o bem. Quão excelente é Deus ser glorificado na obra de Seus seguidores e o Autor da piedade ser bendito por gratidão sincera. Os famintos são nutridos, os nus são vestidos, os enfermos são visitados. As pessoas não buscam seu próprio interesse, mas o "do alheio" quando todas aproveitam ao máximo seus próprios meios para aliviar a miséria dos outros. É fácil encontrar "quem dá com alegria" quando o desempenho de uma pessoa só é limitado por suas posses. Pela graça de Deus, que "opera tudo em todos", podemos desfrutar de todos os benefícios e provações de sermos fiéis, porque pessoas com rendimentos diferentes ainda podem pensar da mesma maneira. E, quando pessoas se regozijam com a generosidade de outras, elas são colocadas no mesmo nível daquelas que têm maior capacidade para doar. Em tal comunidade, não há desordem nem diversidade, pois todos os membros do corpo concordam em seu único propósito — a piedade. ...Pois a excelência da porção de toda pessoa é a glória do corpo todo. Quando todos nós somos guiados pelo Espírito de Deus, regozijamo-nos não apenas pelo que nós mesmos fazemos, mas também pelo que os outros fazem.

"Quão maravilhoso é quando um propósito motiva todos a se afastarem do mal e fazerem o bem."

DEUS, O CRIADOR

IRINEU

Só tu és Senhor, tu fizeste o céu, o céu dos céus e todo o seu exército, a terra e tudo quanto nela há, os mares e tudo quanto há neles; e tu os preservas a todos com vida, e o exército dos céus te adora.

NEEMIAS 9:6

Tendo a verdade como nosso guia e a evidência de Deus claramente estabelecida diante de nós, não devemos lançar fora o firme e verdadeiro conhecimento de Deus correndo atrás de numerosas e diversas respostas a perguntas. É muito melhor investigarmos o mistério e a autoridade do Deus vivo e crescermos no amor daquele que fez, e ainda faz, grandes coisas por nós. Nunca devemos deixar de crer que somente esse Ser é verdadeiramente Deus e Pai, que criou este mundo, deu forma aos seres humanos e deu à Sua própria criação o poder de crescer. Ele chamou o homem a partir das coisas inferiores para as superiores, que estão em Sua própria presença, da mesma maneira como Ele traz para a luz do sol um bebê concebido no ventre e coloca o trigo no celeiro após ter-lhe dado força total no talo. Um só Criador formou o ventre e criou o Sol, e um só Senhor ergueu o caule do cereal, aumentou e multiplicou o trigo e preparou o celeiro.

DEUS EXIGE

TEODORETO

...e que amar a Deus de todo o coração e de todo o entendimento e de toda a força, e amar ao próximo como a si mesmo excede a todos os holocaustos e sacrifícios.

MARCOS 12:33

Certa vez, perguntaram ao nosso Salvador, Legislador e Senhor: "Qual é o grande mandamento?". Sua resposta foi: "Amarás o Senhor, teu Deus, de todo o teu coração, de toda a tua alma e de todo o teu entendimento". E acrescentou: "Este é o primeiro e grande mandamento. O segundo, semelhante a este, é: Amarás o teu próximo como a ti mesmo". Em seguida, disse: "Destes dois mandamentos dependem toda a Lei e os Profetas". Assim, quem guarda esses mandamentos, segundo a definição do Senhor, cumpre claramente a Lei. Porém, quem os viola é culpado de violar toda a Lei. Por isso, examinemos nossa meticulosa consciência para ver se cumprimos ou não os mandamentos divinos. Cumprimos o primeiro guardando a fé, abominando seus inimigos e aborrecendo quem odeia o Amado. Guardamos o segundo cuidando de nosso próximo e observando as leis da amizade na prosperidade e nos infortúnios. Por outro lado, quem cuida de si mesmo, menospreza as leis da amizade e desconsidera seus amigos sofredores é considerado iníquo. O Senhor de tudo exige coisas melhores de Seus discípulos.

"Examinemos nossa meticulosa consciência para ver se cumprimos ou não os mandamentos divinos."

TEMPOS DIFÍCEIS

AGOSTINHO

Eu repreendo e disciplino a quantos amo.
Sê, pois, zeloso e arrepende-te.
APOCALIPSE 3:19

Nem toda pessoa agradável é amiga, e nem todo aquele que o golpeia é inimigo. Melhores são os ferimentos causados por um amigo do que os beijos carinhosos de um inimigo. É melhor amar com severidade do que enganar com ternura. ...Tanto quem contém os enlouquecidos quanto quem agita os letárgicos é ofensivo, porém, em ambos os casos, é motivado por amor ao paciente. Quem pode nos amar mais do que Deus? Contudo, Ele não apenas nos dá uma doce instrução, mas também nos estimula continuamente por meio do temor saudável. Frequentemente, Deus acrescenta o cortante medicamento do sofrimento aos remédios calmantes com que nos consola. Ele aflige até mesmo os piedosos e devotos patriarcas com fome, ataca uma nação rebelde com punições ainda mais severas e se recusa a tirar o espinho na carne do apóstolo (embora solicitado três vezes a removê-lo) para poder aperfeiçoar o Seu poder na fraqueza. Amemos, de todas as maneiras, até mesmo os nossos inimigos, porque isso é correto. Deus nos ordena a fazê-lo para que possamos ser filhos de nosso Pai celestial, que "faz nascer o seu sol sobre maus e bons e vir chuvas sobre justos e injustos". Ao louvarmos Suas dádivas, ponderemos também Sua correção daqueles a quem Ele ama.

"Deus não apenas nos dá uma doce instrução, mas também nos estimula continuamente por meio do temor saudável."

REFINANDO O CARÁTER

MINÚCIO FÉLIX

Assentar-se-á como derretedor e purificador de prata; purificará os filhos de Levi e os refinará como ouro e como prata; eles trarão ao SENHOR justas ofertas.

MALAQUIAS 3:3

Muitos de nós são considerados pobres. Entretanto, isso não é a nossa desgraça, e sim a nossa glória, porque, embora nossa mente relaxe por meio da concupiscência, é fortalecida pela frugalidade. Quem pode ser pobre se não é necessitado, se não anseia os bens dos outros, se é rico para com Deus? Em vez disso, pobre é quem, embora tenha muito, deseja mais. ...Nós preferimos desprezar as riquezas do que as possuir. Em vez disso, desejamos inocência e pedimos paciência. Preferimos ser bons do que extravagantes, pois sentir e sofrer dor não é castigo — é guerra. O vigor é fortalecido pela doença e, frequentemente, o infortúnio nos instrui em virtude. Além disso, tanto a força da mente quanto a força do corpo se tornam embotadas sem exercício e trabalho árduo. ...Deus não é incapaz de nos ajudar e não nos despreza. Ele é o governante de toda a humanidade e ama Seu próprio povo. Porém, por meio do sofrimento, Ele perscruta e sonda a todos. Ele pesa o caráter de cada indivíduo durante o perigo e até mesmo a morte. Portanto, assim como o ouro se revela no fogo, nosso verdadeiro eu é revelado nos momentos críticos.

"Quem pode ser pobre se não é necessitado, se não anseia os bens dos outros, se é rico para com Deus?"

CONFESSAR OU NEGAR?

TERTULIANO

Porque, quanto ao Senhor, seus olhos passam por toda a terra, para mostrar-se forte para com aqueles cujo coração é totalmente dele.

2 CRÔNICAS 16:9

Se é nossa escolha confessar ou negar a Cristo, por que não escolhemos o mais nobre e o confessamos? Se você não está disposto a confessar, não está disposto a sofrer. E a indisposição para confessar é uma negação. Se o sofrimento está completamente nas mãos de Deus, não o deixamos ser segundo a Sua vontade? Por que não cremos que, assim como Ele pode nos levar de volta a uma provação quando fugimos, pode também nos proteger quando não fugimos? ...Quão estranho é tentar honrar a Deus fugindo de perseguição (porque Ele pode levar você de volta ao tribunal) e desonrá-lo grandemente perdendo a esperança em Seu poder de protegê-lo contra o perigo! Por que, ao testemunhar, você não é coerente, confia em Deus e diz: "Eu farei a minha parte. Eu não fugirei. Deus, caso queira, será meu Protetor."? Traz mais satisfação permanecer onde estamos, em submissão à vontade de Deus, do que fugirmos segundo a nossa própria vontade.

"Se é nossa escolha confessar ou negar a Cristo, por que não escolhemos o mais nobre e o confessamos?"

DANDO FRUTO

AGOSTINHO

Nisto é glorificado meu Pai, em que deis muito fruto;
e assim vos tornareis meus discípulos.

JOÃO 15:8

Se Jesus houvesse dito meramente: "Assim brilhe também a vossa luz diante dos homens, para que vejam as vossas boas obras", pareceria que devemos buscar o louvor humano. Porém, os hipócritas, que valorizam as honras e cobiçam a glória mais vazia, procuram tal louvor. Acerca dessas pessoas, a Escritura diz: "Se agradasse ainda a homens, não seria servo de Cristo". ...E também: "Mas prove cada um o seu labor e, então, terá motivo de gloriar-se unicamente em si e não em outro". Portanto, nosso Senhor não se limitou a dizer "para que vejam as vossas boas obras", e sim acrescentou: "e glorifiquem a vosso Pai que está nos céus". O mero fato de alguém agradar aos outros por suas boas obras não torna o agradar aos outros um fim em si mesmo. Em vez disso, agrade aos outros para que Deus possa ser glorificado em você. E quem oferece louvor deve honrar a Deus, não outras pessoas. Nosso Senhor demonstrou isso ao curar o paralítico. Maravilhando-se de Seus poderes, "as multidões, possuídas de temor, glorificaram a Deus, que dera tal autoridade aos homens". E o apóstolo Paulo, um imitador de Cristo, diz: "Ouviam somente dizer: Aquele que, antes, nos perseguia, agora, prega a fé que, outrora, procurava destruir. E glorificavam a Deus a meu respeito".

"Quem oferece louvor deve honrar a Deus,
não outras pessoas."

USANDO OS DONS

ATANÁSIO

Então, o seu senhor, chamando-o, lhe disse: Servo malvado, perdoei-te aquela dívida toda porque me suplicaste; não devias tu, igualmente, compadecer-te do teu conservo, como também eu me compadeci de ti?

MATEUS 18:32,33

O Senhor não permite que pessoas ingratas tenham paz. "Para os perversos, todavia, não há paz, diz o SENHOR". Eles trabalham com dor e pesar. O Senhor sequer perdoou aquele que devia dez mil talentos, porque esse homem, que havia sido perdoado de grandes coisas, esqueceu-se de ser bom em pequenas coisas. Portanto, pagou a pena até mesmo por sua dívida anterior. Definitivamente, isso foi justo, porque, por ter experimentado a bondade, era exigido dele que demonstrasse misericórdia ao seu conservo. E também, aquele que recebeu um talento, enrolou-o em um guardanapo e o escondeu na terra foi expulso por ingratidão. ...É claro que, ao ser obrigado a entregar ao seu senhor o que lhe pertencia, esse homem deveria ter reconhecido a gentileza de quem o deu a ele. Deveria ter reconhecido o valor da dádiva, porque quem a deu não era um homem severo. Se o fosse, nem haveria dado o dinheiro. E o dom não era inútil, nunca se encontrou falha nele, porque o doador era bom e o dom tinha a capacidade de frutificar. ...Portanto, Cristo louva quem multiplica seus dons. Ele disse: "Muito bem, servo bom e fiel; foste fiel no pouco, sobre o muito te colocarei; entra no gozo do teu senhor".

"O Senhor não permite que pessoas ingratas tenham paz."

A ARTIMANHA DO INIMIGO

GREGÓRIO NAZIANZENO

Sede, pois, irmãos, pacientes, até à vinda do Senhor. Eis que o lavrador aguarda com paciência o precioso fruto da terra, até receber as primeiras e as últimas chuvas.

TIAGO 5:7

Você terá medo do perigo na perseguição, ou de perder a coisa mais preciosa que você tem — Cristo? ...Pereça o pensamento, porque tal medo não é para os sãos e tal argumento demonstra insanidade. Se assim posso dizer, é uma cautela incauta, um truque do maligno! Ele é trevas e finge ser luz. E, quando não consegue mais prevalecer em guerra aberta, coloca armadilhas secretas. Ele dá conselhos aparentemente bons (embora sejam realmente maus) para nos derrotar por meio de um truque e nos aprisionar em sua artimanha. Nesse caso, ele tem claramente o objetivo de nos derrotar. ...Esse é o caráter dele. Ele nunca deixará de ser desleal enquanto vir que estamos nos esforçando para chegar ao Céu do qual ele caiu. Ó amado de Deus, por que você não reconhece as artimanhas do seu inimigo? Afinal, a batalha é contra ele e tem a ver com os mais importantes interesses. ...Os interesses pelos quais você está lutando são grandiosos e você necessita de grande estabilidade. Proteja-se com o escudo da fé. O inimigo o teme quando você luta aparelhado com essa arma. Portanto, ele quer tirar de você o Dom para deixá-lo desarmado e indefeso e derrotá-lo mais facilmente. Ele ataca todas as idades e todas as formas de vida; todos precisam resistir-lhe.

"Proteja-se com o escudo da fé. O inimigo o teme quando você luta aparelhado com essa arma."

A DISCIPLINA DE DEUS

CLEMENTE DE ALEXANDRIA

Bem-aventurado o homem, Senhor,
a quem tu repreendes, a quem ensinas a tua lei.

SALMO 94:12

A repreensão é como a aplicação de medicamentos, dissolvendo as calosidades das paixões e purgando as impurezas da maldade de uma pessoa. Além disso, reduz a soberba e restaura o paciente ao saudável e verdadeiro estado de humanidade. A admoestação é a dieta da alma enferma, prescrevendo o que ela precisa tomar e proibindo o que não deve. E tudo isso pode levar à salvação e saúde eterna. Por exemplo, o general de um exército, ao infligir aos infratores multas, castigos corporais, correntes, a mais extrema desgraça e, às vezes, até a morte, tem em vista a bondade. Ele o faz para a admoestação dos oficiais sob o seu comando. Da mesma maneira, Aquele que é nosso grande General, a Palavra, o Comandante-em-chefe do Universo, admoesta a quem rejeita as restrições de Sua lei. Ao fazê-lo, Ele os leva pacificamente à harmonia da cidadania para libertá-los da escravidão, do erro e do cativeiro do inimigo.

UMA VIDA ADEQUADA

CIPRIANO

...para que vos torneis irrepreensíveis e sinceros, filhos de Deus inculpáveis no meio de uma geração pervertida e corrupta, na qual resplandeceis como luzeiros no mundo. FILIPENSES 2:15

Paz, humildade e a tranquilidade de uma vida bem vivida são adequadas a todos os cristãos, segundo a palavra do Senhor. Ele considera somente quem é "aflito e abatido de espírito e que treme" diante da Sua palavra. Portanto, é totalmente necessário você confessar Cristo e ser um exemplo para os que creem, observam e cumprem esse chamado. O seu caráter deve provocar todos a imitarem a sua vida e conduta. Afinal, os judeus foram alienados de Deus porque, devido ao seu comportamento, "o nome de Deus é blasfemado entre os gentios". Assim também, Deus tem grande apreço por aqueles que se conformam à disciplina envolvida em confessar e louvar o Seu nome. O Senhor nos advertiu: "Assim brilhe também a vossa luz diante dos homens, para que vejam as vossas boas obras e glorifiquem a vosso Pai que está nos céus". E o apóstolo Paulo diz: "resplandeceis como luzeiros no mundo". Semelhantemente, Pedro exorta: "Amados, exorto-vos, como peregrinos e forasteiros que sois, a vos absterdes das paixões carnais, que fazem guerra contra a alma, mantendo exemplar o vosso procedimento no meio dos gentios, para que, naquilo que falam contra vós outros como de malfeitores, observando-vos em vossas boas obras, glorifiquem a Deus". As suas boas obras são, de fato, a maior parte de você. Elas são aprimoradas pela honra da sua própria confissão; guarde e preserve as suas confissões por meio de uma vida pacífica e virtuosa.

"O seu caráter deve provocar todos a imitarem a sua vida e conduta."

SEJA UM EXEMPLO

CRISÓSTOMO

Assim brilhe também a vossa luz diante dos homens,
para que vejam as vossas boas obras
e glorifiquem a vosso Pai que está nos céus.

MATEUS 5:16

Viva de maneira que não blasfeme o nome de Deus. Por um lado, não se importe com a reputação humana. Por outro, não dê motivo para os outros falarem mal de você. Seja, porém, moderado nas duas coisas. Como diz a Escritura, "na qual resplandeceis como luzeiros no mundo". Porque Cristo nos deixou aqui para sermos luz. Nós estamos aqui para ensinar aos outros e ser como fermento na massa. Devemos falar aos outros como anjos, às crianças como adultos, a pessoas naturais que possam beneficiar-se como se fossem espirituais por nosso intermédio. Então, seremos como sementes e daremos muito fruto. Não há necessidade de falar se resplandecemos em nossa vida. Não há necessidade de professores se apenas demonstramos por meio de nossas obras. Não haveria incrédulos se fôssemos os cristãos que deveríamos ser. Todos se converteriam à piedade se, em geral, cumpríssemos os mandamentos de Cristo, sofrêssemos com insultos, permitíssemos que os outros se aproveitassem de nós, abençoássemos quando somos amaldiçoados e fizéssemos o bem quando maltratados. Por exemplo, Paulo era um único homem e, contudo, quantos o seguiram? Se todos fôssemos como ele, quantos mundos poderíamos ter nos seguindo?

"Se todos nós fôssemos como Paulo, quantos mundos poderíamos ter nos seguindo?"

LIVRE DE ARMADILHAS

CIPRIANO

...não por obras de justiça praticadas por nós, mas segundo sua misericórdia, ele nos salvou mediante o lavar regenerador e renovador do Espírito Santo.

TITO 3:5

A única tranquilidade pacífica e confiável, a única segurança sólida, firme e constante é afastar-se das correntes de um mundo perturbador e levantar os olhos da Terra para o Céu, ancorado no porto da salvação. Quem recebeu o dom de Deus e cuja mente está muito próxima a Ele pode se orgulhar de estar totalmente despreocupado com as coisas humanas que os outros exaltam. Quem é maior do que o mundo nada pode ansiar, nada pode desejar do mundo. Quão estável e livre de todos os choques é essa salvaguarda! Quão celestial é essa proteção e suas constantes bênçãos — ser liberto das armadilhas deste mundo que enreda, purificado da imundície terrena e adequado para a luz da vida eterna! Ao sermos autorizados a conhecer e condenar o que éramos, somos forçados a amar ainda mais o que seremos. Entretanto, não é necessário pagar com o elaborado esforço de suborno ou trabalho para obter dignidade ou poder — esses são presentes gratuitos de Deus e acessíveis a todos. Assim como o Sol brilha naturalmente, o dia ilumina, a fonte flui e a chuva produz umidade, o Espírito celestial também se enraíza em nós. Quando a alma, olhando para o Céu, reconhece seu Autor, eleva-se mais do que o Sol e excede em muito todo o poder terreno. Ela começa a ser aquilo que crê ser.

"Ao sermos autorizados a conhecer e condenar o que éramos, somos forçados a amar ainda mais o que seremos."

MEÇA SUAS PALAVRAS

JERÔNIMO

Ao que às ocultas calunia o próximo,
a esse destruirei; o que tem olhar altivo e coração soberbo,
não o suportarei.

SALMO 101:5

Cuidado com uma língua solta e orelhas com comichão. Não fofoque sobre os outros, nem dê ouvido a fofocas. O salmista diz: "Sentas-te para falar contra teu irmão e difamas o filho de tua mãe. Tens feito estas coisas, e eu me calei; pensavas que eu era teu igual; mas eu te arguirei e porei tudo à tua vista". Impeça a sua língua de expressar desaprovação frívola e meça suas palavras. Saiba que, ao julgar os outros, você está se sentenciando, porque é também culpado daquilo de que os acusa. Dizer: "Se os outros me contam coisas, não posso ser rude com eles", não é uma desculpa? Porque ninguém quer falar com quem não está disposto a ouvir. E uma flecha nunca se aloja em uma pedra. Em vez disso, frequentemente ricocheteia em direção ao seu atirador. Portanto, que o fofoqueiro aprenda a não ser tão rápido a fofocar, devido à sua indisposição para ouvir. Salomão diz: "...não te associes com os revoltosos. Porque de repente levantará a sua perdição, e a ruína que virá daqueles dois, quem a conhecerá?". Isto é, a pessoa que conhece a ruína da fofoca e da pessoa que dá ouvido à sua fofoca.

"Impeça a sua língua de expressar desaprovação frívola
e meça suas palavras."

PERMANECENDO FIRME

ANÔNIMO

Mas o fruto do Espírito é: amor, alegria, paz, longanimidade, benignidade, bondade, fidelidade, mansidão, domínio próprio. Contra estas coisas não há lei.

GÁLATAS 5:22,23

É uma grande recompensa ter levado uma alma errante e moribunda à salvação. É assim que podemos retribuir ao Deus que nos criou: falando e ouvindo com fé e amor. Portanto, precisamos permanecer em nossas crenças justas e santas. Então, poderemos fazer pedidos a Deus, que diz: "gritarás por socorro, e [Deus] dirá: Eis-me aqui". Essa é uma grande promessa, pois o próprio Senhor disse que está mais disposto a dar do que quem pede está disposto a pedir. Dado que você recebeu essa grande bondade, não inveje as posses de outra pessoa, porque, por mais agradáveis que sejam as promessas feitas por quem as faz, os desobedientes serão grandemente condenados. Portanto, amado, já que temos uma grande chance de nos arrepender, precisamos nos voltar ao Deus que nos chamou enquanto ainda temos a chance de sermos recebidos por Ele.

"Deus está mais disposto a dar do que quem pede está disposto a pedir."

NO SEU MEIO

AMBRÓSIO

Mas Estêvão, cheio do Espírito Santo, fitou os olhos no céu e viu a glória de Deus e Jesus, que estava à sua direita.

ATOS 7:55

O que quer que duas pessoas houverem concordado e pedido na Terra lhes será feito, porque Cristo diz: "Onde estiverem dois ou três reunidos em meu nome, ali estou eu no meio deles". Imagine quando uma congregação inteira estiver reunida em nome do Senhor ...Por isso, tornem-se dignos para que Cristo esteja em seu meio, porque, onde há paz, Cristo está, pois Cristo é a Paz. E onde há justiça, Cristo está, porque Cristo é a Justiça. Permitam que Ele esteja no meio de vocês, para que possam vê-lo. Caso contrário, lhes dirão: "no meio de vós, está quem vós não conheceis". Os judeus não viram Aquele em quem não creram. Nós o vemos por nossa devoção e o percebemos por fé. Portanto, permitam que Ele esteja no seu meio. Então, os céus, que declaram a glória de Deus, serão abertos a vocês, que conseguirão cumprir a Sua vontade e fazer as Suas obras. Assim como se abriram para Estevão, os céus se abrirão para quem vê Jesus, porque Estêvão disse: "Eis que vejo os céus abertos e o Filho do Homem, em pé à destra de Deus". Jesus estava em pé como seu advogado. Ele estava em pé como se estivesse ansioso para ajudar seu atleta Estêvão em sua batalha. Estava em pé como se estivesse pronto para coroar o Seu mártir.

"Permitam que Ele esteja no meio de vocês, para que possam vê-lo."

NOMES SIGNIFICATIVOS

GREGÓRIO DE NISSA

...glória, porém, e honra, e paz a todo aquele que pratica o bem, ao judeu primeiro e também ao grego.

ROMANOS 2:10

As coisas mais fracas são animais que se reproduzem em meios impuros e úmidos. Porém, as coisas mais honradas são a justiça, a santidade e qualquer outra coisa que agrade a Deus. Sendo assim, moscas, mosquitos e sapos são considerados suficientemente "santos" e "justos" para receber nomes honrados, embora não tenham qualidades tão elevadas? Porém, até agora, nunca ouvimos algo como os fracos receberem títulos dignos ou os grandes e honrados serem degradados por seus nomes, porque as Escrituras dizem que Noé era um homem justo. Abraão era fiel; Moisés, manso; Daniel, sábio; José, puro; Jó, inculpável, e Davi, perfeito em paciência. Então, essas pessoas receberam esses títulos porque viveram o oposto? Ou considere aqueles referidos de modo desfavorável, como Nabal, o carmelita; Faraó, o egípcio; Abimeleque, o estrangeiro, e todos os mencionados por seu mal. Deus os honrou com nomes dignos? Não! Deus julga e distingue entre Suas criaturas da maneira como elas, natural e verdadeiramente, são. Ele não as chama por nomes contrários à natureza delas, e sim lhes dá os títulos adequados com significados claros.

"Deus julga e distingue entre Suas criaturas da maneira como elas, natural e verdadeiramente, são."

EVITANDO O PECADO

CONSTITUIÇÕES DOS SANTOS APÓSTOLOS

Que é a vossa vida? Sois, apenas, como neblina que aparece por instante e logo se dissipa.

TIAGO 4:14

É muito importante os inocentes permanecerem inocentes. Não se envolva com o pecado e ocasione o problema, a tristeza e o choro, que vêm com o perdão. Afinal, quando você peca, como sabe se viverá o suficiente para ter tempo de se arrepender? É incerto o momento quando você deixará este mundo e, se morrer em pecado, não terá outra chance de se arrepender. Por meio de Davi, Deus diz: "no sepulcro, quem te dará louvor?". Portanto, nós nos beneficiamos cumprindo prontamente o nosso dever, porque então podemos esperar sem tristeza a nossa partida para outro mundo. As Escrituras nos exortam por meio de Salomão: "Cuida dos teus negócios lá fora, apronta a lavoura no campo". Caso contrário, você não terá algumas das coisas necessárias para a sua jornada. Você seria, então, como as cinco virgens néscias mencionadas no evangelho de Mateus. Por não terem óleo de piedade suficiente, suas lâmpadas de conhecimento divino se extinguiram, e elas foram trancadas para fora da câmara nupcial. Portanto, quem se preocupa com a segurança da própria alma terá o cuidado de permanecer fora de perigo abstendo-se de pecado e reservando para si os benefícios de suas antigas boas obras.

"Como você sabe se viverá o suficiente para ter tempo de se arrepender?"

OS NECESSITADOS

CRISÓSTOMO

Então, lhes responderá: Em verdade vos digo que, sempre que o deixastes de fazer a um destes mais pequeninos, a mim o deixastes de fazer.

MATEUS 25:45

Devemos sentir-nos ligados a Cristo, até mesmo acima do reino, devido à Sua generosidade, porque os servos, ao chamarem seus senhores para uma refeição, consideram estar recebendo, não dando. Neste caso, porém, o oposto é verdadeiro. Não foi o servo quem chamou o Senhor, e sim o Senhor quem primeiramente chamou o servo à Sua própria mesa. E, ainda assim, você não oferece a Ele um lugar à mesa? Ele o trouxe sob o Seu próprio teto primeiro e você não o recebe depois? Ele o vestiu quando você estava nu, mas, mesmo depois disso, você não o recebe como um estrangeiro? Ele lhe deu de beber de Seu próprio copo primeiro, e você nem lhe dará água fresca? Ele o fez beber do Espírito Santo, e você sequer acalma a sede do Seu corpo? ...Você não considera uma grande coisa estender o copo do qual Cristo deve beber e colocá-lo em Seus lábios? ...Considere a quem você está dando uma bebida e trema. Imagine que você se tornou um sacerdote de Cristo, dando a Ele, com suas próprias mãos, não carne, mas pão, e não sangue, mas um copo de água fresca. Ele o vestiu com um manto de salvação. E Ele mesmo o vestiu. Pelo menos, vista-o por meio do seu serviço. Cristo fez você ser glorioso no Céu; então, livre-o de calafrios, nudez e vergonha. ...Sejamos generosos com os necessitados.

"Cristo fez você ser glorioso no Céu; então, livre-o de calafrios, nudez e vergonha."

ENXERTADOS

LEÃO I

Eu, porém, vos digo: amai os vossos inimigos e orai pelos que vos perseguem. MATEUS 5:44

O Senhor diz: "Amarás o Senhor, teu Deus, de todo o teu coração, de toda a tua alma, de todas as tuas forças e de todo o teu entendimento; e: Amarás o teu próximo como a ti mesmo". Portanto, as almas fiéis devem revestir-se do amor inalterável de seu Autor e Governante. Devem submeter-se inteiramente à Sua vontade, porque Suas obras e julgamentos são verdadeiros e Sua justiça e terna compaixão jamais faltarão. Embora possamos ser desgastados por trabalho e infortúnios, há um bom motivo para suportarmos tudo, porque sabemos que as lutas provam que somos bons ou nos fazem ser melhores. Porém, esse amor divino não pode ser perfeito a menos que amemos também ao nosso próximo. Não devemos incluir somente os que estão ligados a nós por amizade ou vizinhança: precisamos incluir todos, porque temos uma natureza comum a todas as pessoas, sejam elas inimigas ou aliadas, escravas ou livres. ...Porém, a extensão da graça cristã nos dá um motivo ainda maior para amar o nosso próximo. Essa graça, que atinge todas as partes do mundo, não despreza pessoa alguma. Ela nos ensina a não negligenciar quem quer que seja. Assim, Ele nos ordena, corretamente, amar nossos inimigos e orar a Ele por nossos perseguidores. Enxertando diariamente brotos de oliveiras bravas, de todas as nações, nos santos ramos de Sua própria oliveira, Cristo torna as pessoas reconciliadas em vez de inimigas, filhas adotadas em vez de estranhas, justas em vez de ímpias.

"Sabemos que as lutas provam que somos bons ou nos fazem ser melhores."

CORRA COM RAPIDEZ

GREGÓRIO NAZIANZENO

Filho meu, não te ponhas a caminho com eles; guarda das suas veredas os pés; porque os seus pés correm para o mal e se apressam a derramar sangue.

PROVÉRBIOS 1:15,16

Aceite meu conselho, meu amigo, e seja lento para fazer o mal, mas corra para a sua salvação, pois a prontidão para fazer o mal e a lentidão para fazer o bem são igualmente más. Se você for convidado para uma festa, não seja rápido em ir. Se for tentado a desviar-se, pule fora. Se um grupo de malfeitores lhe disser: "Venha conosco, compartilhe nossa culpa por sangue, escondamos injustamente na terra um homem justo", nem sequer lhes dê ouvidos. Então, você se beneficiará grandemente de duas maneiras: fará com que as outras pessoas percebam seus pecados e se livrará de más companhias. Davi lhe diz: "Vinde, cantemos ao Senhor, com júbilo", e certo profeta disse: "Vinde, e subamos ao monte do Senhor". Nosso próprio Salvador disse: "Vinde a mim, todos os que estais cansados e sobrecarregados, e eu vos aliviarei". Não resista a eles e não demore. Em vez disso, seja como Pedro e João e corra para a sepultura e a Ressurreição.

"A prontidão para fazer o mal e a lentidão para fazer o bem são igualmente más."

SEM MANCHAS

CRISÓSTOMO

Rogo-vos, pois, irmãos, pelas misericórdias de Deus, que apresenteis o vosso corpo por sacrifício vivo, santo e agradável a Deus, que é o vosso culto racional.

ROMANOS 12:1

De que maneira o corpo pode tornar-se um sacrifício? Não permitir que o seu olho mire algo maligno se torna um sacrifício. Não deixar a sua língua dizer coisas imundas se torna uma oferta. Não autorizar a sua mão a fazer qualquer coisa ilegal se torna uma oferta queimada. ...Porque um sacrifício não pode ser imundo. O sacrifício é a primícia de todos os outros atos. Então, entreguemos a Deus as primícias de nossas mãos, pés, boca e todas as outras partes. Tal sacrifício é agradável. Os dos judeus, porém, eram impuros. As Escrituras dizem: "seu pão será como pão de pranteadores". O nosso, porém, não é. Eles apresentavam um sacrifício morto. Porém, ao subjugarmos nosso corpo, apresentamos um sacrifício vivo e somos capazes de viver. ...Pois Ele não diz para oferecermos nosso corpo como sacrifício, e sim para "apresentá-lo". É como se Ele tivesse dito para nunca mais termos interesse em nosso corpo. ...Ele mostra também outra coisa por meio disso: precisamos tornar o nosso corpo aceitável se pretendemos apresentá-lo, porque não o estamos apresentando a um ser mortal, mas a Deus, o Rei do Universo. Portanto, uma vez que ele deve ser apresentado e é um sacrifício, limpe-o de todas as manchas, pois, se tiver uma sequer, não será mais um sacrifício.

"Entreguemos a Deus as primícias de nossas mãos, pés, boca e todas as outras partes. Tal sacrifício é agradável."

VENDO O PAI

AGOSTINHO

Ninguém jamais viu a Deus; se amarmos uns aos outros, Deus permanece em nós, e o seu amor é, em nós, aperfeiçoado.

1 JOÃO 4:12

Deus é invisível. Ele não pode ser visto com os olhos, e sim com o coração. Se queremos ver o Sol, devemos remover do olho suas características físicas. Da mesma maneira, se queremos ver a Deus, precisamos purificar o olho com o qual vemos a Deus. Onde está esse olho? Escute o evangelho de Mateus: "Bem-aventurados os limpos de coração, porque verão a Deus". Não devemos imaginar Deus segundo o que queremos ver, porque, se assim o fizéssemos, estabeleceríamos para Deus uma forma enorme e um tamanho específico imensurável. Sua figura se estenderia em todas as direções, como a luz que vemos com os nossos olhos. Então, ou faríamos Deus ser tão grande quanto pudéssemos imaginar ou o retrataríamos como um velho benevolente. Não imagine qualquer dessas coisas, mas, se quiser ver a Deus, imagine isto: "Deus é amor". Que tipo de rosto o amor tem? Qual é a sua forma? Que estatura? Que pés ou mãos? Ninguém é capaz de dizer. Contudo, Ele tem pés que levam as pessoas à igreja. Tem mãos que se estendem aos pobres. Tem olhos que nos mostram os necessitados. Porque as Escrituras dizem: "Bem-aventurado o que acode ao necessitado". O amor tem também ouvidos dos quais o Senhor disse: "Quem tem ouvidos para ouvir, ouça". Essas não são partes separadas do amor, mas trazem total compreensão e visão a quem a possui. Viva em amor e o amor viverá em você. Habite nele e será por ele habitado.

"Se quiser ver a Deus, imagine isto: 'Deus é amor.'"

INDIZÍVEL E INVISÍVEL

TEÓFILO

Os céus anunciam a sua justiça,
e todos os povos veem a sua glória.
SALMO 97:6

A alma de uma pessoa não é vista, sendo invisível para os seres humanos, mas é observada por meio do movimento do corpo. De semelhante modo, Deus não pode ser visto por olhos humanos, mas é conhecido por meio de Sua providência e Suas obras. Da mesma maneira, qualquer pessoa que vir um navio no mar, velejando e a caminho do porto, concluirá que há nele um piloto que o está guiando. Assim, precisamos perceber que Deus é o Piloto de todo o Universo, ainda que Ele seja incompreensível e invisível para os olhos da carne. Afinal, se uma pessoa não consegue olhar para o Sol em virtude de seu demasiado calor e poder, embora seja um corpo celestial muito pequeno, como pode um mortal encarar a inexprimível glória de Deus? Assim como a romã, contida por sua casca, que tem muitas células e compartimentos separados por tecidos e muitas sementes em seu interior, toda a criação é contida pelo Espírito de Deus. E o Espírito que contém é, juntamente com a criação, contido pela mão de Deus. … As pessoas acreditam na existência de um rei terreno, ainda que ele não seja visto por todos. Ele é reconhecido por suas leis e ordenanças, autoridades, forças e estatutos. Você está disposto a reconhecer Deus por Suas obras e poderosos feitos?

UM TEMOR SANTO

HERMAS

O temor do Senhor *é o princípio do saber,*
mas os loucos desprezam a sabedoria e o ensino.

PROVÉRBIOS 1:7

Tema ao Senhor e guarde os Seus mandamentos, porque, se cumprir os mandamentos de Deus, você será poderoso em tudo que faz. ...Esse é o temor necessário para ser salvo. Porém, não tema o diabo. Temendo ao Senhor, você terá domínio sobre ele, porque ele não tem poder. Satanás não deve ser um objeto de temor por motivo algum; Aquele em quem há poder glorioso deve ser verdadeiramente temido. ...Temendo ao Senhor, você não praticará os feitos perversos do diabo; em vez disso, se absterá deles.

Há dois modos de temer. Se você não deseja fazer o que é mau, tema ao Senhor e não o fará. Porém, se deseja fazer o que é bom, tema ao Senhor e você o fará. Assim, o temor de Deus é forte, grande e glorioso. Tema a Deus e você viverá para Ele, pois todos quantos o temem e guardam os Seus mandamentos viverão para Deus.

"Satanás não deve ser um objeto de temor por motivo algum."

PERSEGUIÇÃO À VISTA

CIPRIANO

...preferindo ser maltratado junto com o povo de Deus a usufruir prazeres transitórios do pecado.

HEBREUS 11:25

Ninguém está livre do risco de perseguição. ...Porém, quão grave é que os cristãos não estejam dispostos a sofrer por seus próprios pecados quando Aquele que não teve pecado sofreu por nós! O Filho de Deus sofreu para nos fazer filhos de Deus, mas as pessoas não estão dispostas a sofrer para continuar sendo filhas de Deus! Se nós sofremos o ódio do mundo, Cristo suportou tal ódio primeiro . Se sofremos repreensões neste mundo, seja exílio ou tortura, o Criador e o Senhor do mundo sofreu coisas mais duras do que essas. Ele também nos adverte: "Se o mundo vos odeia, sabei que, primeiro do que a vós outros, me odiou a mim. Se vós fôsseis do mundo, o mundo amaria o que era seu; como, todavia, não sois do mundo, pelo contrário, dele vos escolhi, por isso, o mundo vos odeia. Lembrai-vos da palavra que eu vos disse: não é o servo maior do que seu senhor. Se me perseguiram a mim, também perseguirão a vós outros". Seja o que for que o nosso Senhor Deus ensinou, Ele o fez para que os discípulos que aprendem não tenham desculpa para não fazer o que aprendem.

"Quão grave é que os cristãos não estejam dispostos a sofrer por seus próprios pecados quando Aquele que não teve pecado sofreu por nós!"

A ONIPOTÊNCIA DE DEUS

AGOSTINHO

Deus é maior do que o nosso coração
e conhece todas as coisas.

1 JOÃO 3:18-20

Se nós "[tranquilizamos] o nosso coração", precisamos fazê-lo "perante ele". Porque, "se o nosso coração nos acusar" de não estarmos fazendo algo com a atitude correta, "Deus é maior do que o nosso coração e conhece todas as coisas". Você pode esconder o seu coração das pessoas, mas tente escondê-lo de Deus! Como você pode escondê-lo dele? Porque um pecador confesso temente disse a Deus: "Para onde me ausentarei do teu Espírito? Para onde fugirei da tua face?". Ele procurava uma maneira de fugir do julgamento de Deus, mas não conseguia encontrar uma saída, pois onde Deus não está presente? Ele disse: "Se subo aos céus, lá estás; se faço a minha cama no mais profundo abismo, lá estás também". Então, para onde você irá? Você ouvirá esse conselho? Se você for fugir dele, corra para Ele. Corra para Ele confessando, não se escondendo dele. ...Então, diga a Ele: "Em ti me refugio" e seja nutrido pelo Seu amor que leva à vida. Que a sua consciência prove a você que o seu amor é de Deus. E, se é de Deus, não deseje exibi-lo para as pessoas, porque louvores humanos não podem elevá-lo ao Céu, nem suas condenações podem derrubá-lo de lá. Que Aquele que coroa você o veja. Que Aquele que o julga e recompensa seja sua testemunha.

"Corra para Deus confessando, não se escondendo dele ."

A RECOMPENSA DO PRAZER

LACTÂNCIO

Tendes vivido regaladamente sobre a terra; tendes vivido nos prazeres; tendes engordado o vosso coração, em dia de matança.

TIAGO 5:5

Aqueles que são desejosos pela verdade e não querem se enganar precisam deixar de lado prazeres nocivos e prejudiciais que prendem a mente ao corpo. ...Devem preferir coisas verdadeiras às falsas e coisas eternas às perecíveis, coisas úteis às que dão prazer. Não deixe ser agradável à vista coisa alguma além das que são feitas com piedade e justiça. Não deixe ser agradável ao ouvido coisa alguma além do que nutre a alma e faz de você uma pessoa melhor. A audição, em especial, não deve ser distorcida em iniquidade visto que nos foi dada para obtermos o conhecimento de Deus. Portanto, se for agradável ouvir melodias e canções, que seja agradável cantar e ouvir louvores a Deus. Esse é o prazer, o assistente e companheiro da excelência moral. Ele não é frágil e breve como as coisas que os escravos do corpo desejam — é duradouro e proporciona prazer ininterrupto. Se alguém ultrapassa seus limites e do prazer busca nada além de prazer, planeja sua própria morte. ...Pois quem escolhe as coisas temporais não herdará as coisas eternas. Aquele que prefere coisas terrenas não terá coisas celestiais.

"Se alguém ultrapassa seus limites e do prazer busca nada além de prazer, planeja sua própria morte."

VENTOS DE HERESIA

TERTULIANO

Porque existem muitos insubordinados, palradores frívolos e enganadores, especialmente os da circuncisão. É preciso fazê-los calar.

TITO 1:10,11

Tenhamos em mente as palavras do Senhor e as cartas dos apóstolos. Elas nos disseram, de antemão, que haveria heresias e previamente nos alertaram para evitá-las. Como não nos surpreende que elas existam, não devemos duvidar de que sejam capazes de fazer coisas vergonhosas. O Senhor nos ensina que muitos se "apresentam disfarçados [de] ovelhas, mas por dentro são lobos roubadores". Ora, qual é a roupa dessas ovelhas senão a aparência de uma profissão de fé em Cristo? Quem são os lobos devoradores, senão espíritos de engano que espreitam dentro da igreja para destruir o rebanho de Cristo? Quem são os falsos profetas, senão enganosos profetizadores do futuro? Quem são os falsos apóstolos, senão os pregadores de um falso evangelho? Quem, também, são os Anticristos, agora e eternamente, senão aqueles que se rebelam contra Cristo? As heresias atuais não despedaçarão a Igreja por sua perversão da doutrina menos do que o Anticristo a perseguirá com seus ataques cruéis (exceto que a perseguição cria mártires, mas a heresia, somente apóstatas). ...Porque o apóstolo Paulo diz: "julgai todas as coisas, retende o que é bom". Ele considera os hereges "não aprovados" e exorta as pessoas a se afastarem deles.

SACRIFÍCIOS VIVOS

AGOSTINHO

...ouro para os objetos de ouro e prata para os de prata, e para toda obra de mão dos artífices. Quem, pois, está disposto, hoje, a trazer ofertas liberalmente ao Senhor?

1 CRÔNICAS 29:5

O verdadeiro sacrifício é toda obra que nos une a Deus em santa comunhão e é realizada para o Seu bem supremo, porque somente Ele pode nos abençoar no fim. Portanto, até mesmo os nossos atos misericordiosos não são sacrifícios se não forem feitos por amor a Deus, pois o sacrifício é algo divino, embora sejamos nós que o façamos ou ofereçamos. Aqueles que se dedicam a Deus e se consagram em Seu nome são sacrifícios no sentido de que morrem para o mundo a fim de viverem para Deus. ...Incentivando-nos a fazer esse sacrifício, o apóstolo escreve: "Rogo-vos, pois, irmãos, pelas misericórdias de Deus, que apresenteis o vosso corpo por sacrifício vivo, santo e agradável a Deus, que é o vosso culto racional". Quando a alma usa o corpo como um servo ou instrumento é um sacrifício se usado corretamente para Deus. Porém, a própria alma se torna muito mais um sacrifício quando se oferece a si mesma a Deus. Ela é inflamada pela chama do Seu amor de modo a poder receber a Sua beleza, tornar-se agradável a Ele, perder a forma dos desejos terrenos e ser remodelada para uma beleza permanente.

"Aqueles que se dedicam a Deus e se consagram em Seu nome são sacrifícios no sentido de que morrem para o mundo a fim de viverem para Deus."

REPREENSÕES SUAVES

CRISÓSTOMO

...prega a palavra, insta, quer seja oportuno, quer não, corrige, repreende, exorta com toda a longanimidade e doutrina.

2 TIMÓTEO 4:2

Quem é repreendido não deve ficar com raiva, porque todos nós somos humanos e temos defeitos. Quem repreende não deve tripudiar sobre a pessoa e fazer cena, e sim fazê-lo em particular e com brandura. Aquele que repreende precisa ser muito terno, para persuadir o repreendido a suportar o corte. Você não vê quão suavemente os cirurgiões tratam seus pacientes quando precisam fazer cauterizações e incisões? Quem repreende precisa agir mais ainda dessa maneira, pois as repreensões são ainda mais impactantes do que o fogo e os bisturis e fazem as pessoas reagirem. Devido a isso, os cirurgiões tomam muito cuidado para que os pacientes suportem o corte em silêncio. Eles cortam com o maior carinho possível, até mesmo cedendo um pouco e dando tempo para o paciente respirar. É assim que devemos repreender, para que o repreendido não fuja. ...Porque também os que são cortados pelos cirurgiões gemem contra os que os estão cortando. Os cirurgiões, porém, ignoram essas coisas e consideram somente a saúde dos pacientes. Também nós devemos fazer tudo isso, para que as nossas repreensões possam ser eficazes. Precisamos suportar tudo e olhar para a recompensa à frente. Paulo conclama: "Levai as cargas uns dos outros e, assim, cumprireis a lei de Cristo". Assim, tanto repreendendo quanto suportando uns aos outros, seremos capazes de cumprir o chamado para nossa mútua edificação.

"As repreensões são ainda mais impactantes do que o fogo e os bisturis e fazem as pessoas reagirem."

VERDADEIRA HARMONIA

CLEMENTE DE ROMA

Tende o mesmo sentimento uns para com os outros; em lugar de serdes orgulhosos, condescendei com o que é humilde; não sejais sábios aos vossos próprios olhos.

ROMANOS 12:16

Consideremos os que servem sob os nossos generais e a ordem, obediência e submissão com que executam aquilo que lhes é ordenado. Nem todos são líderes ou comandantes de mil, nem de cem, nem de cinquenta, nem algo semelhante, mas cada um, em seu posto, desempenha o que foi ordenado pelo rei e pelos generais. O grande não pode existir sem o pequeno, nem o pequeno, sem o grande. Em tudo existe um tipo de mescla que gera vantagem mútua. Tome como exemplo o nosso corpo. A cabeça nada é sem os pés, e os pés nada são sem a cabeça. Os menores membros do nosso corpo são necessários e úteis ao corpo todo, pois todos trabalham harmoniosamente juntos e estão sob um comando comum, para a preservação do corpo todo. Então, que todo o nosso corpo seja preservado em Cristo Jesus e todos estejam sujeitos ao seu próximo, segundo o dom especial que lhe foi concedido. Que o forte não despreze o fraco, e que o fraco demonstre respeito pelo forte. Que o rico supra as necessidades dos pobres; e que o pobre bendiga a Deus, porque Ele lhe deu alguém para suprir a sua necessidade. Que o sábio demonstre a sua sabedoria não por palavras, mas por boas ações. Irmãos, consideremos de qual substância somos feitos.

DEUS REVELADO

JOÃO DE DAMASCO

As coisas encobertas pertencem ao SENHOR, nosso Deus, porém as reveladas nos pertencem, a nós e a nossos filhos, para sempre, para que cumpramos todas as palavras desta lei.

DEUTERONÔMIO 29:29

Ninguém viu Deus, em momento algum. Assim sendo, o Filho Unigênito, que está no coração do Pai, é indescritível e incompreensível. ...Entretanto, Ele não nos deixou em absoluta ignorância. Ele implantou na natureza evidências de Sua existência. A criação, sua manutenção e seu funcionamento proclamam a majestade da natureza de Deus. Além disso, Ele revelou a nós o conhecimento de si mesmo que nos fosse possível compreender. Primeiramente por meio da Lei e dos profetas e, depois, por Seu Filho Unigênito, nosso Senhor, Deus e Salvador, Jesus Cristo. Portanto, tudo que a Lei, os profetas, os apóstolos e os evangelistas nos legaram, nós recebemos, conhecemos e honramos. Não buscamos algo além disso, porque Deus, sendo bom, é a causa de todo bem. Ele não é sujeito à inveja ou a qualquer paixão. A inveja está muito distante da natureza divina, pois essa natureza é desprovida de paixões e é boa. Portanto, sabendo tudo e proporcionando o que é benéfico para cada pessoa, Deus revelou o que nos era proveitoso conhecer. Aquilo que não conseguiríamos suportar, porém, Ele manteve em segredo. Fiquemos satisfeitos com o que temos. Vivamos por eles, sem remover limites eternos ou ir além da tradição divina.

"Sabendo tudo e proporcionando o que é benéfico para cada pessoa, Deus revelou o que nos era proveitoso conhecer."

REDIMIDOS COM SANGUE

AMBRÓSIO

Ouvi, meus amados irmãos. Não escolheu Deus os que para o mundo são pobres, para serem ricos em fé e herdeiros do reino que ele prometeu aos que o amam?

TIAGO 2:5

Não confie em riquezas, porque essas coisas são deixadas aqui na Terra. Somente a fé o acompanhará. A justiça também irá com você se a fé o houver guiado pelo caminho. Por que as riquezas o seduzem? "Não foi mediante [...] prata ou ouro", posses ou vestes de seda "que fostes resgatados do vosso fútil procedimento [...], mas pelo precioso sangue [...] de Cristo". Assim, rico é quem é herdeiro de Deus, coerdeiro com Cristo. ...Não rejeite um pobre, porque, quando Cristo era rico, tornou-se pobre. Ele se tornou pobre por você, para que, por Sua pobreza, pudesse torná-lo rico. Por isso, não se glorifique como se fosse rico. Ele enviou até mesmo os Seus apóstolos sem dinheiro e o primeiro deles disse: "Não possuo nem prata nem ouro", mas tenho fé. Sou suficientemente rico no nome de Jesus, "que está acima de todo nome". ...Não tenho prata e não preciso dela. Não tenho ouro e não o desejo. Tenho, porém, o que vocês, ricos, não têm. Tenho o que até mesmo vocês considerariam mais valioso, e o dou aos pobres. Em nome de Jesus, eu digo: "Fortalecei as mãos frouxas e firmai os joelhos vacilantes". Porém, se você quer ser rico, precisa ser pobre.

VOLTE-SE PARA DEUS

AGOSTINHO

Guiarei os cegos por um caminho que não conhecem, fá-los-ei andar por veredas desconhecidas; tornarei as trevas em luz perante eles e os caminhos escabrosos, planos. Estas coisas lhes farei e jamais os desampararei.

ISAÍAS 42:16

Deus não nos ajuda a cometer pecado, mas, sem a Sua ajuda, não podemos fazer o que é certo ou cumprir todas as partes da lei da justiça, assim como a luz não nos ajuda a fechar ou desviar nossos olhos, e sim os ajuda a ver. De fato, o olho não consegue ver coisa alguma se a luz não o ajudar. Da mesma maneira, a luz da nossa alma ajuda a nossa visão mental por meio da Sua luz e podemos fazer o bem por meio da Sua justiça. Porém, se nos afastamos dele, isso é nossa própria obra. Nesse caso, estamos agindo segundo a sabedoria da carne e cedemos aos nossos desejos carnais desregrados. Portanto, quando nos voltamos para Deus, Ele nos ajuda; quando nos afastamos dele, Ele volta as costas para nós. Mesmo assim, o Senhor nos ajuda a voltar para Ele. Certamente, isso não é algo que a luz faz pelos olhos. Portanto, quando Ele ordenar "Tornai-vos para mim [...] e eu me tornarei para vós outros", o que mais podemos dizer, senão "Venha a tua mão socorrer-me, pois escolhi os teus preceitos"?

"Quando nos voltamos para Deus, Ele nos ajuda; quando nos afastamos dele, Ele volta as costas para nós."

OPINIÕES PERIGOSAS

ORÍGENES

Pode, acaso, o etíope mudar a sua pele ou o leopardo, as suas manchas? Então, poderíeis fazer o bem, estando acostumados a fazer o mal.

JEREMIAS 13:23

Um homem abandonará outros hábitos (embora possa ser difícil afastar-se deles) mais facilmente do que renunciará às suas opiniões. Nem mesmo os primeiros são facilmente deixados de lado por quem se acostumou a eles. Casas, cidades, aldeias e pessoas íntimas não são abandonadas de bom grado quando gostamos delas. Esse, portanto, foi um dos motivos pelos quais muitos dos judeus daquela época desconsideraram o claro testemunho das profecias, os milagres realizados por Jesus e os sofrimentos que se diz que Ele suportou. As pessoas que favorecem as tradições mais desprezíveis de seus ancestrais e concidadãos os deixam de lado com dificuldade. Como resultado, pode-se ver que a natureza humana é afetada.

PRIMEIRAMENTE, RECONCILIE-SE

JOÃO CASSIANO

E, quando estiverdes orando, se tendes alguma coisa contra alguém, perdoai, para que vosso Pai celestial vos perdoe as vossas ofensas.

MARCOS 11:25

O Senhor não nos permite oferecer os sacrifícios espirituais de oração se tivermos consciência da amargura de alguém contra nós. Ele disse: "Se, pois, ao trazeres ao altar a tua oferta, ali te lembrares de que teu irmão tem alguma coisa contra ti, deixa perante o altar a tua oferta, vai primeiro reconciliar-te com teu irmão; e, então, voltando, faze a tua oferta". Então, como podemos ficar zangados com o nosso próximo, e não só durante vários dias, mas mesmo até o pôr do sol, se sequer temos permissão para orar quando alguém tem algo contra nós? Porque Paulo nos ordena: "Orai sem cessar" e "os varões orem em todo lugar, levantando mãos santas, sem ira e sem animosidade". Portanto, nunca deveremos orar se estivermos acalentando esse veneno em nosso coração. Caso contrário, nos tornaremos culpados de desobedecer ao mandamento de Paulo de orar em todos os lugares e sem cessar. Porém, se nos enganarmos e nos aventurarmos a derramar nossas orações contrariando a orientação do Senhor, não estamos realmente oferecendo a Deus uma oração, e sim um temperamento teimoso e um espírito rebelde.

"O Senhor não nos permite oferecer os sacrifícios espirituais de oração se tivermos consciência da amargura de alguém contra nós."

O SABER ENSOBERBECE

IRINEU

Se alguém julga saber alguma coisa, com efeito, não aprendeu ainda como convém saber. Mas, se alguém ama a Deus, esse é conhecido por ele.

1 CORÍNTIOS 8:2,3

É melhor e mais proveitoso pertencermos à classe simples e ignorante ...do que, imaginando-nos eruditos e habilidosos, sermos encontrados entre aqueles que blasfemam contra o seu próprio Deus fantasiando outro deus como o Pai. Paulo exclamou: "O saber ensoberbece, mas o amor edifica". Ele não estava atacando um verdadeiro conhecimento de Deus, porque, caso estivesse, teria acusado a si mesmo. Ele sabia que alguns, ensoberbecidos por uma falsa alegação de saber, afastam-se do amor de Deus. Imaginam ser perfeitos por proporem a ideia de um Criador imperfeito. ...Ora, não pode haver maior presunção do que alguém imaginar ser melhor e mais perfeito do que Aquele que o criou e formou, deu-lhe o sopro de vida e ordenou que ele existisse. Portanto, é melhor não ter conhecimento de qualquer razão pela qual uma única coisa da criação tenha sido feita, crer em Deus e continuar em Seu amor do que, ensoberbecido por esse conhecimento, afastar-se do amor que é a vida do homem. Em vez de buscar algum outro conhecimento que não o de Jesus Cristo, o Filho de Deus que foi crucificado por nós, tal pessoa cai em impiedade por questões sutis e expressões minuciosas.

"Alguns, ensoberbecidos por uma falsa alegação de saber, afastam-se do amor de Deus."

ORAÇÃO DISCIPLINADA

CIPRIANO

Não te precipites com a tua boca, nem o teu coração se apresse a pronunciar palavra alguma diante de Deus; porque Deus está nos céus, e tu, na terra; portanto, sejam poucas as tuas palavras. ECLESIASTES 5:2

Ao orarmos, que nossas palavras e pedidos sejam disciplinados, mantendo quietude e modéstia. Consideremo-nos como se estando à vista de Deus. Precisamos agradar aos olhos divinos com o uso de nosso corpo e também com o tom de nossa voz, porque, assim como é característico de uma pessoa desavergonhada ser barulhenta com seus gritos, é adequado ao homem modesto orar com pedidos tranquilos. Além disso, o Senhor nos disse para orar em secreto, que é mais adequado à fé — em lugares escondidos e remotos e em nosso próprio quarto. Então poderemos saber que Deus está presente em todos os lugares e ouve e vê tudo. Em Sua abundante majestade, Ele entra até mesmo em lugares ocultos e secretos. Está escrito: "Acaso, sou Deus apenas de perto [...] e não também de longe? Ocultar-se-ia alguém em esconderijos, de modo que eu não o veja? [...] porventura, não encho eu os céus e a terra?" E novamente: "Os olhos do SENHOR estão em todo lugar, contemplando os maus e os bons". Quando nos reunimos com crentes em um lugar e celebramos o sacrifício de Deus com Cristo, Seu Sacerdote, devemos ser modestos e disciplinados. Não devemos emitir as nossas orações indiscriminadamente com vozes indomadas, nem lançar um pedido a Deus com verbosidade arrogante, quando deveria ser mencionado com recato, porque Deus não ouve a voz, e sim o coração.

"Assim como é característico de uma pessoa desavergonhada ser barulhenta com seus gritos, é adequado ao homem modesto orar com pedidos tranquilos."

VÍNCULO DA PAZ

CRISÓSTOMO

Há somente um corpo e um Espírito, como também fostes chamados numa só esperança da vossa vocação.

EFÉSIOS 4:4

O que é a "unidade do Espírito"? No corpo humano há um espírito que mantém juntas todas as diferentes partes. O mesmo se aplica aqui. O Espírito foi dado para unir as pessoas separadas por raça e maneiras, porque jovens e velhos, ricos e pobres, crianças e jovens, mulheres e homens e todas as almas tornam-se mais completamente unidos do que no corpo humano. Esse relacionamento espiritual é muito maior do que o natural, e a perfeição da união é ainda mais completa em sua simplicidade. Como essa unidade é mantida? "No vínculo da paz". ...Esse é um vínculo glorioso. Vinculemo-nos uns aos outros, e a Deus, com ele, porque esse vínculo não nos ferirá, nem endurecerá as mãos por ele unidas. Esse vínculo as deixa livres e lhes dá mais espaço para movimentação, e maior coragem do que têm aqueles que não estão dentro dele. Os fortes apoiarão os fracos se estiverem ligados mutuamente. Eles não permitirão que os fracos pereçam. Além disso, se eles estiverem ligados aos preguiçosos, os fortes os despertarão e animarão, pois se diz: "O irmão ajudado por outro irmão é como uma cidade forte".

"Vinculemo-nos uns aos outros, e a Deus, com o vínculo da paz."

PESCANDO OS PERDIDOS

EFRÉM DA SÍRIA

Aproximavam-se de Jesus todos os publicanos e pecadores para o ouvir. E murmuravam os fariseus e os escribas, dizendo: Este recebe pecadores e come com eles.

LUCAS 15:1,2

O Senhor não ansiou pelo alimento dos fariseus, e sim pelas lágrimas da mulher pecadora. E, quando ficou satisfeito e renovado por essas lágrimas, virou-se e repreendeu aqueles que o chamaram para comer alimento perecível. Fez isso para mostrar que não se tornou um convidado por causa do alimento para o corpo, e sim para ajudar a alma, porque o nosso Senhor não se misturava com glutões e bêbados por prazer, como o fariseu supunha. Porém, fazia isso para associar Seu ensino medicinal ao alimento mortal deles, pois, assim como o maligno deu seu conselho mortal a Adão e Eva por meio do alimento, o Senhor deu Seu conselho vivificante aos filhos de Adão por meio do alimento. Pois Ele era o Pescador que desceu do Céu para pescar as vidas perdidas. O Senhor lançou Suas redes onde se reuniam os cobradores de impostos e as prostitutas, que se entregavam a glutonarias e bebedices. Assim, pôde tirar daquelas pessoas os alimentos que engordam o corpo e dar-lhes o jejum que faz crescer a alma.

DEUS VINGA

LACTÂNCIO

Assim diz o Senhor *Deus: Visto que Edom se houve vingativamente para com a casa de Judá e se fez culpadíssimo, quando se vingou dela...*

EZEQUIEL 25:12

Os perseguidores mais traiçoeiros, que são desonrados e ridicularizados pelo nome de Deus, não devem pensar que escaparão com perdão, porque ministraram a ira de Deus a nós. Quem recebeu o poder, mas abusou fortemente dele e insultou a Deus de maneira arrogante e impiedosa, tripudiando sobre Seu nome eterno, será punido com o julgamento de Deus. Ele promete que se vingará rapidamente deles e exterminará da Terra os monstros do mal. Por outro lado, embora costume vingar as perseguições ao Seu povo no mundo atual, Deus nos ordena a esperarmos pacientemente pelo dia do julgamento celestial, quando Ele mesmo honrará ou punirá a todos conforme o que cada um merecer. Portanto, que os sacrílegos não esperem que as pessoas a quem eles pisam não serão vingadas. Aqueles lobos vorazes e famintos que atormentaram os justos ...certamente terão a sua recompensa. Contudo, trabalhemos com afinco para que as pessoas não punam em nós coisa alguma além da nossa justiça. Dediquemos todas as nossas forças a poder merecer a vingança de nosso sofrimento e a recompensa nas mãos de Deus.

"Deus nos ordena a esperarmos pacientemente pelo dia do julgamento celestial."

PRONTOS PARA OUVIR

CRISÓSTOMO

Pelo que, tendo este ministério, segundo a misericórdia que nos foi feita, não desfalecemos.

2 CORÍNTIOS 4:1

Você vê como Deus permite provações e, por meio delas, agita, desperta e revigora os discípulos? Por isso, não devemos nos afundar sob provações, porque Ele "vos proverá livramento, de sorte que a possais suportar". Nada gera amizades tão boas e as mantém tão firmemente quanto a aflição. Nada prende e compacta tão bem a alma dos que creem. Nada é tão oportuno para nós, mestres, para que as coisas que dizemos sejam ouvidas, porque, quando os ouvintes estão tranquilos, tornam-se indiferentes e preguiçosos, parecendo estar incomodados pelo orador. Porém, quando estão aflitos e angustiados, têm um profundo anseio por ouvir. Quando uma alma está angustiada, busca conforto em todos os lugares. ...A alma afligida não quer se preocupar com muitas coisas. Ela só quer paz e quietude. Contenta-se em livrar-se das coisas presentes, ainda que nada mais venha depois. ...Paulo diz: "a tribulação produz perseverança; e a perseverança, experiência; e a experiência, esperança. Ora, a esperança não confunde". Por isso, não se afunde em suas aflições; em vez disso, dê graças por todas as coisas, para poder beneficiar-se delas e agradar a Deus.

"A alma afligida não quer se preocupar com muitas coisas. Ela só quer paz e quietude."

A HUMILDADE DE JESUS

JERÔNIMO

Porque o Dia do SENHOR *dos Exércitos será contra todo soberbo e altivo e contra todo aquele que se exalta, para que seja abatido.*

ISAÍAS 2:12

Enquanto os discípulos discutiam sobre quem era mais importante, nosso Senhor, o mestre de humildade, pegou uma criancinha e disse: "se não vos converterdes e não vos tornardes como crianças, de modo algum entrareis no reino dos céus". E, caso pareça que Ele pregava mais do que praticava, Cristo cumpriu o Seu próprio mandamento, pois lavou os pés de Seus discípulos. Ele recebeu o traidor com perda. Falou à mulher samaritana. Discorreu acerca do reino dos Céus tendo Maria a Seus pés. E, quando ressuscitou dos mortos, apareceu primeiramente a algumas pobres mulheres. A soberba é o oposto da humildade; por soberba, Satanás perdeu sua elevada posição de arcanjo. O povo judeu pereceu em sua soberba, porque, embora alegasse merecer as cadeiras mais importantes e saudações no mercado, os gentios, que costumavam ser considerados "um pingo que cai de um balde", o substituíram. Além disso, dois pobres pescadores, Pedro e Tiago, foram os enviados para refutar os sofistas e os sábios do mundo. Como diz a Escritura, "Deus resiste aos soberbos, mas dá graça aos humildes". Amado, pense que grande pecado deve ser ter Deus como seu oponente, porque, nos evangelhos, o fariseu é rejeitado por sua soberba, mas o publicano é aceito por sua humildade.

MORRA DIARIAMENTE

ATANÁSIO

Então, direi à minha alma: tens em depósito muitos bens para muitos anos; descansa, come, bebe e regala-te. Mas Deus lhe disse: Louco, esta noite te pedirão a tua alma; e o que tens preparado, para quem será?

LUCAS 12:19,20

Filhos, apeguemo-nos à autodisciplina e a não sermos descuidados, porque o Senhor é nosso companheiro de trabalho. Como está escrito, "todas as coisas cooperam para o bem daqueles que amam a Deus". Porém, para evitar negligência, devemos considerar as palavras de Paulo: "Dia após dia, morro". Se também nós vivermos como se morrêssemos diariamente, não pecaremos. Isso significa que, ao sairmos da cama dia após dia, devemos pensar que não viveremos até a noite chegar. E também que, ao nos deitarmos para dormir, devemos pensar que não acordaremos, porque a nossa vida é naturalmente incerta e a Providência a dá a nós diariamente. Vivendo o nosso cotidiano dessa maneira, não cairemos em pecado, não cobiçaremos coisa alguma, não nutriremos ira contra pessoa alguma, nem acumularemos tesouros terrenos. Porém, esperando diariamente a morte, abandonaremos a riqueza, perdoaremos a todos por tudo e não abrigaremos desejos por mulheres ou qualquer outro prazer imundo. Em vez disso, nos afastaremos desses prazeres como assunto encerrado, sempre trabalhando e aguardando o Dia do Juízo, porque o medo e o perigo do tormento sempre destroem o conforto do prazer. Ele ergue a alma que tem probabilidade de cair.

"Se vivermos como se morrêssemos diariamente, não pecaremos."

SEDE DE CONHECIMENTO

HILÁRIO DE POITIERS

Pois todo o que pede recebe; o que busca encontra;
e, a quem bate, abrir-se-lhe-á.

MATEUS 7:8

Ó Senhor Deus Todo-poderoso, sei que meu dever principal é devotar a ti todas as minhas palavras e todos os meus pensamentos. A grande recompensa do discurso que me deste é a oportunidade de servir pregando a ti e mostrar como és a um mundo cego e rebelde, pois és o nosso Pai e o Pai do Deus Filho Unigênito. Estou, contudo, apenas expressando meus próprios desejos. Preciso também orar por Tua ajuda e compaixão. Então, o sopro do Teu Espírito enfunará as velas da fé e da confissão que eu desfraldei, e um vento favorável me moverá adiante em minha viagem de instrução. Podemos confiar na promessa de Cristo, que disse: "Pedi, e dar-se-vos-á; buscai e achareis; batei, e abrir-se-vos-á". No que quer que nos falte, oraremos pelas coisas de que necessitamos. Seremos incansáveis e ativos ao estudarmos os Teus profetas e apóstolos. Bateremos para entrar em cada porta de conhecimento oculto. Mas tu és quem responde a essas orações, quem nos dá as coisas que buscamos, quem abre a porta na qual batemos.

"Seremos incansáveis e ativos ao estudarmos
os Teus profetas e apóstolos."

PERMITIDO POR DEUS

ORÍGENES

Meus irmãos, tende por motivo de toda alegria o passardes por várias provações, sabendo que a provação da vossa fé, uma vez confirmada, produz perseverança.

TIAGO 1:2,3

Deus é fiel e não nos permite ser tentados além do que somos capazes de suportar. Perceba como o Filho de Deus forçou os discípulos a entrarem no barco e atravessarem para Genesaré. O barco era mais forte do que eles e capaz de chegar até o meio do mar. Perceba como Ele os forçou a suportar e lutar com as ondas até se tornarem necessitados do auxílio divino — então, Jesus foi a eles. E eu diria com confiança que, devido à oração de Jesus ao Pai pelos discípulos, eles nada sofreram quando o mar, as ondas e os ventos hostis estavam lutando contra eles. O aluno mais simples poderia ficar satisfeito apenas com a narrativa, mas lembremo-nos de que, se alguma vez cairmos em tentações aflitivas, Jesus nos forçou a entrar no barco delas. Ele quer que nós vamos até o outro lado à frente dele, porque é impossível chegarmos ao outro lado sem haver suportado as tentações de ondas e de ventos hostis. Quando muitas dificuldades nos atacarem e, com moderada dificuldade, tivermos nadado nelas até certo ponto, consideremos que o nosso barco está no meio do mar. Ele é acossado por ondas que querem fazer naufragar a nossa fé ou algumas outras virtudes. Porém, quando virmos o espírito do maligno lutando contra nós, concebamos que, nesse momento, o vento é contrário a nós.

"É-nos impossível chegar ao outro lado sem haver suportado as tentações de ondas e de ventos hostis."

O CARANGUEJO ENGENHOSO

BASÍLIO

Também soldados lhe perguntaram: E nós, que faremos? E ele lhes disse: A ninguém maltrateis, não deis denúncia falsa e contentai-vos com o vosso soldo.

LUCAS 3:14

Observe os truques e a astúcia de animais fracos e não se incline a imitar os perversos. O caranguejo ama a carne da ostra, que é protegida por sua concha. A concha é um refúgio sólido que a natureza proporcionou para a sua carne macia e delicada. Portanto, é uma presa difícil de conquistar…

Graças às duas conchas que a envolvem, adaptando-se perfeitamente uma à outra, as garras do caranguejo se tornam muito impotentes. Então, o que o caranguejo faz? Quando vê o molusco protegido do vento, aquecendo-se com prazer e abrindo parcialmente suas conchas para o Sol, ele joga secretamente uma pedrinha dentro dela. Isso evita que a casca se feche e o caranguejo captura por astúcia o que não conseguiria por força. Tal é a maldade desses animais, embora sejam privados de razão e fala. Você, porém, deve igualar-se ao caranguejo em astúcia e produtividade, ao mesmo tempo em que evita ferir o seu próximo. Esse animal é semelhante à pessoa que se aproxima astuciosamente de seu irmão, aproveita-se dos infortúnios de seu próximo e se deleita nos problemas dos outros. Porém, não os copie! Contente-se com o seu próprio quinhão, porque a pobreza, embora só tenha necessidades, é mais valiosa aos olhos do sábio do que apenas o prazer.

"Você deve igualar-se ao caranguejo em astúcia e produtividade, ao mesmo tempo em que evita ferir o seu próximo."

ENCONTRANDO PERDÃO

AGOSTINHO

Bendize, ó minha alma, ao SENHOR, e não te esqueças de nem um só de seus benefícios. Ele é quem perdoa todas as tuas iniquidades; quem sara todas as tuas enfermidades.

SALMO 103:2,3

"Que darei ao SENHOR" para que, ao lembrar-me dessas coisas, minha alma não se choque com elas? Eu te amarei, Senhor, te darei graças e confessarei meus pecados ao Teu nome. Tu eliminaste meus atos perversos e pecaminosos. Por Tua graça e misericórdia, dissolveste o meu pecado como se fosse gelo. Qualquer mal que eu tenha evitado, atribuo à Tua graça, pois o que eu não haveria cometido por amar o pecado pelo pecado? Sim, tudo que confessei, tu perdoaste, tanto o que fiz por minha própria perversidade quanto o que não fiz devido à Tua orientação. Quem ousaria atribuir sua pureza e inocência à sua própria força se considerar a sua própria fraqueza? Por que te amariam menos, como se tivessem menos necessidade do Teu misericordioso perdão concedido a quem se volta a ti? Pois quando aquele a quem chamas obedece à Tua voz e despreza as coisas que eu confesso, não permitas que ele despreze a mim. Estou doente, mas fui curado pelo mesmo Médico que o curou ou, melhor dizendo, tornou-o melhor. Por isso, que eles te amem muito mais. Que eles vejam que me restauraste de tão grande pecado. Que vejam a si mesmos como fracos e necessitados de ajuda.

"Quem ousaria atribuir sua pureza e inocência à sua própria força ao considerar a sua própria fraqueza?"

RESPONSABILIDADE CRISTÃ

GREGÓRIO NAZIANZENO

Contudo, se o que alguém edifica sobre o fundamento é ouro, prata, pedras preciosas, madeira, feno, palha, manifesta se tornará a obra de cada um; pois o Dia a demonstrará, porque está sendo revelada pelo fogo; e qual seja a obra de cada um o próprio fogo o provará.

1 CORÍNTIOS 3:12,13

Se quem ama tem maior mérito, como posso medir o quanto você me deve pelo meu amor por você? Em vez disso, demonstre respeito por si mesmo — a imagem de Deus entregue aos seus cuidados. Mantenha-se firme na fé que você recebeu e na qual foi criado. Você está sendo salvo por ela. Confie que ela salvará outras pessoas (mas, tenha certeza, não muitos podem se gloriar do que você pode). Perceba que a piedade não consiste em falar de Deus frequentemente, e sim em silêncio na maior parte do tempo, porque a língua é perigosa quando não governada pela razão. Acredite que ouvir é sempre mais seguro do que falar, assim como aprender acerca de Deus é mais agradável do que ensinar. Deixe o estudo mais aprofundado dessas questões para os despenseiros da Palavra. E, para si mesmo, adore um pouco por meio de palavras, mas ainda mais por seus atos. Adore mais cumprindo a Lei do que admirando o Legislador. Demonstre seu amor por Ele fugindo da iniquidade, buscando a justiça, vivendo e andando no Espírito, extraindo o seu conhecimento dele e edificando sobre o fundamento da fé. Não use madeira, feno ou restolho. Sendo materiais fracos, eles são facilmente queimados quando o fogo prova as nossas obras ou as destrói. Em vez disso, use ouro, prata e pedras preciosas, que permanecerão.

RECONCILIAÇÃO

CRISÓSTOMO

Por aquele tempo, exclamou Jesus: Graças te dou, ó Pai, Senhor do céu e da terra, porque ocultaste estas coisas aos sábios e instruídos e as revelaste aos pequeninos.

MATEUS 11:25

Perdoe ofensas perversas para poder receber um perdão real das suas próprias ofensas. Quanto maiores forem os erros que você perdoar, maior será o perdão que receberá. Por isso, fomos ensinados a dizer: "Perdoa-nos as nossas dívidas, assim como nós perdoamos". Isso nos ensina que a medida do perdão que recebemos começa conosco. Como resultado, o quanto nos beneficiamos dos ataques do inimigo é proporcional à sua gravidade. Por isso, procuremos avidamente a reconciliação com quem nos feriu, quer ele esteja certo ou não. ...Cristo nos diz para irmos àqueles que nos provocam: "se perdoardes aos homens as suas ofensas, também vosso Pai celeste vos perdoará". Cristo não nos ofereceu uma pequena recompensa, e sim uma grande recompensa. Então, refletindo sobre tudo isso, considerando a recompensa e lembrando-se de que eliminar pecados não requer muito trabalho e paixão, perdoemos quem nos ofendeu.

"Quanto maiores forem os erros que você perdoar, maior será o perdão que você receberá."

O ANDAMENTO OCULTO

ORÍGENES

...que nos salvou e nos chamou com santa vocação; não segundo as nossas obras, mas conforme a sua própria determinação e graça que nos foi dada em Cristo Jesus, antes dos tempos eternos.

2 TIMÓTEO 1:9

Quando um campo produz uma colheita boa e rica em perfeita maturação, ninguém diria logicamente que o agricultor produziu aqueles frutos. Eles reconheceriam que a colheita havia sido produzida por Deus. Da mesma maneira, nossa própria perfeição não é produzida por inatividade e ociosidade, mas por alguma atividade de nossa parte. Contudo, essa atividade não nos atribui a sua perfeição. Deus é. Ele é a causa primeira e primária dessa obra. Tomemos por exemplo um navio que superou os perigos do mar por meio de marinheiros dedicados, a ajuda da navegação, o zelo e o cuidado de um piloto, brisas favoráveis e a cuidadosa observação dos sinais das estrelas. Ninguém, em sã consciência, atribuiria a segurança da embarcação a algo além da misericórdia de Deus quando, após ser agitada pelas ondas e fatigada pelas vagas, ela finalmente chega ao porto. Nem mesmo os marinheiros ou o piloto se arriscariam a dizer "Eu salvei o navio"; pelo contrário, eles se referem inteiramente à misericórdia de Deus. Isso não acontece por eles sentirem não haver contribuído com habilidade ou trabalho para salvar o navio, e sim por saberem que, enquanto se empenhavam, a segurança do navio era assegurada por Deus. De semelhante modo, na corrida da vida nós precisamos trabalhar com diligência e paixão.

SABEDORIA

CLEMENTE DE ALEXANDRIA

E disse ao homem: Eis que o temor do Senhor é a sabedoria, e o apartar-se do mal é o entendimento.

JÓ 28:28

Provérbios diz: "Não te estribes no teu próprio entendimento. Reconhece-o em todos os teus caminhos, e ele endireitará as tuas veredas". Com essas observações, o autor pretende mostrar que os nossos atos devem ser razoáveis. Além disso, ele demonstra que, de toda a cultura, devemos selecionar e possuir coisas úteis, porque existem diversas formas de sabedoria que levam diretamente ao caminho da verdade. A fé é o caminho da verdade. Provérbios diz "ele endireitará as tuas veredas" referindo-se a alguns que rejeitam o poder orientador de Deus. O autor acrescenta: "Não sejas sábio aos teus próprios olhos", referindo-se a ideias irreverentes que se revoltam contra a autoridade de Deus. "Teme ao SENHOR", o único que é poderoso. Consequentemente, não devemos nos opor a Deus. O versículo continua claramente: "e aparta-te do mal". Essa é a disciplina da sabedoria. Ela causa dor para produzir entendimento e restaura a paz e a vida eterna.

"A sabedoria causa dor para produzir entendimento e restaura a paz e a vida eterna."

OS TRUQUES DE SATANÁS

AGOSTINHO

Sede sóbrios e vigilantes. O diabo, vosso adversário, anda em derredor, como leão que ruge procurando alguém para devorar.

1 PEDRO 5:8

Precisamos usar todo o nosso discernimento quando Satanás age como um anjo de luz, porque, por seus truques, ele poderá nos levar ao caminho do prejuízo. Porém, embora apenas engane os nossos sentidos físicos, ele não distorce a nossa mente. Ele não é capaz de perverter o julgamento puro que nos capacita a levar uma vida de fé. Portanto, a nossa religião não está em perigo. Se, fingindo ser bom, ele faz ou diz as coisas adequadas a anjos bons e nós acreditamos que ele é bom, o nosso erro não prejudicará a nossa fé cristã. Porém, quando ele nos conduz ao seu próprio caminho por meio dessas coisas boas contrárias à natureza dele, devemos ter muito cuidado para detectar isso e nos recusar a segui-lo. Quantas pessoas poderiam realmente escapar de todos os truques mortíferos do diabo se Deus não as impedisse e protegesse? A dificuldade da questão nos impede de confiar em nós mesmos ou uns nos outros. Isso leva todos a depositarem sua confiança somente em Deus. Certamente, nenhuma pessoa piedosa pode duvidar de que isso nos é muito útil.

"Satanás não é capaz de perverter o julgamento puro que nos capacita a levar uma vida de fé."

CASAMENTO

JERÔNIMO

Mas, se te casares, com isto não pecas; e também, se a virgem se casar, por isso não peca. Ainda assim, tais pessoas sofrerão angústia na carne, e eu quisera poupar-vos.

1 CORÍNTIOS 7:28

O que é ordenado é também mandado. O que é mandado precisa ser feito. E o que precisa ser feito implica em punição se não o for, porque é inútil ordenar que alguém faça algo, mas deixá-lo livre para fazê-lo ou não. Se o Senhor houvesse ordenado a virgindade, pareceria que Ele condenava o casamento e isso eliminaria a sementeira da humanidade, da qual a própria virgindade se origina. Se Ele houvesse eliminado a raiz, como poderia esperar frutos? Se as fundações não fossem colocadas primeiro, como poderia Ele construir a estrutura e colocar o telhado para cobrir todos?

As escavadeiras têm muito trabalho para remover montanhas. As entranhas da terra são perfuradas em busca de ouro. E, quando as minúsculas partículas são transformadas em joias, primeiramente pelo fogo da fornalha e, depois, pela mão do artesão, não é considerada abençoada a pessoa que usa o belo ouro, mas aquela que separou o ouro da escória. Por isso, não se maravilhe se a vida angelical do celibato não nos é exigida, e sim meramente aconselhada quando enfrentamos tentações carnais e instigações malignas. Se o conselho é dado, a pessoa é livre para obedecer. Porém, se há um mandamento, o servo é obrigado a cumpri-lo.

SEM VINGANÇA

AGOSTINHO

Não te vingarás, nem guardarás ira contra os filhos do teu povo; mas amarás o teu próximo como a ti mesmo. Eu sou o SENHOR.

LEVÍTICO 19:18

Você ouviu um insulto, como o vento. Você está furioso, como uma onda. Quando o vento sopra e a onda cresce, o navio fica em perigo, o coração está em perigo e é lançado de um lado para o outro. Quando você foi insultado, ansiou por vingança. Porém, se você foi vingado e se regozija com a dor da pessoa, você naufragou. Por quê? Porque Cristo está dormindo em você. O que significa Cristo estar dormindo em você? Que você se esqueceu de Cristo. Então, desperte-o. Lembre-se de Cristo e permita que Ele desperte em você. Preste atenção a Ele. O que você quer? Vingança. Você se esqueceu de que, ao ser crucificado, Cristo disse: "Pai, perdoa-lhes, porque não sabem o que fazem"? Aquele que estava dormindo em seu coração não quis vingança. Então, acorde-o. Lembre-se dele. Lembre-se dele por meio da Sua Palavra, porque Ele nos ordena a nos lembrarmos dele. Então, se Cristo acordar em você, você dirá: "Que tipo de pessoa sou eu, que quer vingança? Quem sou eu para ameaçar outras pessoas? Eu poderia morrer antes de ser vingado, ...portanto, conterei a minha raiva e voltarei a ter um coração tranquilo". Porque, quando Cristo deu ordens ao mar, a paz foi restaurada.

"Você se esqueceu de que Cristo disse: "Pai, perdoa-lhes, porque não sabem o que fazem"?

FIQUE ATENTO!

GREGÓRIO I

Pela terceira vez Jesus lhe perguntou: Simão, filho de João, tu me amas? Pedro entristeceu-se por ele lhe ter dito, pela terceira vez: Tu me amas? E respondeu-lhe: Senhor, tu sabes todas as coisas, tu sabes que eu te amo. Jesus lhe disse: Apascenta as minhas ovelhas.

JOÃO 21:17

Fique atento! O lobo não mais ataca furtivamente o rebanho do Senhor à noite, mas em plena luz do dia. Nós o vemos mover-se para o abate das ovelhas e, mesmo assim, nos opomos a ele sem cautela e sem dardos de palavras. Por isso, que frutos de um rebanho em crescimento podemos mostrar ao Senhor se observamos calmamente uma fera destroçar as pessoas das quais temos cuidado? Porém, precisamos estudar para tornar nosso coração apaixonado imitando os pastores terrenos. Frequentemente, eles vigiam durante as noites de inverno, cortados por chuva e geada, para que não morra uma ovelha sequer. E, se o predador morder alguma avidamente, eles se ocupam em salvá-la. Eles ofegam com o coração acelerado, saltam para resgatar as ovelhas com altos gritos e são estimulados pela urgência, para que o senhor do rebanho não exija deles o que perderam por descuido. Então, fique atento para que nada pereça. E, se por acaso alguma coisa for tomada, leve-a de volta ao rebanho do Senhor pelos clamores de instrução divina. Então, o Pastor dos pastores poderá nos aprovar misericordiosamente em Seu julgamento por havermos cuidado do Seu rebanho.

"O lobo não mais ataca furtivamente o rebanho do Senhor à noite, mas em plena luz do dia."

ABANDONANDO O PECADO

CLEMENTE DE ALEXANDRIA

Respondeu-lhes Jesus: Em verdade vos digo que ninguém há que tenha deixado casa, ou mulher, ou irmãos, ou pais, ou filhos, por causa do reino de Deus, que não receba, no presente, muitas vezes mais e, no mundo por vir, a vida eterna.

LUCAS 18:29,30

As pessoas que trabalham e se esforçam por libertar-se de paixões nada conseguem. Porém, se elas se mostrarem muito fervorosas e ansiosas por isso, conseguirão pelo poder de Deus, porque Deus age com almas dispostas. Se, porém, elas abandonarem sua ânsia, o Espírito dado por Deus será contido, porque somente alguém com compulsão salvaria o não disposto. Contudo, quem demonstra graça salva aquele que se dispõe. O reino dos Céus não pertence a dorminhocos e preguiçosos, "o reino dos céus é tomado por esforço, e os que se esforçam se apoderam dele". ...Ele cede e concede entrada a quem Ele sabe que persevera com vigor ou violência, porque Deus se deleita em ser vencido em tais coisas. Ouvindo essas palavras, Pedro, o escolhido, notável e primeiro dos discípulos, ...as apreendeu e compreendeu rapidamente. E o que diz ele? "Eis que nós tudo deixamos e te seguimos". Ora, se com "tudo" ele quis dizer os seus próprios bens, ...esqueceu-se de que o reino dos Céus é a sua compensação. Se eles lançam fora as velhas posses mentais e doenças da alma e seguem os passos do Mestre, são unidos aos inscritos no Céu. Uma pessoa segue verdadeiramente o Salvador quando busca a vida sem pecados e a Sua perfeição, adorna e molda a alma diante do espelho da Sua santidade e planeja tudo para ser semelhante a Ele.

"Uma pessoa segue verdadeiramente o Salvador quando planeja tudo para ser semelhante a Ele."

MAL AUTOINFLIGIDO

CRISÓSTOMO

Antes, sede uns para com os outros benignos, compassivos, perdoando-vos uns aos outros, como também Deus, em Cristo, vos perdoou.

EFÉSIOS 4:32

Deus exige de nós duas coisas: condenarmos a nós mesmos pelos nossos pecados e perdoarmos os outros. A primeira é por causa da última, porque quem considera os seus próprios pecados é mais tolerante para com os seus conservos. É mais fácil, então, perdoar com o coração e não meramente com os lábios.

Portanto, não afunde a espada em si mesmo sendo vingativo — como o pesar com que você foi infligido se compara aos que você enfrentará permanecendo irritado e trazendo sobre si a condenação de Deus? Se você for cuidadoso e se mantiver sob controle, o mal virá sobre a cabeça dos seus atormentadores. Eles sofrerão danos, mas, se você continuar indignado e desagradado, o dano lhe será infligido por si mesmo. ...Veja quanto você ganha suportando humildemente o ódio de seus inimigos. Primeiro, e mais importante, você obtém libertação de pecados. Segundo, força e paciência. Terceiro, brandura e bondade, porque quem não sabe irar-se com os atormentadores que o ofendem será muito mais pronto para servir a quem o ama. E em quarto, você estará sempre livre da ira. Nada pode se igualar a isso, porque quem está livre da ira está também, claramente, liberto do desânimo. Ele não despenderá sua vida em cargas e tristezas inúteis. ...Desfrutará de prazer e dez mil bênçãos.

"Quem está livre da ira está também, claramente, liberto do desânimo."

SELO DA SALVAÇÃO

CIRILO

Assim também vós exteriormente pareceis justos aos homens, mas, por dentro, estais cheios de hipocrisia e de iniquidade. Ai de vós, escribas e fariseus, hipócritas, porque edificais os sepulcros dos profetas, adornais os túmulos dos justos.

MATEUS 23:28,29

Quem pensa que pode testar a graça de Deus se engana, pois não conhece o poder da Sua graça. Mantenha a sua alma livre de hipocrisia, porque Ele governa e sonda os corações; afinal, quem recruta pessoas para a guerra avalia a idade e o corpo daqueles que prestarão serviço. Da mesma maneira, o Senhor examina o propósito das almas que se alistam. Se alguém tem alguma hipocrisia secreta, Ele o rejeita como impróprio para o Seu serviço. Se, porém, considera alguém digno, prontamente lhe concede a Sua graça. O Senhor não fornece coisas sagradas aos cães, mas, quando reconhece uma boa consciência, lhe dá o selo da salvação. Esse selo é maravilhoso. Os demônios tremem diante dele e os anjos o reconhecem. Alguns são obrigados a fugir dele, enquanto outros percebem que ele tem a mesma natureza deles. Portanto, quem recebe esse selo espiritual salvador também precisa ter uma disposição compatível com ele, porque, assim como uma caneta precisa de alguém para usá-la, a graça também precisa de mentes que creem.

"Quem pensa que pode testar a graça de Deus se engana."

PALAVRAS CLARAS

ORÍGENES

Para fazeres atento à sabedoria o teu ouvido
e para inclinares o coração ao entendimento, [...]
se buscares a sabedoria como a prata e como a tesouros
escondidos a procurares, então, entenderás o temor
do SENHOR *e acharás o conhecimento de Deus.*

PROVÉRBIOS 2:2,4,5

Se um grego desejasse ensinar pessoas que entendessem somente egípcio ou siríaco, a primeira coisa que ele faria seria aprender o idioma delas. Ele preferiria que os gregos o considerassem um bárbaro, por falar como os egípcios ou sírios para lhes ser útil, do que permanecer sempre grego e não ter meios de ajudá-los. Da mesma maneira, a natureza divina pretendeu ensinar não somente a quem aprendeu pela literatura da Grécia, mas também ao resto da humanidade. Jesus se ajustou para ser compreendido pelas multidões simples a quem se dirigia. Ele procurou conquistar a atenção delas usando uma linguagem que lhes era familiar, para que, após a primeira apresentação, as multidões pudessem ser facilmente persuadidas a se esforçarem por obter uma compreensão das verdades mais profundas escondidas nas Escrituras. Afinal, até mesmo o leitor comum das Escrituras pode perceber que elas contêm muitas coisas extremamente profundas para serem entendidas de imediato. Porém, elas são entendidas por quem se dedica a estudar atentamente a Palavra divina. Essas coisas se tornam claras ao leitor na proporção da dificuldade que apresentam e do zelo que ele dedica à investigação delas.

ARMAZENE MISERICÓRDIA

CRISÓSTOMO

Antes, sede uns para com os outros benignos, compassivos, perdoando-vos uns aos outros, como também Deus, em Cristo, vos perdoou.

EFÉSIOS 4:32

Paremos de lutar e oremos de maneira adequada. Nós devemos nos revestir da suavidade dos anjos, em vez da brutalidade do demônio. Independentemente de quanto tenhamos sido feridos, precisamos suavizar a nossa ira considerando o nosso próprio caso e a nossa recompensa. Aquietemos as tempestades; nós podemos passar pela vida com tranquilidade. Então, ao partirmos, o Senhor nos tratará como nós tratamos o nosso próximo. Se isso é, para nós, um pesado e terrível fardo, precisamos deixar que Ele o torne leve e desejável. Aquilo que não tivermos forças para concluir devido à nossa luta contra o pecado realizemos tornando-nos brandos com quem pecou contra nós. Certamente, isso não é doloroso ou pesado. Porém, sendo bondosos para com os nossos inimigos, armazenamos misericórdia para nós mesmos, visto que nesta vida presente todos nos amarão e, acima de tudo, Deus nos terá como amigos e nos coroará. Ele nos considerará dignos das boas coisas que estão por vir, e nós conquistaremos todas elas.

"Sendo bondosos para com os nossos inimigos, armazenamos misericórdia para nós mesmos."

ADQUIRINDO FÉ

HILÁRIO DE POITIERS

Respondeu-lhe Jesus: Eu sou o caminho, e a verdade, e a vida; ninguém vem ao Pai senão por mim.

JOÃO 14:6

Aquele que é o Caminho não nos distrai, nem nos conduz a vastos desertos. Aquele que é a Verdade não zomba de nós com mentiras. Aquele que é a Vida não nos trai com ilusões mortíferas. Cristo escolheu esses nomes vencedores para si mesmo para indicar os Seus métodos para a nossa salvação. Como o Caminho, Ele nos guiará à Verdade, e a Verdade nos enraizará na Vida. Portanto, é vital conhecermos o caminho misterioso (que Ele revela) para alcançar essa vida. "Ninguém vem ao Pai senão por mim." O caminho para o Pai é por meio do Filho. Agora, precisamos perguntar se o caminho é pela obediência ao Seu ensino ou pela fé em Sua Divindade, porque é concebível que o nosso caminho para o Pai seja obedecer ao ensino do Filho, em vez de crer que o Pai habita no Filho. Portanto, em seguida precisamos buscar o verdadeiro significado dessa instrução, pois não é apegar-se a uma opinião preconcebida, mas estudar a força das palavras, para que possamos ter essa fé.

"Como o Caminho, Ele nos guiará à Verdade, e a Verdade nos enraizará na Vida."

CRUCIFICADOS COM CRISTO

GREGÓRIO DE NISSA

Rogo-vos, pois, irmãos, pelas misericórdias de Deus, que apresenteis o vosso corpo por sacrifício vivo, santo e agradável a Deus, que é o vosso culto racional. E não vos conformeis com este século, mas transformai-vos pela renovação da vossa mente, para que experimenteis qual seja a boa, agradável e perfeita vontade de Deus. ROMANOS 12:1,2

Se um único pecado é tão terrível que você pensa ser mais seguro nem almejar uma vida santa, quanto mais terrível é pecar durante uma vida inteira e permanecer absolutamente ignorante quanto ao caminho mais puro? Como pode você, em sua vida indulgente, obedecer ao Crucificado?... Como pode você obedecer a Paulo, que o exorta a apresentar o seu corpo por sacrifício vivo, santo e agradável a Deus quando você é conformado com este mundo e não transformado pela renovação da sua mente? Como pode você fazer isso quando não está "andando" nessa "novidade de vida", mas ainda mantém a rotina do "velho homem"?... Você considera insignificante tudo isso de ser crucificado com Cristo, apresentar-se como um sacrifício a Deus, tornar-se um sacerdote do Deus altíssimo, tornar-se digno de ser considerado pelo Todo-poderoso? Que maiores bênçãos podemos imaginar para você se faz pouco das consequências dessas coisas? Porque a consequência de sermos crucificado com Cristo é que viveremos com Ele, seremos glorificados com Ele e reinaremos com Ele. Portanto, queremos que você também se torne crucificado com Cristo, um santo sacerdote diante de Deus e uma oferta totalmente pura. Prepare-se para a vinda de Deus santificando-se. Então, você também terá um coração puro para ver a Deus.

O LOBO

CRISÓSTOMO

Sede sóbrios e vigilantes. O diabo, vosso adversário, anda em derredor, como leão que ruge procurando alguém para devorar. 1 PEDRO 5:8

Os ataques do diabo são frequentes e ferozes, e ele cerca a nossa salvação por todos os lados. Portanto, precisamos vigiar e ser sóbrios. Precisamos nos fortalecer contra o ataque dele, porque, se ele conquistar uma mínima vantagem, adentrará facilmente e introduzirá todas as suas forças em grande medida. Por isso, se nos importamos com a salvação, não devemos permitir-lhe aproximar-se sequer um pouco, e sim precisamos restringir de antemão seu acesso a assuntos importantes. Seria um erro horrível não defendermos a nossa salvação tão fervorosamente quanto ele procura destruir a nossa alma. Eu digo isso porque temo que o lobo possa estar entre o rebanho neste momento, sem ser visto. Ele ataca as ovelhas descuidadamente afastadas do rebanho e da instrução pela astúcia dele. Se tais ferimentos fossem perceptíveis, ou se o corpo houvesse recebido os golpes, poderíamos facilmente discernir as suas tramas. Porém, dado que é a alma que recebe os ferimentos e ela é invisível, todos nós precisamos vigiar atentamente, pois ninguém conhece tão bem o coração de uma pessoa quanto o seu próprio espírito. A Palavra de Deus é falada a todos e oferecida como um remédio geral para quem precisa dele, mas cada ouvinte individualmente precisa aceitar o remédio apropriado para suas próprias doenças.

"Eu temo que o lobo possa estar entre o rebanho neste momento, sem ser visto."

PERFEITA SANTIDADE

AGOSTINHO

Por isso, não desanimamos; pelo contrário,
mesmo que o nosso homem exterior se corrompa,
contudo, o nosso homem interior se renova de dia em dia.

2 CORÍNTIOS 4:16

Nós somos renovados dia a dia ao progredirmos em nossa justiça e verdadeira santidade por meio do conhecimento de Deus. Porque quem faz isso transfere seu amor das coisas temporais para as coisas eternas, das visíveis para as invisíveis, das carnais para as espirituais... Essas pessoas fazem isso na proporção da ajuda que recebem de Deus, pois o Senhor afirmou: "Sem mim nada podeis fazer". Quando, em seu último dia de vida, uma pessoa se encontrar firmada em sua fé no Mediador por meio de tal progresso e crescimento, será recepcionada pelos santos anjos. Ela será conduzida a Deus, a quem adorou, e será aperfeiçoada por Ele. Como resultado, receberá um corpo imortal no fim do mundo. Essa pessoa não será levada à punição, e sim à glória, pois a semelhança de Deus em nós será aprimorada à Sua imagem quando a nossa visão de Deus for aperfeiçoada. O apóstolo Paulo fala disso: "Porque, agora, vemos como em espelho, obscuramente; então, veremos face a face" e "todos nós, com o rosto desvendado, contemplando, como por espelho, a glória do Senhor, somos transformados, de glória em glória, na sua própria imagem, como pelo Senhor, o Espírito". Isso é o que acontece dia a dia na vida daqueles que têm bom progresso.

"Nós somos renovados dia a dia ao progredirmos
em nossa justiça e verdadeira santidade
por meio do conhecimento de Deus."

COROAS CELESTIAIS

TERTULIANO

Já agora a coroa da justiça me está guardada, a qual o Senhor, reto juiz, me dará naquele Dia; e não somente a mim, mas também a todos quantos amam a sua vinda.

2 TIMÓTEO 4:8

A quem conquista, Deus diz: "dar-te-ei a coroa da vida". Portanto, seja fiel a ponto de morrer e combata o bom combate. O apóstolo Paulo se sentiu confiante de que essa coroa foi reservada para ele. O anjo também recebe uma coroa de vitória ao cavalgar em um cavalo branco a fim de conquistar. Outro é adornado com um envolvente arco-íris de lindas cores — um prado celestial. De semelhante modo, também os anciãos se assentam cingidos com coroas de ouro, e o Filho do Homem resplandece acima das nuvens. Se essas coisas simplesmente aparecem na visão de João, como será realmente quando elas forem, de fato, exibidas? Observe as coroas. Inale as fragrâncias. Por que você condena uma guirlanda ou um turbante à fronte destinada a uma coroa? Afinal, Jesus Cristo nos fez reis para Deus, Seu Pai. O que você tem em comum com uma flor que morrerá? Você tem uma flor no ramo de Jessé, Jesus Cristo, sobre o qual o Espírito Santo repousou — uma flor imaculada, inalterável, eterna.

TREINE PARA CORRER

JOÃO CASSIANO

Não sabeis vós que os que correm noo estádio, todos, na verdade, correm, mas um só leva o prêmio? Correi de tal maneira que o alcanceis.

1 CORÍNTIOS 9:24

"O atleta não é coroado se não lutar segundo as normas." Quem deseja conquistar suas inclinações naturais, carnais, deve primeiro tentar superar o mal que reside fora da nossa natureza. Se quisermos testar a força da sentença de Paulo, deveremos primeiramente aprender as leis e a disciplina da competição do mundo. Então, comparando essas coisas, seremos capazes de entender o que Paulo pretendia ensinar a quem participa de uma competição espiritual... As pessoas precisam, primeiramente, ser cuidadosamente testadas e provar que não estão manchadas por uma má reputação. Então, pelo jugo da escravidão, precisam ser julgadas dignas de se unirem a esse treinamento e a quem o pratica. Em seguida, precisam apresentar provas suficientes de sua capacidade e intrepidez... Então, finalmente, receberão permissão para entrar no mais distinto embate de todos os jogos. Elas obterão permissão para disputar o que somente os vencedores e os adornados com muitas coroas e prêmios recebem, porque, se compreendemos essa ilustração por uma perspectiva mundana, por comparação devemos conhecer também o sistema e o método do nosso conflito espiritual.

"Se quisermos testar a força da sentença de Paulo, deveremos primeiramente aprender as leis e a disciplina da competição do mundo."

CONHECIMENTO E ALEGRIA

AGOSTINHO

Transbordou, porém, a graça de nosso Senhor com a fé e o amor que há em Cristo Jesus.

1 TIMÓTEO 1:14

Você não pode atribuir a Deus qualquer falha humana, porque a soberba causa todas as nossas transgressões. Porém, o remédio para elas — a condenação e remoção do pecado — vem do Céu. Por misericórdia, Deus humilha-se a si mesmo. Ele desce do alto e nos revela graça pura e visível em forma humana. Ele se torna um Homem com grande amor por quem se une a Ele. Afinal, embora o Verbo de Deus estivesse tão unido a Deus a ponto de ser chamado Seu Filho, Ele era também o Filho do Homem e nunca agiu segundo a Sua própria vontade... Esse é um exemplo importante para nós. Ele é a lição divina ensinada e aprendida com os tesouros de sabedoria e conhecimento escondidos em Cristo. Ora todos sabemos, ora não sabemos; ora nos regozijamos, mas não nos regozijamos com o intuito de iniciar, continuar e completar a nossa boa obra. Depois, entenderemos que nosso conhecimento e alegria não são resultado de nossa própria vontade, e sim dons de Deus. Nós seremos curados de nossa vaidade e compreenderemos a verdade espiritual: "o SENHOR dará o que é bom, e a nossa terra produzirá o seu fruto".

"Por misericórdia, Deus humilha-se a si mesmo. Ele desce do alto e nos revela graça pura e visível em forma humana."

CADEIA DE COMANDO

TEODORETO

...pastoreai o rebanho de Deus que há entre vós, não por constrangimento, mas espontaneamente, como Deus quer; nem por sórdida ganância, mas de boa vontade.

1 PEDRO 5:2

Sempre que algo acontece ao timoneiro, o oficial que está no comando na proa ou o marinheiro de posto mais elevado toma o seu lugar. Isso não ocorre porque eles se tornam timoneiros autonomeados, e sim porque cuidam da segurança do navio. O mesmo acontece na guerra. Quando o comandante cai, o oficial de maior escalão assume o comando — não por uma tentativa de tomar o poder por violência, mas por cuidado com seus homens. E Timóteo, quando enviado por Paulo, tomou o lugar deste. Portanto, é justo aceitar as responsabilidades de timoneiro, capitão ou pastor e, de bom grado, arriscar tudo pelo bem das ovelhas de Cristo, não deixando Suas criaturas abandonadas e sozinhas... Então, suportemos bravamente os males que nos confrontam, porque os heróis são descobertos na guerra, os atletas são coroados nas competições, a habilidade do timoneiro é manifesta na onda do mar e no fogo. Eu lhe imploro que não pense somente em si mesmo. Em vez disso, considere todos os demais. Pense ainda mais nos enfermos do que nos sãos, porque o apóstolo Paulo ordenou: "consoleis os desanimados, ampareis os fracos". Estenda as mãos aos abatidos. Cuide das feridas deles e coloque-os no posto que é deles para combater o diabo. Nada incomodará o diabo tanto quanto vê-los lutando novamente.

ÂNIMO DOBRE

CLEMENTE DE ROMA

...pois o que duvida é semelhante à onda do mar, impelida e agitada pelo vento. Não suponha esse homem que alcançará do Senhor alguma coisa; homem de ânimo dobre, inconstante em todos os seus caminhos.

TIAGO 1:6-8

O Pai todo-misericordioso e generoso é terno para com quem o teme e, com bondade e amor, concede boas coisas a quem se achega a Ele com confiança. Portanto, não tenhamos ânimo dobre; nem seja soberba a nossa alma por Suas dádivas grandiosas e gloriosas. Como alguém escreveu: "Miseráveis são as pessoas de ânimo dobre e coração hesitante, que dizem: Essas coisas nós ouvimos até nos tempos de nossos pais, mas eis que envelhecemos e nenhuma delas nos aconteceu". Longe de nós, tolos! Em vez disso, comparem-se a uma árvore: por exemplo, a videira. Antes de mais nada, suas folhas caem, então ela brota, a seguir aparecem folhas e, então, ela floresce; depois disso vem a uva azeda e, depois, a fruta madura. Você vê como, em pouco tempo, o fruto de uma árvore chega à maturidade. Assim, a vontade de Deus será cumprida, breve e subitamente, como as Escrituras também testemunham, dizendo: "dentro de pouco tempo, aquele que vem virá e não tardará" e "de repente, virá ao seu templo o Senhor, a quem vós buscais, o Anjo da Aliança, a quem vós desejais".

"O Pai todo-misericordioso e generoso concede, com bondade e amor, boas coisas a quem se achega a Ele com confiança."

BOM CONSELHO

DIONÍSIO DE ALEXANDRIA

Eles, porém, zombavam dos mensageiros,
desprezavam as palavras de Deus e mofavam dos seus profetas,
até que subiu a ira do Senhor *contra o seu povo,*
e não houve remédio algum.

2 CRÔNICAS 36:16

Quão grande exemplo de suportar o mal tu mostraste! Quão grande é também o Teu modelo de humildade! Como é que o Senhor nos deu esse exemplo para nos mostrar que não devemos desistir de aconselhar o nosso próximo, mesmo que eles não sejam movidos pelas nossas palavras? Afinal, feridas incuráveis são feridas que não podem ser curadas com medicamentos fortes ou mais agradáveis. De semelhante modo, quando aprisionada, a alma se entrega à iniquidade, recusa-se a considerar o que lhe é proveitoso e não aceita a bondade, a despeito de grande conselho. Como se fosse surda, ela não se beneficiará de conselho algum. Não é que não possa, mas não o fará. Isso aconteceu no caso de Judas. Entretanto, embora soubesse disso de antemão, Cristo nunca deixou de fazer de tudo para aconselhá-lo. Por sabermos que Jesus praticou isso, também nós jamais devemos parar de nos empenhar em encaminhar o descuidado, ainda que pareça que nada de bom resulta do nosso aconselhamento.

"Não devemos desistir de aconselhar o nosso próximo,
ainda que não sejam movidos pelas nossas palavras."

ORAÇÃO VIGILANTE

CIPRIANO

Buscai o Senhor e o seu poder,
buscai perpetuamente a sua presença.

1 CRÔNICAS 16:11

Oremos com urgência e gemamos com pedidos contínuos, porque, pouco tempo atrás, fui repreendido em uma visão por estarmos sonolentos em nossas orações e não orarmos vigilantemente. Sem dúvida, Deus, que repreende aos que Ele ama, repreende para corrigir e corrige para preservar. Portanto, rompamos com os laços do sono e oremos com urgência e vigilância, conforme o apóstolo Paulo nos ordena: "Perseverai na oração, vigiando", pois os apóstolos oravam continuamente, dia e noite. Além disso, o próprio Senhor Jesus, nosso Mestre e exemplo, orava com frequência e vigiando. Lemos no evangelho de Lucas: "retirou-se para o monte, a fim de orar, e passou a noite orando a Deus". Certamente, Ele orou em nosso favor, porque não era pecador, e sim suportava os pecados das pessoas. Em outro lugar, lemos que o Senhor disse a Pedro: "eis que Satanás vos reclamou para vos peneirar como trigo! Eu, porém, roguei por ti, para que a tua fé não desfaleça". Se Ele trabalhava, vigiava e orava por nós e por nossos pecados, nós devemos estar ainda mais continuamente em oração. Antes de tudo, ore e suplique ao Senhor. Então, por meio dele, seja restaurado a Deus Pai!

"Rompamos com os laços do sono
e oremos com urgência e vigilância."

PESCANDO ELOGIOS

JERÔNIMO

porque amaram mais a glória dos homens do que a glória de Deus. JOÃO 12:43

Não pesque elogios, para não desafiar a Deus enquanto você é aplaudido. Paulo diz: "Se agradasse ainda a homens, não seria servo de Cristo". Ele parou de agradar aos homens ao se tornar servo de Cristo, porque os Seus soldados marcham adiante entre os que falam bem e os que falam mal. Nenhum elogio os empolga. Nenhuma crítica os esmaga. Eles não se enaltecem por riquezas, nem se retiram por causa de pobreza. Eles desprezam a alegria e a tristeza. O Sol não os queima durante o dia, nem a Lua, à noite. Não ore nas esquinas por medo de o aplauso humano interromper a retidão das suas orações. Não ostente as suas franjas [N.E.: Os fariseus trajavam vestes denominadas *Talit* e *Tsitsi*, cujas pontas eram compostas por franjas no intuito de mostrar ao povo o quão santos e religiosos eles eram.] , não use filactérios para exibir-se, nem se envolva no egocentrismo dos fariseus. Você sabe que tipo de vestimenta o Senhor requer? Sabedoria, justiça, autocontrole, coragem. Que esses sejam os quatro limites do seu horizonte. Que eles sejam uma junta de quatro cavalos para levá-lo, cocheiro de Cristo, até o seu objetivo a toda velocidade. Nenhum colar pode ser mais precioso do que esses. Nenhuma pedra preciosa pode formar uma galáxia mais brilhante. Você é ornado por eles e está firmemente atado e protegido por todos os lados. Eles são a sua defesa e também a sua glória, porque toda pedra preciosa é transformada em escudo.

"Os soldados de Cristo marcham adiante entre os que falam bem e os que falam mal."

FALA CELESTIAL

SULPÍCIO SEVERO

Nas palavras do sábio há favor,
mas ao tolo os seus lábios devoram.

ECLESIASTES 10:12

Impeça sua língua de falar mal. Ponha o freio da lei em sua boca de modo que, se você falar, fale somente quando o ficar em silêncio seria pecaminoso. Cuide para não dizer algo em que os outros possam, com razão, encontrar falta, pois, quando uma palavra é dita, é como se você atirasse uma pedra. Portanto, precisamos ruminar nossas palavras durante um longo tempo antes de as proferirmos. Os lábios que nunca dizem o que gostariam de poder revogar são benditos. E o discurso de uma mente pura também precisa ser puro. Ele precisa sempre edificar, em vez de ferir os ouvintes. O apóstolo Paulo exortou: "Não saia da vossa boca nenhuma palavra torpe, e sim unicamente a que for boa para edificação, conforme a necessidade, e, assim, transmita graça aos que ouvem". A língua que não forma outras palavras além das que falam de coisas divinas é preciosa para Deus. E a boca que flui continuamente com fala celestial é santa… Acostume sua língua a sempre falar de pessoas boas. Use seus ouvidos para ouvir os elogios a pessoas boas, em vez da condenação a pessoas más. Certifique-se de que todas as suas boas ações sejam feitas por amor a Deus, porque você sabe que todo ato desse tipo só lhe traz recompensa na proporção do que você faz por temor e amor a Ele.

"O discurso de uma mente pura também precisa ser puro.
Ele precisa sempre edificar, em vez de ferir os ouvintes."

VERDADEIRA JUSTIÇA

LACTÂNCIO

Dizei aos justos que bem lhes irá;
porque comerão do fruto das suas ações.
ISAÍAS 3:10

Embora a justiça una todas as virtudes, duas virtudes principais jamais podem ser separadas dela — a piedade e a equidade... Se a piedade é conhecer a Deus e a culminação de conhecê-lo é adorá-lo, obviamente quem não conhece a Deus não conhece a justiça, pois como podemos conhecer a justiça se não conhecemos a sua origem?...

A outra parte da justiça é a equidade. Obviamente, não estou falando da equidade de julgar bem (embora isso seja louvável), mas de tornar-se igual aos outros... Porque Deus, que cria as pessoas e lhes dá fôlego, desejava que todos fossem igualmente conformes. Ele colocou em todos as mesmas condições de vida; Ele deu sabedoria a todos. Ninguém é impedido de receber Seus benefícios celestiais, porque Deus concede a todos luz, água, alimento e o mais agradável repouso. Da mesma maneira, Ele concede a todos equidade e virtude. Aos Seus olhos, ninguém é escravo e ninguém é Senhor, porque, se todos nós temos o mesmo Pai, por igual direito somos todos Seus filhos. Ninguém é pobre aos olhos de Deus, exceto os injustos. Ninguém é rico, exceto os cheios de virtude.

"Ninguém é pobre aos olhos de Deus, exceto os injustos.
Ninguém é rico, exceto os cheios de virtude."

TRÊS TENTAÇÕES

AGOSTINHO

Não ameis o mundo nem as coisas que há no mundo. Se alguém amar o mundo, o amor do Pai não está nele; porque tudo que há no mundo, a concupiscência da carne, a concupiscência dos olhos e a soberba da vida, não procede do Pai, mas procede do mundo. 1 JOÃO 2:15,16

Os desejos humanos são tentados somente pela concupiscência da carne, a concupiscência dos olhos, ou a soberba da vida. O diabo tentou o Senhor por essas três. Ele foi tentado pela concupiscência da carne quando, sentindo fome após longo jejum, foi-lhe dito: "Se és Filho de Deus, manda que estas pedras se transformem em pães". Veja a resposta dele: "Não só de pão viverá o homem, mas de toda palavra que procede de Deus". Ele foi tentado também pela concupiscência dos olhos a realizar um milagre, quando lhe foi dito: "atira-te abaixo, porque está escrito: Aos seus anjos ordenará a teu respeito que te guardem; e: Eles te susterão nas suas mãos, para não tropeçares nalguma pedra"... Observe a resposta de Jesus e, quando enfrentar tentações semelhantes, diga o mesmo: "Também está escrito: Não tentarás o SENHOR, teu Deus"... De que outro modo o Senhor foi tentado? Pela "soberba da vida", quando o diabo o levou a um lugar alto e lhe disse: "Tudo isto te darei se, prostrado, me adorares"... Que resposta o Senhor nos ensinou a dar ao diabo? "...está escrito: Ao Senhor, teu Deus, adorarás, e só a ele darás culto". Apegando-se a essas práticas rapidamente, você não terá os fortes desejos do mundo e, por não os ter, a concupiscência da carne, a concupiscência dos olhos e a soberba da vida não o dominarão... No entanto, se você ama o mundo, não é capaz de amar a Deus.

O CAMINHO ESTREITO

BASÍLIO

Porque nós, que vivemos, somos sempre entregues à morte por causa de Jesus, para que também a vida de Jesus se manifeste em nossa carne mortal.

2 CORÍNTIOS 4:11

"Estreita é a porta, e apertado, o caminho que conduz para a vida." Eis aí os mestres e profetas "errantes pelos desertos, pelos montes, pelas covas, pelos antros da terra". Eis aí a vida de apóstolos, evangelistas e andarilhos distantes de cidades. Eu abracei isso com todo o meu coração para ser capaz de conquistar o que foi prometido aos mártires de Cristo e a todos os Seus santos. Então, poderei dizer verdadeiramente: "pela palavra dos teus lábios, eu me tenho guardado dos caminhos do violento"... O nosso Salvador foi crucificado por nós para que, por Sua morte, pudesse nos dar vida, treinar-nos e nos encorajar a perseverar. Prossigo em direção a Ele, e ao Pai, e ao Espírito Santo. Empenho-me para ser encontrado fiel e me considero indigno de bens mundanos... Pense em todas essas coisas em seu coração. Siga-as com paixão. Conforme lhe foi ordenado, lute pela verdade a ponto de morrer, porque Cristo foi "obediente até à morte". O autor do livro de Hebreus exorta: "Tende cuidado, irmãos, jamais aconteça haver em qualquer de vós perverso coração de incredulidade que vos afaste do Deus vivo; pelo contrário, exortai-vos mutuamente cada dia, durante o tempo que se chama Hoje". Hoje significa a nossa vida inteira. Amado, se você viver segundo tal orientação, se salvará. Você me contentará e glorificará a Deus eternamente.

"Conforme lhe foi ordenado, lute pela verdade a ponto de morrer."

A MAIOR COISA

GREGÓRIO NAZIANZENO

E disse ao homem: Eis que o temor do Senhor é a sabedoria, e o apartar-se do mal é o entendimento.

JÓ 28:28

Nós recebemos a graça de fugir do erro supersticioso, de unirmo-nos à verdade, de servir ao Deus vivo e verdadeiro e nos elevar acima da criação... Portanto, olhemos para Deus e pensemos nele e nas coisas celestiais segundo a graça que nos foi concedida. Precisamos começar a discuti-las a partir de um ponto adequado. E Salomão diz que este ponto de partida, o princípio da sabedoria, é obter sabedoria. Ele nos diz que o princípio da sabedoria é o temor. Não devemos negligenciar o temor em nossa contemplação (porque a contemplação desenfreada poderia, talvez, nos empurrar para um penhasco). Em vez disso, precisamos ser firmados, purificados e iluminados pelo temor para sermos elevados, porque onde há temor há o cumprimento de mandamentos. E onde há cumprimento de mandamentos há purificação da carne... Onde há purificação, há iluminação. E a iluminação satisfaz o desejo de quem anseia pelas maiores coisas e pela Maior Coisa.

"Olhemos para Deus e pensemos nele e nas coisas celestiais segundo a graça que nos foi concedida."

PERSEGUIÇÃO BOA

AGOSTINHO

Todo ramo que, estando em mim, não der fruto,
ele o corta; e todo o que dá fruto limpa,
para que produza mais fruto ainda.

JOÃO 15:2

Se sofrer perseguição fosse sempre louvável, o Senhor poderia ter dito "Bem-aventurados os perseguidos" sem acrescentar "por causa da justiça". Além disso, se infligir perseguição fosse sempre censurável, as Escrituras não diriam: "Ao que às ocultas calunia o próximo, a esse destruirei". Portanto, em alguns casos, quem sofre perseguição está errado e quem a inflige está certo. A verdade, porém, é que os maus sempre perseguiram os bons, e os bons perseguiram os maus. Os primeiros prejudicam por sua injustiça; os últimos procuram fazer o bem administrando disciplina. Os primeiros agem com crueldade; os últimos, com paz. Os primeiros são compelidos por luxúria; os últimos, por amor. Quem pretende matar não se importa com o modo como inflige ferimentos, mas quem pretende curar é cauteloso com sua adaga, pois um procura destruir o que é saudável, mas o outro, aquilo que está apodrecendo... Os judeus açoitaram a Cristo; Cristo também açoitou os judeus. As pessoas entregaram os apóstolos aos poderes nacionais e os apóstolos entregaram as pessoas ao poder de Satanás. Em todos esses casos, uma coisa é importante observar: quem estava do lado da verdade e quem estava do lado da iniquidade? Quem agiu movido por desejo de ferir e quem o fez pelo desejo de corrigir o que estava errado?

SEMPRE PRESENTE

LACTÂNCIO

Quanto ao mais, irmãos, adeus! Aperfeiçoai-vos, consolai-vos, sede do mesmo parecer, vivei em paz; e o Deus de amor e de paz estará convosco.

2 CORÍNTIOS 13:11

Remova a irreverência e os desentendimentos. Acalme desacordos turbulentos e mortíferos que invadem, dividem e dispersam as sociedades humanas e as uniões divinas. Tanto quanto pudermos, tenhamos como objetivo ser bons e generosos. Se tivermos um grande suprimento de riqueza e recursos, não o dediquemos ao prazer de uma pessoa, e sim ofereçamo-lo pelo bem-estar de muitos, porque o prazer é tão efêmero quanto o corpo que ele agrada, mas a justiça e a bondade são tão imortais quanto a mente e a alma, que se tornam semelhantes a Deus por meio de boas obras. Adoremos a Deus, não nos templos, mas em nosso coração, porque tudo que é feito à mão é destrutível. Portanto, purifiquemos este templo: o nosso coração. Ele não é contaminado por fumaça ou poeira, senão por pensamentos malignos. Ele não é iluminado por tochas acesas, mas pelo brilho e a luz da sabedoria. Se crermos que Deus está sempre presente neste templo e conhece os segredos do coração, sempre buscaremos o Seu favor e nunca temeremos a Sua ira.

"A justiça e a bondade são tão imortais quanto a mente e a alma, que se tornam semelhantes a Deus por meio de boas obras."

O PRINCÍPIO DA VIRTUDE

AMBRÓSIO

Respondeu-lhe Jesus: Eu sou o caminho, e a verdade, e a vida; ninguém vem ao Pai senão por mim.

JOÃO 14:6

Podemos dizer que os caminhos do Senhor são os caminhos de uma vida boa, guiada por Cristo. Ele diz: "Eu sou o caminho, e a verdade, e a vida". Então, o caminho é o imenso poder de Deus, porque Cristo é o nosso caminho — e também um bom caminho. Ele é o caminho que abriu o reino dos Céus para quem crê. Além disso, os caminhos do Senhor são retos. Está escrito: "Faze-me, SENHOR, conhecer os teus caminhos"... Então, Cristo é o princípio da nossa justiça. Ele é o princípio da pureza. Ele ensinou as donzelas a não buscarem os abraços dos homens, e sim a servirem ao Espírito Santo, em vez de a um marido, com a pureza de seu corpo e sua mente. Cristo é o princípio da frugalidade, porque, mesmo sendo rico, se tornou pobre. Cristo é o princípio da paciência, porque, ao ser abusado verbalmente, não retrucou. Ao ser espancado, não revidou. Cristo é o princípio da humildade, porque tomou a forma de servo, embora fosse igual a Deus Pai na majestade de Seu poder. Toda virtude tem sua origem em Cristo. Como resultado, devemos aprender essas variadas virtudes, pois "um filho se nos deu; o governo está sobre os seus ombros".

"Toda virtude tem sua origem em Cristo. Como resultado, devemos aprender essas variadas virtudes."

UMA SÓ IGREJA

CIPRIANO

Porque nós, embora muitos,
somos unicamente um pão, um só corpo;
porque todos participamos do único pão.

1 CORÍNTIOS 10:17

A Igreja é uma só, mas é frutiferamente distribuída por toda parte. Da mesma maneira, há muitos raios de sol, mas uma só luz. Há muitos galhos de uma árvore, mas uma única força proveniente de sua raiz. E muitos ribeiros fluem de uma única nascente. Assim, embora a multiplicidade pareça ser difusa devido à sua abundância, a unidade é preservada na fonte. Você pode tentar separar um raio do sol de seu corpo de luz, mas sua unidade não permite uma divisão da luz. Quebre um ramo de uma árvore e ele não será capaz de brotar. Interrompa um ribeiro ao sair de sua fonte e a porção separada secará. Assim também a Igreja, resplandecendo com a luz do Senhor, derrama seus raios sobre o mundo inteiro. Contudo, é uma única luz difundida por toda parte. A unidade do Corpo não é separada. Sua frutífera abundância espalha seus ramos pelo mundo todo. Ela flui liberalmente, expandindo seus rios amplamente. Contudo, sua cabeça é única, sua fonte é única. Ela é uma única mãe que gera muitos filhos. Do seu ventre nascemos, pelo seu leite somos nutridos e pelo seu espírito recebemos vida.

"A Igreja, resplandecendo com a luz do Senhor,
derrama seus raios sobre o mundo inteiro. Contudo,
é uma única luz difundida por toda parte."

OBJETOS DE PRAZER

AGOSTINHO

Sabemos que, se a nossa casa terrestre deste tabernáculo se desfizer, temos da parte de Deus um edifício, casa não feita por mãos, eterna, nos céus.

2 CORÍNTIOS 5:1

Regozijar-se em algo é descansar nessa coisa com satisfação pela própria coisa sem si. Por outro lado, usar algo é empregar qualquer meio possível para obter o que desejamos... Suponha que fôssemos viajantes em um país estrangeiro e não conseguíssemos viver felizes longe de nossa terra natal. Fomos infelizes em nossa viagem e, querendo acabar com o nosso sofrimento, decidimos voltar para casa. Descobrimos, porém, que precisamos usar algum meio de transporte, seja por terra ou por água, a fim de chegar a nossa pátria, onde seremos felizes. Porém, a beleza do país que atravessamos e o movimento agradável encantam o nosso coração. Esses deleites transformam em objetos de prazer as coisas que deveríamos usar e, como resultado, relutamos em apressar a nossa jornada. Envolvendo-nos com o prazer imaginário, nossos pensamentos são desviados das delícias do lar que nos deixariam verdadeiramente felizes. Essa é uma ilustração da nossa condição em nossa vida mortal. Nós nos afastamos muito de Deus. Se quisermos voltar ao lar de nosso Pai, este mundo precisará ser usado e não desfrutado, para que as coisas invisíveis de Deus possam ser claramente vistas sendo entendidas por aquilo que é realizado, isto é: por meio de coisas materiais e temporárias, podemos nos apegar ao que é espiritual e eterno. Contudo, os verdadeiros objetos de satisfação são o Pai, o Filho e o Espírito Santo.

PERTENÇA A DEUS

GREGÓRIO NAZIANZENO

Porque nenhum de nós vive para si mesmo,
nem morre para si. Porque, se vivemos, para o Senhor vivemos;
se morremos, para o Senhor morremos.
Quer, pois, vivamos ou morramos, somos do Senhor.

ROMANOS 14:7,8

Até mesmo coisas terríveis são úteis e muito valiosas para os sábios, porque, embora oremos para que elas não aconteçam, quando acontecem nos instruem. A alma aflita, como diz Pedro, está perto de Deus. Quem escapa do perigo é aproximado daquele que o preservou. Por isso, não fique frustrado por termos precisado lutar, mas dê graças por termos sido salvos. Não seja, para com Deus, uma coisa no momento de perigo e outra quando o perigo passou. Em vez disso, decida seguir Aquele que nos preservou, quer esteja em casa ou fora dela, na vida privada ou em um cargo público. Agarre-se ao braço de Deus e não pense muito sobre as pequenas preocupações da Terra. Que quem vier depois de nós conte a nossa história, não apenas para nossa glória e benefício de nossa alma, e sim como uma lição muito útil para todos os demais — de que o perigo é melhor do que a segurança e o infortúnio é preferível ao sucesso. Porque, se pertencíamos ao mundo antes dos nossos medos, depois deles pertencemos a Deus.

"Quem escapa do perigo é aproximado
daquele que o preservou."

SALVAR O FERIDO

CIPRIANO

E compadecei-vos de alguns que estão na dúvida; salvai-os, arrebatando-os do fogo; quanto a outros, sede também compassivos em temor, detestando até a roupa contaminada pela carne. JUDAS 1:22,23

João demonstra que Jesus Cristo, o Senhor, é nosso Advogado e o Intercessor por nossos pecados. Ele diz: "Filhinhos meus, estas coisas vos escrevo para que não pequeis. Se, todavia, alguém pecar, temos Advogado junto ao Pai, Jesus Cristo, o Justo; e ele é a propiciação pelos nossos pecados"... Considerando Seu amor e misericórdia, não devemos ser amargos, cruéis ou desumanos para com quem crê. Em vez disso, devemos lamentar com quem lamenta, chorar com quem chora e levantá-los pela ajuda e o conforto de nosso amor, tanto quanto pudermos. Não devemos ser extremamente rudes ou obstinados em resistir ao seu arrependimento. Também não devemos ser demasiadamente imprudentes em permitir a comunhão de maneira livre e fácil. Um irmão ferido está no campo de batalha, atingido pelo inimigo. Ali, o diabo está tentando matar a quem feriu. Aqui, Cristo está encorajando a quem Ele redimiu a não perecer inteiramente. Qual deles nós ajudamos? De que lado ficamos? Nós favorecemos o diabo permitindo que ele destrua, negligenciando nosso irmão sem vida, como o sacerdote e o levita no evangelho de Lucas? Ou, em vez disso, como sacerdotes de Deus e de Cristo, imitamos os ensinamentos e atos de Cristo e arrebatamos o homem ferido das garras do inimigo para salvá-lo para Deus, o Juiz?

"Considerando Seu amor e misericórdia, não devemos ser amargos, cruéis ou desumanos para com quem crê."

A FONTE DO PECADO

CLEMENTE DE ALEXANDRIA

E o terá consigo e nele lerá todos os dias da sua vida,
para que aprenda a temer o Senhor,
seu Deus, a fim de guardar todas as palavras desta lei
e estes estatutos, para os cumprir.

DEUTERONÔMIO 17:19

Embora os homens tenham dez mil ações, o pecado tem somente duas fontes: ignorância e incapacidade. As duas dependem de nós mesmos, porque não desejamos aprender ou, por outro lado, coibir a luxúria. A ignorância guia pessoas que exercem pouco discernimento; a incapacidade guia pessoas que não conseguem agir em conformidade com julgamentos corretos. Visto que quem é enganado não agirá corretamente, embora seja perfeitamente capaz de fazê-lo. Igualmente, os incapazes de agir não permanecerão inculpáveis, embora sejam capazes de discernir. Consequentemente, dois tipos de correção são aplicáveis a esses dois tipos de pecado: para a ignorância, conhecimento e entendimento provenientes das Escrituras; para a incapacidade, treinamento segundo a Palavra de Deus e regulamentado pela disciplina de fé e temor. Os dois remédios se transformam em perfeito amor.

"O pecado tem somente duas fontes:
ignorância e incapacidade."

OBEDIÊNCIA EM AÇÃO

GREGÓRIO DE NISSA

Agora, pois, filhos, ouvi-me,
porque felizes serão os que guardarem
os meus caminhos.

PROVÉRBIOS 8:32

Se vivemos nos "ventos" da vida espiritual do alto e estamos enraizados em Seus caminhos, alegremente nos tornamos pais para outras pessoas... A vida de quem é estabelecido assim é verdadeiramente abençoada, pois a Sabedoria sempre concorda e se regozija com eles. Todos os dias, encontram felicidade nela somente, porque o Senhor se regozija com os Seus santos. Há regozijo no Céu pelos que estão sendo salvos e, como o pai do filho pródigo, Cristo faz uma festa para o Seu filho resgatado.

"Há regozijo no Céu pelos que estão sendo salvos e, como o pai do filho pródigo, Cristo faz uma festa para o Seu filho resgatado."

PARTICIPANTES DE DEUS

ORÍGENES

Eterna é a justiça dos teus testemunhos;
dá-me a inteligência deles, e viverei.

SALMO 119:144

Você examina diligentemente a sua leitura das Sagradas Escrituras? Preste muita atenção a elas, eu digo, porque nós, que lemos as coisas de Deus, precisamos estudá-las com desvelo, para que não digamos ou pensemos algo de maneira excessivamente precipitada a respeito delas. Ao estudar as coisas de Deus diligentemente, bata à porta trancada delas. Então, o porteiro as abrirá para você. Jesus diz: "Para este o porteiro abre". Ao disciplinar-se no estudo dessas coisas com uma inabalável confiança em Deus, procure encontrar o verdadeiro significado das Escrituras, não compreendido por muitos. Porém, não fique satisfeito com bater e buscar, pois, para conhecer as coisas de Deus, a oração é essencial. O Salvador não disse apenas "Buscai, e achareis; batei, e abrir-se-vos-á", mas também: "Pedi, e dar-se-vos-á". Meu amor paternal por você me tornou assim ousado, mas, se a minha ousadia for boa, isso será sabido por Deus, seu Cristo e todos os participantes do Espírito de Deus e do Espírito de Cristo. Que você possa participar e sempre aumentar a sua herança, de modo a não poder dizer apenas "Nós nos tornamos participantes de Cristo", mas também participantes de Deus.

"Você examina diligentemente a sua leitura das Sagradas Escrituras? Preste muita atenção a elas, eu digo."

ESPINHOS PERIGOSOS

CRISÓSTOMO

...mas os cuidados do mundo, a fascinação da riqueza e as demais ambições, concorrendo, sufocam a palavra, ficando ela infrutífera. MARCOS 4:19

Acendamos a luz do conhecimento e não plantemos entre espinheiros. Embora eu não tenha contado, você sabe o que os espinhos são, pois ouviu muitas vezes o Senhor chamar por esse nome os cuidados desta vida e o engano das riquezas, visto que, essas coisas são infrutíferas como os espinheiros. Como os espinhos, essas paixões dilaceram quem as segura. Como os espinhos, as coisas do mundo pegam fogo facilmente e são odiadas pelos fazendeiros. Como os animais selvagens, cobras e escorpiões que se escondem em espinheiros, elas se escondem no engano das riquezas. Acendamos, porém, o fogo do Espírito para queimar esses espinhos, afugentar as feras e tornar o campo precioso para o fazendeiro. Após limpá-lo, reguemos o campo com correntezas do Espírito. Plantemos oliveiras e sempre-vivas frutíferas. Plantemos árvores luminosas, nutritivas e saudáveis, porque dar aos pobres tem essas qualidades e coloca um selo em quem assim o faz. Mesmo quando a morte chegar, a caridade não murchará, mas sempre se eleva para iluminar a mente, alimenta os sustentáculos da alma e confere uma força ainda mais poderosa. E, se a possuirmos constantemente, seremos capazes de nos aproximar do Noivo com confiança e adentrar a câmara nupcial.

"Acendamos a luz do conhecimento e não plantemos entre espinheiros."

TESTEMUNHA FIEL

HILÁRIO DE POITIERS

Porventura, desvendarás os arcanos de Deus
ou penetrarás até à perfeição do Todo-Poderoso?

JÓ 11:7

Toda a existência se origina do Pai. Em Cristo e por meio de Cristo, Deus é a fonte de tudo. Em contraste com tudo o mais, Ele é integralmente autoexistente. Ele não recebe de fora o Seu ser, e sim o possui a partir de si mesmo e em si mesmo. Ele é infinito, porque nada pode contê-lo e Ele contém tudo. Ele é eternamente irrestrito pelo espaço, porque não pode ser limitado. Ele é eternamente anterior ao tempo, porque o tempo foi criado por Ele. Imagine qual poderia ser o limite mais distante de Deus e você o encontrará presente ali. Esforce-se para ver o mais longe que conseguir, porque há sempre um horizonte mais distante para onde se esforçar em dirigir-se. Ele possui o infinito, assim como você possui o poder de fazer tais esforços para compreendê-lo. A você faltarão palavras, mas o Seu ser não será contido. Volte as páginas da história e você sempre o encontrará presente. Se os números falham em expressar os tempos passados em que você adentrou, ainda assim a eternidade de Deus não é diminuída. Exercite seu intelecto para compreendê-lo como um todo, mas Ele escapará de você… Portanto, dado que ninguém conhece o Pai senão o Filho, que nossos pensamentos acerca do Pai estejam unidos com os pensamentos do Filho. Ele é a única Testemunha fiel que revela Deus a nós.

"Imagine qual poderia ser o limite mais distante de Deus
e você o encontrará presente ali."

DUAS CIDADES

AGOSTINHO

A soberba do homem o abaterá,
mas o humilde de espírito obterá honra.
PROVÉRBIOS 29:23

A humildade nos capacita a submeter-nos ao que é superior a nós, e nada é mais superior a nós do que Deus. Fazendo-nos submeter a Deus, a humildade nos exalta. Porém, a soberba, um defeito da natureza carnal, é a recusa em se submeter e a oposição ao Supremo. Consequentemente, a soberba se torna inferior. Está escrito: "Tu os lançaste abaixo quando eles se exaltaram" [N.T.: Citação do livro *City of Angels*, de autoria do próprio Agostinho.]. O escritor não diz "quando eles foram exaltados", como se tivessem sido primeiramente levantados e depois lançados abaixo. Porém, "quando eles se exaltaram" foram derrubados — isto é, a exaltação em si já era uma queda. Portanto, a humildade é especialmente valiosa para a cidade de Deus. Ela é demonstrada na cidade de Deus e na pessoa de Cristo, seu Rei. Por outro lado, as Escrituras dizem que a iniquidade da soberba domina o diabo, o inimigo de Cristo. Certamente, essa é a diferença entre as cidades de pessoas piedosas e de pessoas ímpias... esta, guiada e formada pelo amor a si mesmo; aquela, pelo amor a Deus.

"A humildade é especialmente valiosa para a cidade de Deus."

FORMA DE SERVO

LEÃO I

Assim, pois, amados meus, como sempre obedecestes, não só na minha presença, porém, muito mais agora, na minha ausência, desenvolvei a vossa salvação com temor e tremor; porque Deus é quem efetua em vós tanto o querer como o realizar, segundo a sua boa vontade.

FILIPENSES 2:12,13

Nós não devemos buscar coisas tolas e vãs ou ceder ao medo em meio a tribulações. Por um lado, sem dúvida, somos lisonjeados pelo engano e oprimidos pelos problemas, mas, visto que "a terra está cheia da bondade do SENHOR", a vitória de Cristo é nossa. Ele cumpre o que disse: "tende bom ânimo; eu venci o mundo". Por isso, se lutamos contra a ambição do mundo, as concupiscências da carne, ou contra os dardos da heresia, precisamos sempre nos armar com a cruz do Senhor... Devemos nos lembrar da instrução do apóstolo Paulo: "Tende em vós o mesmo sentimento que houve também em Cristo Jesus, pois ele, subsistindo em forma de Deus, não julgou como usurpação o ser igual a Deus; antes, a si mesmo se esvaziou, assumindo a forma de servo, tornando-se em semelhança de homens; e, reconhecido em figura humana, a si mesmo se humilhou, tornando-se obediente até à morte e morte de cruz. Pelo que também Deus o exaltou sobremaneira e lhe deu o nome que está acima de todo nome, para que ao nome de Jesus se dobre todo joelho, nos céus, na terra e debaixo da terra, e toda língua confesse que Jesus Cristo é Senhor, para glória de Deus Pai."... Nenhuma felicidade humana pode ser tão grande sem ser igualmente vergonhosa, porque Deus, mesmo na forma de Deus, não pensou ser indigno assumir a forma de servo.

"Precisamos sempre nos armar com a cruz do Senhor."

COMPREENDENDO CRISTO

CLEMENTE DE ALEXANDRIA

O espírito é o que vivifica; a carne para nada aproveita; as palavras que eu vos tenho dito são espírito e são vida.

JOÃO 6:63

O Salvador nada ensina de maneira meramente humana; Ele ensina os Seus com sabedoria Divina e mística. Portanto, não devemos escutar Suas palavras com ouvidos mundanos. Devemos buscar e aprender o significado oculto nelas, porque aquilo que o Senhor parece ter simplificado para os discípulos requer ainda mais atenção do que afirmações enigmáticas, devido à sua superabundância de sabedoria. Além disso, as coisas que Ele explicou aos Seus filhos exigem ainda mais consideração do que as que parecem ter sido simplesmente afirmadas. Aqueles que ouviram tais explicações não fizeram perguntas, porque as palavras do Senhor referentes a todo o projeto da salvação deviam ser contempladas com temor e profundo entendimento espiritual. Não devemos receber essas palavras superficialmente com os nossos ouvidos, e sim aplicar nossa mente a compreender o Espírito do Salvador e o significado não expresso em Suas palavras.

CRER, ESPERAR, AMAR

AGOSTINHO

Rogo igualmente aos jovens: sede submissos aos que são mais velhos; outrossim, no trato de uns com os outros, cingi-vos todos de humildade, porque Deus resiste aos soberbos, contudo, aos humildes concede a sua graça.

1 PEDRO 5:5

No Antigo Testamento há um velamento do Novo, e no Novo Testamento há uma revelação do Antigo. Segundo aquele velamento, as pessoas carnais… foram e continuam sendo dominadas pelo medo da punição. Contudo, por causa dessa revelação, as pessoas espirituais… foram libertas pelo dom do amor. Elas bateram na porta da santidade e até mesmo coisas ocultas lhes foram abertas. E, agora, elas buscam sem orgulho, por medo de que até mesmo as coisas reveladas lhes sejam fechadas. Nada é mais contrário ao amor do que a inveja, que provém da soberba. Consequentemente, o Senhor Jesus Cristo, o Deus-Homem, revela o amor Divino para conosco e serve como exemplo de humildade humana para nós. Como resultado, nossa grande presunção pode ser curada por um remédio contrariamente maior, porque na soberba há grande sofrimento. Porém, há misericórdia ainda maior na humildade de Deus. Portanto, torne esse amor a sua meta. Refira-se a esse amor em tudo o que você diz. O que quer que você falar, fale de tal maneira que as pessoas com quem você conversar possam crer quando o ouvirem; crendo, possam esperar; e, esperando, possam amar.

"Nada é mais contrário ao amor do que a inveja, que provém da soberba."

AJUSTES GRADUAIS

ORÍGENES

...prossigo para o alvo, para o prêmio da soberana vocação de Deus em Cristo Jesus. Todos, pois, que somos perfeitos, tenhamos este sentimento...

FILIPENSES 3:14,15

Suponha que alguém tenha se familiarizado gradualmente com uma arte ou ciência, como geometria ou medicina, até atingir a perfeição. Tendo instruído a si mesmo em seus princípios e práticas durante longo tempo, ele atingiu total domínio do assunto. Tal pessoa jamais poderia ir dormir com tal maestria e acordar ignorante de seu assunto. Por isso, enquanto esse matemático ou médico continuar a estudar sua arte e praticar seus princípios, o conhecimento de sua profissão permanecerá com ele. Porém, se parar de praticá-lo e negligenciar seus diligentes hábitos, gradualmente algumas coisas lhe escaparão. Aos poucos, ele esquecerá cada vez mais, até que tudo seja esquecido e totalmente apagado da memória. Certamente é possível que, quando ele (ou "seu conhecimento") começou a decair e cedeu à negligência, poderia ser despertado e recobrar rapidamente os seus sentidos. Poderia recuperar as perdas recentes e o conhecimento que havia sido apenas levemente apagado de sua mente. Agora, apliquemos esse exemplo a quem se dedicou ao conhecimento e à sabedoria de Deus e cuja aprendizagem e diligência superam incomparavelmente todas as outras formações, pois quem é perfeito verá a glória do Senhor face a face quando Ele lhe revelar os Seus mistérios.

FOGO CONSUMIDOR

ATANÁSIO

Produzi, pois, frutos dignos de arrependimento. MATEUS 3:8

As nossas vontades devem acompanhar a graça de Deus e não ficar para trás. Caso contrário, enquanto as nossas vontades estiverem ociosas, a graça que nos foi dada poderá começar a nos deixar. Então, o inimigo, nos encontrando vazios e nus, entraria em nós. Isso aconteceu a um homem citado no evangelho de Mateus. O diabo saiu do homem. Entretanto, após andar "por lugares áridos", ele "leva consigo outros sete espíritos, piores do que ele, e, entrando [e encontrando a casa vazia], habitam ali; e o último estado daquele homem torna-se pior do que o primeiro"... Porém, Paulo nos ordena a não permitirmos que a graça que recebemos seja inútil. Ele escreveu essas coisas particularmente ao seu discípulo Timóteo, mas as aplica a nós por intermédio dele. Esse apóstolo admoesta: "Não te faças negligente para com o dom que há em ti", porque quem cultivar a sua terra se fartará de pão, mas os caminhos dos preguiçosos são repletos de espinhos. O Espírito nos adverte a não cairmos nesses espinhos. Ele diz: "Lavrai para vós outros campo novo e não semeeis entre espinhos". Quando nós desprezamos a graça que nos é concedida e, como resultado, caímos em preocupações mundanas, entregamo-nos às nossas concupiscências. Então, em tempos de perseguição, somos injuriados e nos tornamos totalmente infrutíferos... Os servos do Senhor devem ser diligentes e cuidadosos. Além disso, devem arder como uma chama. Então, quando destroem apaixonadamente todo o seu pecado carnal, podem aproximar-se de Deus, porque, segundo a expressão do santo, o Senhor é "um fogo consumidor".

"Paulo nos ordena a não permitirmos que
a graça que recebemos seja inútil."

BELEZA ETERNA

CIPRIANO

Regozijar-me-ei muito no Senhor, *a minha alma se alegra no meu Deus; porque me cobriu de vestes de salvação e me envolveu com o manto de justiça, como noivo que se adorna de turbante, como noiva que se enfeita com as suas joias.*

ISAÍAS 61:10

Esteja em constante oração e leitura. Fale com Deus e deixe-o falar com você. Deixe-o instruí-lo em Seus mandamentos; permita-lhe guiá-lo. Ninguém pode empobrecer aqueles que o Senhor enriquece, porque quem recebeu alimento celestial não pode ser pobre. Quando souber que é você quem será aperfeiçoado, tetos dourados e casas com caros mosaicos de mármore lhe parecerão enfadonhos em comparação à morada na qual Deus tem vivido e na qual o Espírito Santo começou a fazer Sua morada. Então, decoremos essa casa com as cores da inocência. Iluminemo-la com a luz da justiça. Então, ela nunca se deteriorará com o desgaste da idade, nem as cores de suas paredes ou seu ouro se mancharão. Essas coisas tornadas artificialmente belas estão perecendo. Coisas que realmente não podem ser possuídas não podem fornecer garantia duradoura para seus possuidores. Permaneça, porém, em uma beleza continuamente vívida, em perfeita honra, em permanente esplendor. Esta não pode decair, nem ser destruída, só podendo ser transformada para uma maior perfeição.

"Ninguém pode empobrecer aqueles que o Senhor enriquece, porque quem recebeu alimento celestial não pode ser pobre."

O GRANDE MÉDICO

IRINEU

Não há homem justo sobre a terra
que faça o bem e que não peque.

ECLESIASTES 7:20

Qual médico, ansioso por curar uma pessoa enferma, prescreveria medicamento de acordo com os caprichos do paciente e não segundo a necessidade médica? O Senhor veio como o médico dos enfermos, dizendo: "Os sãos não precisam de médico, e sim os doentes; não vim chamar justos, e sim pecadores". Então, como os doentes podem ser fortalecidos ou os pecadores, arrepender-se? É continuando na mesma direção? Ou é sendo submetido a uma grande transformação invertendo seu modo de vida anterior, que lhes trouxe muita doença e muitos pecados? Porém, a ignorância, a mãe de todos esses pecados, é expulsa pelo conhecimento. Como resultado, o Senhor revelaria conhecimento aos Seus discípulos. Era também Sua prática curar os que estavam sofrendo e manter os pecadores livres do pecado. Portanto, por meio do conhecimento, Ele não se dirigiu aos Seus ouvintes segundo as novas ideias deles e não reagiu em harmonia com a opinião de Seus questionadores. Em vez disso, falou segundo a doutrina que leva à salvação, sem hipocrisia nem acepção de pessoas.

TESTADOS PELO FOGO

CIRILO

...e não nos deixes cair em tentação; mas livra-nos do mal [pois teu é o reino, o poder e a glória para sempre. Amém]!

MATEUS 6:13

O Senhor nos ensina a orar para não sermos tentados de forma alguma? Então, como é que se diz que "um homem não tentado é um homem não provado" e se considera total alegria alguém cair em diversas tentações? Mas entrar em tentação significa talvez ser subjugado por ela? Porque a tentação é como um ribeiro caudaloso, difícil de atravessar. Portanto, quem atravessa esse ribeiro e não é subjugado pela tentação mostra-se excelente nadador e não é levado pela corrente. Quem não é assim, porém, entra nas águas das tentações e é dominado. Por exemplo, Judas caiu na tentação de amar o dinheiro. Ele não atravessou o ribeiro, e sim foi subjugado e tanto seu corpo quanto seu espírito foram estrangulados... Por outro lado, um grupo de santos ilesos deu graças por ter sido livrado da tentação: "Pois tu, ó Deus, nos provaste; acrisolaste-nos como se acrisola a prata. Tu nos deixaste cair na armadilha; oprimiste as nossas costas; fizeste que os homens cavalgassem sobre a nossa cabeça; passamos pelo fogo e pela água; porém, afinal, nos trouxeste para um lugar espaçoso". Por isso todos eles puderam dizer corajosamente que atravessaram e não foram atravessados. Tu, porém, nos trouxeste a um lugar de descanso, e chegar a esse lugar de descanso é ser liberto das tentações.

"A tentação é como um ribeiro caudaloso, difícil de atravessar."

CONSCIÊNCIA LIMPA

LACTÂNCIO

Se confessarmos os nossos pecados, ele é fiel e justo para nos perdoar os pecados e nos purificar de toda injustiça.

1 JOÃO 1:9

Limpemos nossa consciência, que está exposta aos olhos de Deus. Como diz o filósofo Tully, "vivamos sempre nos lembrando de que teremos de prestar contas". Lembre-se de que estamos sendo vigiados a todo momento... por Aquele que será Juiz e Testemunha. Quando Ele exigir um relato de nossa vida, ninguém poderá negar seus atos. Portanto, é melhor fugir de nossa consciência ou abrir nossa mente por conta própria, e rasgar nossas feridas para deixar sair as coisas que nos destruiriam. Ninguém é capaz de curar essas feridas senão Aquele que fez o coxo andar, restaurou a visão do cego, limpou os membros impuros e ressuscitou os mortos. Ele extinguirá desejos inquietos, arrancará concupiscências, removerá a inveja, abrandará a ira. Ele dará saúde verdadeira e duradoura. Todos devem procurar esse remédio, porque a alma é assediada por maior perigo do que o corpo. Uma cura deve ser aplicada o mais rapidamente possível às doenças secretas.

"Lembre-se de que estamos sendo vigiados a todo momento por Aquele que será Juiz e Testemunha."

A MELHOR OFERTA

JERÔNIMO

E, chamando os seus discípulos, disse-lhes: Em verdade vos digo que esta viúva pobre depositou no gazofilácio mais do que o fizeram todos os ofertantes. Porque todos eles ofertaram do que lhes sobrava; ela, porém, da sua pobreza deu tudo quanto possuía, todo o seu sustento. MARCOS 12:43,44

A viúva pobre só colocou duas moedinhas no gazofilácio. Entretanto, as Escrituras dizem que, por haver depositado tudo que possuía, a sua doação a Deus foi muito mais valiosa do que as ofertas dos ricos, porque tais doações não são avaliadas por seu peso, e sim pela disposição do doador. Você pode ter gastado seu dinheiro com muitas pessoas, e alguns de seus amigos podem ter se beneficiado da sua generosidade. Contudo, há ainda mais pessoas que nada receberam de você... Porém, se você se entregar ao Senhor e decidir seguir o Salvador em retidão, verá o que você já foi. Perceberá como ficou para trás no exército de Cristo... Portanto, não quero que você ofereça ao Senhor apenas o que um ladrão pode lhe roubar ou um inimigo pode capturar. Não dê a Ele o que uma lei poderá confiscar ou cujo valor poderá oscilar. Não ofereça o que pertence a uma longa fila de proprietários que se sucedem tão rapidamente quanto uma onda do mar vem atrás de outra. Resumindo: não ofereça o que você precisará deixar para trás quando morrer. Em vez disso, ofereça a Deus aquilo que nenhum inimigo será capaz de levar embora e nenhum tirano poderá tirar de você. Dê a Ele o que descerá ao túmulo — ou melhor, irá com você para o reino dos Céus e aos encantamentos do Paraíso.

"Ofereça a Deus aquilo que nenhum inimigo será capaz de levar embora e nenhum tirano poderá tirar de você."

O CAMINHO CORRETO

GREGÓRIO DE NISSA

...vede prudentemente como andais,
não como néscios, e sim como sábios...

EFÉSIOS 5:15

Existe somente um único caminho certo. Ele é estreito e restrito, e não há como virar-se para um lado ou outro. Independentemente de como nos afastemos dele, há sempre o perigo de nos afastarmos de forma irremediável. Como resultado, precisamos corrigir o máximo possível o hábito que muitas pessoas adquiriram, quero dizer, aquelas que lutam tenazmente contra os prazeres mais iníquos, mas ainda buscam prazer em honrarias mundanas e posições de poder. Elas agem como os escravos que ansiavam por liberdade, mas, em vez de trabalhar por sua libertação, só mudavam de senhor. Eles pensavam que a liberdade estava nessa mudança. Porém, todas as pessoas são escravas, ainda que não sejam governadas pelos mesmos senhores... O mesmo acontece quando, em vez da razão justa, qualquer emoção controla o curso de uma vida, porque os mandamentos do Senhor são extremamente abrangentes. Eles "iluminam os olhos" até mesmo dos "simples" e declaram que o bem pertence somente a Deus. Contudo, Deus não é dor, e sim deleite. Ele não é covardia, mas ousadia. Ele não é medo, raiva ou qualquer outra emoção que agite a alma não guiada. Porém, como diz o apóstolo Paulo, Ele é Sabedoria, Santificação, Verdade, Alegria, Paz e tudo mais que se assemelha a isso.

VIVA SOB CONTROLE

JUSTINO MÁRTIR

Não tenha o teu coração inveja dos pecadores; antes, no temor do SENHOR *perseverarás todo dia. Porque deveras haverá bom futuro; não será frustrada a tua esperança.*

PROVÉRBIOS 23:17,18

Se a carne não ressuscita, por que ela é guardada e por que não permitimos que ela satisfaça os próprios desejos? Por que não imitamos os médicos, que, segundo dizem, quando recebem um paciente para o qual não há esperança de cura, permitem que esse doente satisfaça os seus desejos? O médico permite a ele esse tipo de vida porque sabe que o paciente está morrendo e, em breve, se tornará um cadáver. Porém, se o nosso médico, Deus em Cristo, após nos resgatar dos nossos desejos, regular a nossa carne com Seu próprio sábio e temperado governo, é evidente que Ele a protegerá dos pecados porque tem a esperança de salvação, assim como os médicos não permitem que os homens que eles têm esperança de salvar satisfaçam qualquer prazer que desejarem.

HONRE O REI

TEONAS

Sujeitai-vos a toda instituição humana por causa do Senhor, quer seja ao rei, como soberano, quer às autoridades, como enviadas por ele, tanto para castigo dos malfeitores como para louvor dos que praticam o bem.

1 PEDRO 2:13,14

Desempenhe os deveres para os quais você está designado oficialmente com o maior temor a Deus, afeição pelo seu príncipe e perfeito cuidado. Considere cada ordem do imperador que não ofenda a Deus como tendo procedido do próprio Deus. Execute-as em amor, bem como em temor e alegria, porque nada reanima tão bem uma pessoa cansada por cuidados pesados quanto a alegria oportuna e a paciência gentil de um servo íntimo. Por outro lado, nada incomoda e angustia tanto uma pessoa quanto a disposição sombria, impaciência e queixa de um servo. Longe de você, cristão que caminha apaixonadamente pela fé, esse tipo de comportamento. Para honrar a Deus, suprima e subjugue toda a iniquidade de sua mente e seu corpo. Revista-se de paciência e amabilidade. Seja nutrido pela moralidade e pela esperança de Cristo. Suporte tudo por amor ao seu Criador. Suporte tudo, supere e ultrapasse tudo, para poder conquistar o favor de Cristo, o Senhor. Esses deveres são numerosos e exigem grande esforço, mas quem busca dominá-los é autocontrolado em tudo. Os outros o fazem para obter uma coroa corruptível, mas nós, uma incorruptível.

"Desempenhe os deveres para os quais você está designado oficialmente com o maior temor a Deus, afeição pelo seu príncipe e perfeito cuidado."

NÃO DESTE MUNDO

ANÔNIMO

Ninguém pode servir a dois senhores; porque ou há de aborrecer-se de um e amar ao outro, ou se devotará a um e desprezará ao outro. Não podeis servir a Deus e às riquezas.

MATEUS 6:24

O Senhor disse: "Ninguém pode servir a dois senhores". Se desejarmos servir a Deus e ao dinheiro, isso não nos será proveitoso. "Que aproveita ao homem ganhar o mundo inteiro e perder a sua alma?" Este mundo e o próximo são inimigos. Um nos incentiva a cometermos adultério e a sermos corruptos, gananciosos e enganosos. O outro diz adeus a essas coisas. Portanto, não podemos ser amigos de ambos. Certamente, renunciando a um, nos comprometemos com o outro. Precisamos reconhecer que é melhor odiar as coisas presentes, por serem insignificantes, de curta duração e corruptíveis, e amar as coisas boas e incorruptíveis, porque, se fizermos a vontade de Cristo, encontraremos descanso, mas, se desobedecermos aos Seus mandamentos, nada nos salvará do castigo eterno… Portanto, amado, nós precisamos competir diligentemente, sabendo que a batalha está próxima, pois, embora muitos empreendam longas viagens lutando por uma recompensa corruptível, nem todos são coroados. Somente quem trabalhou arduamente e contendeu gloriosamente recebe a recompensa. Por isso, devemos contender dessa maneira para podermos ser coroados. Precisamos correr no caminho reto. Que muitas pessoas se unam à carreira incorruptível e trabalhem arduamente para que todos nós possamos ser recompensados.

"Este mundo e o próximo são inimigos.
Portanto, não podemos ser amigos de ambos."

VIVER COMO SANTOS

ATANÁSIO

Tendo, pois, ó amados, tais promessas, purifiquemo-nos de toda impureza, tanto da carne como do espírito, aperfeiçoando a nossa santidade no temor de Deus.

2 CORÍNTIOS 7:1

Para pesquisar as Escrituras e verdadeiramente entendê-las, precisamos ter uma vida honrada, uma alma pura e a justiça de Cristo. Então, nossa mente será capaz de entender a Palavra de Deus tanto quanto a natureza humana permite. Sem a mente pura e a vida modelada segundo os santos, não seríamos capazes de entender as palavras dos santos, pois as pessoas que querem ver uma cidade ou país vão até o local para conhecê-lo. Da mesma maneira, se queremos entender aqueles que escreveram acerca de Deus, precisamos começar lavando e limpando nossa alma. Precisamos viver como os próprios santos e imitar suas obras. Quando nos tornamos semelhantes a eles e vivemos a vida comum, conseguimos compreender o que Deus revelou a eles. E, sendo intimamente ligados a eles, podemos escapar do perigo dos pecadores e do fogo no Dia do Juízo. Podemos receber o que está armazenado no reino dos Céus para os santos. Tal tesouro, que "nem olhos viram, nem ouvidos ouviram, nem jamais penetrou em coração humano", está preparado para quem vive de maneira justa e ama a Deus e a Cristo Jesus, nosso Senhor.

"Se queremos entender aqueles que escreveram acerca de Deus, precisamos começar lavando e limpando nossa alma."

GUARDE-SE DOS ÍDOLOS

TERTULIANO

Filhinhos, guardai-vos dos ídolos.

1 JOÃO 5:21

Ao ordenar "meus amados, fugi da idolatria", o apóstolo Paulo certamente tinha em mente tudo que se relaciona à idolatria. Pense em quantos espinhos estão escondidos na idolatria — uma moita e tanto! Nada deve ser ofertado a um ídolo ou obtido dele. Se é inconsistente com a fé inclinar-se em um templo de ídolos, o que é aparecer vestido como um ídolo? Que comunhão há entre Cristo e Belial? Portanto, fuja dela, porque João nos exorta a mantermos distância da idolatria — a não termos qualquer tipo de intimidade com ela. Até mesmo uma serpente terrena aspira os homens a certa distância com sua respiração. Indo ainda mais além, João diz: "Filhinhos, guardai-vos dos ídolos" — agora, não da idolatria, como se fosse do serviço a ela, mas dos ídolos — isto é, de qualquer semelhança com eles, porque é indigno que você, sendo à imagem do Deus vivo, torne-se à semelhança de um ídolo e de um homem morto.

UMA MELHOR ESCOLHA

JOÃO CASSIANO

Respondeu-lhe o Senhor: Marta! Marta!
Andas inquieta e te preocupas com muitas coisas. Entretanto,
pouco é necessário ou mesmo uma só coisa; Maria, pois,
escolheu a boa parte, e esta não lhe será tirada.

LUCAS 10:41,42

Nosso principal esforço deve ser sempre nos apegarmos a Deus e às coisas celestiais. Qualquer coisa que não seja essa, por maior que seja, deve receber o segundo lugar, tratada como não tendo consequência ou, talvez, considerada prejudicial. O relato de Marta e Maria nos evangelhos nos dá uma excelente ilustração dessa disposição de mente. Certamente, o serviço de Marta era sagrado, porque ela estava ministrando ao Senhor e aos Seus discípulos. Maria, porém, concentrada somente na instrução espiritual, estava apegada aos pés de Jesus... O Senhor diz que ela escolheu a melhor parte e isso não seria tirado dela. Quando Marta estava trabalhando com atenta piedade e sobrecarregada por seu serviço, pediu ao Senhor que a irmã a ajudasse: "não te importas de que minha irmã tenha deixado que eu fique a servir sozinha? Ordena-lhe, pois, que venha ajudar-me". Certamente, não era um trabalho indigno, pois ela chamava Maria para um serviço louvável. Contudo, o que o Senhor lhe disse? "Marta! Marta! Andas inquieta e te preocupas com muitas coisas. Entretanto, pouco é necessário ou mesmo uma só coisa; Maria, pois, escolheu a boa parte, e esta não lhe será tirada." Veja, então, que o Senhor considera a meditação (isto é, ponderar as coisas divinas) o bem supremo. Portanto, todas as outras virtudes devem vir em segundo lugar. Nós, porém, admitimos que elas são necessárias, úteis e excelentes visto que existem pelo bem dessa única coisa.

PENSAMENTOS CONSTANTES

CRISÓSTOMO

Quando, dentro de mim, desfalecia a minha alma,
eu me lembrei do SENHOR; *e subiu a ti a minha oração,*
no teu santo templo.

JONAS 2:7

Se sempre consideramos Deus em nossa mente e sempre nos lembramos dele, tudo nos parece tolerável. Somos capazes de suportar tudo com mais facilidade e de estar acima de tudo, porque, quando alguém vê outro a quem ama ou se lembra dessa pessoa, sua consciência é despertada e seus pensamentos são elevados. Ele suporta tudo mais facilmente enquanto se deleita com essa lembrança. Por isso, quando trazemos à mente e relembramos Aquele que nos amou ativamente, sentimos dor ou tememos qualquer coisa terrível, assustadora ou perigosa? Acovardamo-nos? Jamais, pois as coisas nos parecem ser difíceis somente quando não nos lembramos de Deus como deveríamos, quando nem sempre o mantemos em nossos pensamentos. Quando assim o fazemos, Ele pode dizer, com justiça: "Tu me esqueceste, eu também te esquecerei". Então, o mal seria duplicado: nós nos esquecermos dele e Ele de nós... Porque o efeito da memória de Deus é grande, mas também é grande o efeito de nos lembrarmos dele. O resultado é que escolhemos coisas boas e as realizamos... Portanto, se quisermos obter o que é bom, busquemos as coisas de Deus, porque quem buscar as coisas deste mundo fracassará, mas quem preferir as de Deus as obterá.

"Se sempre consideramos Deus em nossa mente e sempre nos lembramos dele, tudo nos parece tolerável."

O REMÉDIO

AMBRÓSIO

Desventurado homem que sou! Quem me livrará do corpo desta morte? Graças a Deus por Jesus Cristo, nosso Senhor. De maneira que eu, de mim mesmo, com a mente, sou escravo da lei de Deus, mas, segundo a carne, da lei do pecado.

ROMANOS 7:24,25

A morte não é apenas um mal — é também uma coisa boa… visto que entendemos que a morte é vantajosa e a vida é uma penalidade. Portanto, Paulo diz: "para mim, o viver é Cristo, e o morrer é lucro". O que é viver para Cristo, senão a morte do corpo e o sopro da vida? Nós precisamos morrer com Cristo para vivermos com Ele. Por isso, diariamente pratiquemos e nos prostremos ao morrer. Então, separando nossa alma dos desejos carnais, seremos capazes de aprender a nos afastar, parecer mortos e não provocar a morte (como se nossa alma fosse elevada ao Céu, onde as concupiscências terrenas não podem se aproximar ou apegar-se a ela), porque a Lei da carne guerreia contra a Lei da mente e a entrega à Lei do erro. O apóstolo Paulo disse: "mas vejo, nos meus membros, outra lei que, guerreando contra a lei da minha mente, me faz prisioneiro da lei do pecado". Todos nós estamos ligados a ela e a sentimos. Porém, nem todos somos libertos do pecado. Portanto, sou miserável, a menos que busque o remédio… O nosso remédio é a graça de Cristo e o corpo da morte é o nosso corpo. Portanto, sejamos como estranhos ao nosso corpo, para não nos tornarmos estranhos a Cristo.

"Nós precisamos morrer com Cristo para vivermos com Ele."

VERDADE DURADOURA

AGOSTINHO

...muito mais o sangue de Cristo, que, pelo Espírito eterno,
a si mesmo se ofereceu sem mácula a Deus,
purificará a nossa consciência de obras mortas,
para servirmos ao Deus vivo!

HEBREUS 9:14

Por genuína santidade, o povo de Deus expulsa o inimigo da piedade. Eles o fazem rejeitando-o, não o pacificando. E superam todas as tentações do inimigo orando a Deus contra ele, porque o diabo só é capaz de vencer ou dominar quem é aliado do pecado. Portanto, ele é vencido no nome daquele que se tornou humano, mas viveu sem pecado... Porém, nós somos separados de Deus pelo pecado. E, nesta vida, não somos purificados do pecado por nossas próprias boas ações ou por nosso próprio poder, e sim pela compaixão e o perdão de Deus, pois Ele, em Sua bondade, concedeu-nos qualquer santidade que pudéssemos ter. Enquanto, na carne, poderíamos tender a atribuir demasiadamente a nós mesmos se não vivêssemos sob o perdão de Deus até o fim. O Mediador nos ofereceu essa graça para que nós, que somos poluídos pela carne pecaminosa, pudéssemos ser limpos por um representante da carne pecaminosa. E, por essa compassiva graça de Deus, nós somos governados pela fé tanto nesta vida quanto depois dela. Somos conduzidos à perfeição pela visão da verdade inalterável.

"Em Sua bondade, Deus nos deu qualquer santidade que pudéssemos ter."

LUTE PELA VERDADE

BASÍLIO

aguardando a bendita esperança e a manifestação da glória do nosso grande Deus e Salvador Cristo Jesus.

TITO 2:13

Somos chamados a lutar pela verdade por meio de tentações? Sim, porque o justo Recompensador não permitirá que sejamos tentados além do que podemos suportar. Em vez disso, como recompensa por nossas lutas anteriores, Ele nos coroará com paciência. Portanto, não recue de lutar o bom combate pelo bem da verdade. Não jogue fora desesperadamente a obra que já realizamos, porque a força da alma não é demonstrada por um único ato de coragem ou por esforço de curta duração. Porém, Aquele que testa o nosso coração quer que conquistemos coroas de justiça após longas e extensas provações. Não se deixe abater. Mantenha a firmeza inabalável de sua fé em Cristo e, em pouco tempo, nosso Campeão aparecerá. Ele virá e não se atrasará. Espere tribulação após tribulação e esperança após esperança, ainda que apenas por pouco tempo, pouco tempo. Dessa maneira, o Espírito Santo sabe como confortar Seus filhos por meio de uma promessa para o futuro: após a tribulação vem a esperança. O que nós esperamos não está distante, porque toda a existência humana é apenas um minúsculo intervalo em comparação com a era infinita em que nossas esperanças se apoiam.

"Aquele que testa o nosso coração quer que conquistemos coroas de justiça após longas e extensas provações."

MODELO DE ARREPENDIMENTO

JERÔNIMO

Sacrifícios agradáveis a Deus são o espírito quebrantado; coração compungido e contrito, não o desprezarás, ó Deus.

SALMO 51:17

Podemos ver o total arrependimento de um pecador no Salmo 51. Ele foi escrito por Davi após deitar-se com Bate-Seba, a mulher de Urias, o hitita. Quando o profeta Natã o repreendeu, Davi respondeu: "Pequei". Por haver confessado seu pecado imediatamente, ele foi consolado pelas palavras: "Também o SENHOR te perdoou o teu pecado". Davi acrescentara homicídio ao seu adultério. Contudo, irrompendo em lágrimas, disse: "Compadece-te de mim, ó Deus, segundo a tua benignidade; e, segundo a multidão das tuas misericórdias, apaga as minhas transgressões". Um pecado tão grande necessitava de uma grande misericórdia. Consequentemente, ele prosseguiu, dizendo: "Lava-me completamente da minha iniquidade e purifica-me do meu pecado. Pois eu reconheço as minhas transgressões, e o meu pecado está sempre diante de mim. Pequei contra ti, contra ti somente" — como rei, ele não tinha a quem temer, senão a Deus — "e fiz o que é mal perante os teus olhos, de maneira que serás tido por justo no teu falar e puro no teu julgar." "Porque Deus a todos encerrou na desobediência, a fim de usar de misericórdia para com todos". E assim sucedeu a Davi: embora tivesse sido pecador, tornou-se um modelo para nós após o seu arrependimento, porque pôde dizer: "ensinarei aos transgressores os teus caminhos, e os pecadores se converterão a ti". Pois, assim como a confissão e a beleza estão diante de Deus, os pecadores que confessam seus pecados e dizem "Tornam-se infectas e purulentas as minhas chagas, por causa da minha loucura" são limpos de suas infecções. Porém, "o que encobre as suas transgressões jamais prosperará".

PERGUNTAS QUE VALEM A PENA

CLEMENTE DE ALEXANDRIA

Por que contendes com ele, afirmando que não te dá contas de nenhum dos seus atos?

JÓ 33:13

Ora, nós sabemos que certas coisas não valem a pena ser questionadas. Por exemplo, não investigamos assuntos que já são evidentes, como se é dia durante o dia. Tampouco estudamos coisas desconhecidas que nunca estão destinadas a tornar-se claras, tais como coisas transformáveis ou se o número de estrelas é par ou ímpar. Nós não examinamos assuntos igualmente defendidos por lados opostos. Uma quarta investigação que evitamos é quando há um argumento avançado e irrespondível que não temos condição de refutar. Então, se rejeitamos a investigação por essas razões, a fé é estabelecida, pois reconhecemos que é Deus quem fala acerca de cada um dos pontos irrespondíveis que investigamos e nos vem auxiliar por meio das Escrituras. Quem, então, é tão irreverente a ponto de não acreditar em Deus e exigir dele provas, como se exige de homens? Novamente, algumas perguntas exigem a evidência dos sentidos, como se o fogo é quente ou se a neve é branca. Outras exigem admoestação e repreensão, como a questão de saber se você deve honrar os seus pais. Há, ainda, as que merecem punição, como pedir provas da existência de Deus.

DEUS SOBERANO

EUSÉBIO

Respondeu-lhe Jesus: Por que me perguntas acerca do que é bom? Bom só existe um. Se queres, porém, entrar na vida, guarda os mandamentos.

MATEUS 19:17

Quando as pessoas elogiam meus atos de serviço, que são inspirados pelos Céus, não confirmam que Deus causou o que fiz? Certamente que sim, porque Deus faz o que quer que seja melhor e os humanos cumprem os mandamentos dele. Com certeza, todos sabem que o santo serviço realizado por estas mãos veio de uma pura e genuína fé em Deus. O que quer que tenha sido feito para o bem comum foi realizado por meio de um esforço ativo combinado com súplica e oração. Como resultado, os indivíduos e o público se beneficiaram grandemente... Porque a oração justa é invencível. Todos os que fizerem um pedido santo receberão o que pediram a Deus. Uma recusa é impossível, exceto quando a fé vacila, porque Deus é sempre favorável e pronto para aprovar a justiça humana. Embora seja natural errarmos ocasionalmente, Deus não causa o erro humano. Portanto, os justos devem agradecer a Deus por sua própria segurança individual e pelo estado feliz dos assuntos públicos. Ao mesmo tempo, porém, devem responder ao favor de Cristo com orações santas e pedir constantemente que Ele continue a nos abençoar.

"O que quer que tenha sido feito para o bem comum foi realizado por meio de um esforço ativo combinado com súplica e oração."

DEUS SE ALEGRA

CRISÓSTOMO

Digo-vos que, assim, haverá maior júbilo no céu por um pecador que se arrepende do que por noventa e nove justos que não necessitam de arrependimento.

LUCAS 15:7

Se Deus se alegra com o pequeno que é encontrado, como você despreza aqueles com os quais Deus se importa com fervor? Devemos desistir até mesmo de nossa vida por um desses pequeninos. Porém, o perdido é fraco e pobre? Então, é ainda mais importante fazermos tudo que pudermos para preservá-lo. Até mesmo Cristo deixou as noventa e nove ovelhas e foi atrás dessa. Ele se valeu da segurança de tantas para evitar a perda de uma. Lucas diz que Ele até trouxe a perdida para casa em Seus ombros. E "haverá maior júbilo no céu por um pecador que se arrepende do que por noventa e nove justos". Ao deixar as salvas pela perdida e por ter mais prazer nela, Ele demonstrou o quanto a valorizava. Por isso, não seja descuidado acerca dessas almas... Para o bem de nosso próximo, não se recuse a realizar qualquer das tarefas que pareçam humildes e problemáticas. Embora tenhamos de fazer o serviço por alguém pequeno e pobre, embora a obra seja difícil e sejamos obrigados a atravessar montanhas e vales, suporte tudo pela salvação do seu próximo, porque uma alma é tão importante para Deus que Ele "não poupou o seu próprio Filho".

"Suporte tudo pela salvação do seu próximo."

TRABALHE COM AFINCO

CLEMENTE DE ALEXANDRIA

Porque o mandamento é lâmpada, e a instrução, luz;
e as repreensões da disciplina são o caminho da vida.

PROVÉRBIOS 6:23

O dever da Palavra é supervisionar nossa instrução e disciplina. Portanto, empenhe-se e não desfaleça... Assim como há uma maneira para treinar filósofos, outra para oradores públicos e outra para atletas, há um certo caráter que resulta do treinamento de Cristo. Quem foi treinado dessa maneira se torna digno acima de tudo o mais em seu caminhar, seu sentar à mesa, seu alimento, seu sono, seu deitar, seu regime e o restante de seu modo de vida, porque o treinamento orientado pela Palavra não é demasiadamente tenso, e sim apresenta a tensão correta... Cristo se dedica a observar o momento favorável, reprovar o mal, expor as causas das más afeições e atacar as raízes das concupiscências irracionais. Ele destaca aquilo do qual devemos nos abster e provê o antídoto da salvação aos doentes... Como podemos não reconhecer o divino Instrutor com a mais elevada gratidão? Em vez de ficar calado, Ele revela coisas que ameaçam nos destruir e nos aconselha acerca de como vivermos em retidão. Portanto, precisamos confessar a nossa mais profunda gratidão a Ele... É essencial pensar acerca da natureza humana, viver segundo a instrução da verdade e admirar o Instrutor e Seu conselho. Todas essas coisas são adequadas e harmoniosas entre si. Nós precisamos viver a vida verdadeira, conformando-nos à imagem do Instrutor e fazendo com que haja concordância entre a Palavra e os nossos atos.

"Como podemos não reconhecer o divino Instrutor
com a mais elevada gratidão?"

FORÇA PARA SOBREVIVER

ATANÁSIO

Ofereci as costas aos que me feriam e as faces,
aos que me arrancavam os cabelos; não escondi o rosto
aos que me afrontavam e me cuspiam.

ISAÍAS 50:6

Se algum dia receberemos consolo de aflições, descanso de trabalho, saúde após a enfermidade e vida eterna após a morte, não é correto agonizar por uma dor humana temporal. Ficar agitados pelas provações que enfrentamos é inadequado. E não é correto temer multidões que lutam contra Cristo e conspiram contra a piedade. Em vez disso, devemos agradar ainda mais a Deus por meio dessas coisas. Devemos considerar tais assuntos como o teste e exercício de uma vida justa, porque como poderemos ter paciência se, antes, não houver trabalho e tristeza? Ou como a nossa força poderá ser testada sem ataques do inimigo?... Finalmente, como poderemos ver a justiça se o pecado das pessoas extremamente más não aparecer previamente? Como resultado, nosso Senhor e Salvador Jesus Cristo nos lembra como devemos sofrer. Quando foi espancado, Ele suportou pacientemente. Embora tenham zombado dele, não retrucou. Quando sofreu, não proferiu ameaças, e sim ofereceu as costas aos torturadores e as faces para serem espancadas. Ele não desviou a face das cuspidas, mas foi voluntariamente levado à morte, para que pudéssemos ver nele a imagem da justiça. Seguindo esses exemplos, podemos pisar em serpentes, escorpiões e todo o poder do inimigo.

"Nosso Senhor e Salvador Jesus Cristo
nos lembra de que modo sofrer."

MATURIDADE ESPIRITUAL

VICENTE DE LÉRINS

Mas, seguindo a verdade em amor,
cresçamos em tudo naquele que é a cabeça, Cristo.
EFÉSIOS 4:15

O crescimento da religião na alma corresponde ao crescimento do corpo. Embora ao longo dos anos se desenvolva e atinja seu tamanho completo, ele ainda permanece o mesmo. Há uma grande diferença entre a flor da juventude e a maturidade dos anos. Entretanto, as pessoas que já foram jovens ainda são as mesmas, embora agora estejam velhas. Por mais que a altura e as formas exteriores de cada uma se alterem, sua natureza permanece a mesma. Elas são a mesma pessoa. Os membros de um bebê são pequenos e os de um adulto jovem são maiores, mas o bebê e o adulto jovem são o mesmo, porque, quando adultas, as pessoas têm o mesmo número de articulações que tinham quando eram crianças. E, se a idade mais madura deu à luz algo no interior do corpo, aquilo já estava presente no embrião. Nada novo é produzido em pessoas idosas que já não estivesse oculto nelas quando eram crianças. Então, essa é, sem dúvida, a genuína e legítima regra do progresso, a ordem de crescimento estabelecida e mais bela: a idade madura sempre desenvolve as partes e formas de uma pessoa que o sábio Criador já embutira no bebê. De maneira semelhante, a doutrina cristã segue as mesmas leis do progresso. A religião pode ser solidificada pelos anos, fortalecida pelo tempo e refinada pela idade. Entretanto, continuará a ser inocente e simples, completa e perfeita em todas as suas partes e, por assim dizer, em todos os seus sentidos. Ela não permitirá mudanças, não lançará fora sua distinção e não variará dentro de seus limites.

NOSSO CABEÇA

GREGÓRIO I

Eu sou a videira, vós, os ramos.
Quem permanece em mim, e eu, nele, esse dá muito fruto;
porque sem mim nada podeis fazer.

JOÃO 15:5

Nosso Cabeça, que é Cristo, desejou que fôssemos Seus membros. Como resultado, pelo vínculo de amor e fé, Ele nos torna um só corpo em si mesmo. É adequado devotarmos nosso coração a Cristo, porque sem Ele nada podemos ser. Porém, por meio dele podemos ser o que somos chamados a ser. Que nada nos separe do nosso Cabeça bem estabelecido, para que não aconteça de, recusando-nos a ser Seus membros, ficarmos separados dele e murcharmos como ramos caídos da videira. Portanto, para sermos considerados morada digna do nosso Redentor, precisamos permanecer em Seu amor de maneira totalmente resoluta, porque Ele mesmo diz: "Se alguém me ama, guardará a minha palavra; e meu Pai o amará, e viremos para ele e faremos nele morada". Porém, não poderemos permanecer junto ao Autor do bem se não eliminarmos a cobiça, pois ela é a raiz de todo mal... Portanto, eliminemos a ganância do templo da fé, porque ela só serve a ídolos. Então, não enfrentaremos coisas prejudiciais ou irregulares enquanto estivermos na casa do Senhor.

"Que nada nos separe do nosso Cabeça bem estabelecido."

A RAZÃO PARA O AMOR

CRISÓSTOMO

...e o Senhor vos faça crescer e aumentar no amor
uns para com os outros e para com todos,
como também nós para convosco...
1 TESSALONICENSES 3:12

Alguns amam porque são amados; outros amam porque foram honrados. Ainda outros demonstram amor porque a pessoa lhes foi útil de alguma maneira mundana; e outros, por razões semelhantes. É difícil encontrar alguém que ame sinceramente o seu próximo e por amor a Cristo, como deveriam amar, visto que a maioria está ligada por assuntos mundanos. Paulo não amava assim, mas por amor a Cristo. Portanto, mesmo quando não era amado da maneira como amava, ele não deixava de amar as pessoas, porque havia plantado a forte raiz de suas afeições. Em nosso presente estado pecaminoso, descobrimos que quase tudo produz amizade, mas não esse tipo do amor... Porém, o amor por amor a Cristo é firme. Ele não pode ser rompido ou vencido. Nada é capaz de destruí-lo: mentiras, perigos, morte ou qualquer coisa semelhante a essas. Ainda que sofram dez mil coisas, as pessoas que realmente nos amam se empenham nisso e nunca deixarão de nos amar. Quem ama ser amado deixará de amar ao encontrar algo doloroso, mas quem está unido pelo amor jamais o fará.

"O amor por amor a Cristo é firme. Ele não pode ser rompido ou conquistado. Nada é capaz de destruí-lo."

CONHECIMENTO ADEQUADO

IRINEU

Ai dos que são sábios a seus próprios olhos
e prudentes em seu próprio conceito!

ISAÍAS 5:21

Mantenha o seu conhecimento em seu devido lugar. Não seja ignorante quanto às coisas realmente boas, nem busque elevar-se acima do próprio Deus, porque Ele não pode ser sobrepujado. Também não busque alguém acima do Criador — você não descobrirá alguém maior do que Deus, porque o seu Criador não pode ser contido dentro de limites. Embora você possa tentar mensurar o Universo, visitar toda a Sua criação e considerá-la em toda sua profundidade, altura e comprimento, ainda assim não seria capaz de pensar em alguém acima do próprio Pai. Você não seria capaz de superá-lo e, tentando pensar além da sua capacidade, comprovaria a sua tolice. E, se continuasse a seguir em tal direção, cairia em completa loucura ao considerar-se superior ao seu Criador e imaginar ser capaz de superar a Sua suprema autoridade.

FÉ PELO OUVIR

CLEMENTE DE ALEXANDRIA

E, assim, a fé vem pela pregação,
e a pregação, pela palavra de Cristo.
ROMANOS 10:17

"Quem creu em nossa pregação?" — diz Isaías. Porque "a fé vem pela pregação, e a pregação, pela palavra de Cristo", diz o apóstolo Paulo. "Como, porém, invocarão aquele em quem não creram? E como crerão naquele de quem nada ouviram? E como ouvirão, se não há quem pregue? E como pregarão, se não forem enviados? Como está escrito: Quão formosos são os pés dos que anunciam coisas boas!" Veja como o autor expõe a fé pela pregação e como a pregação dos apóstolos leva uma pessoa ao Filho de Deus... Portanto, jogar bola depende não apenas de alguém arremessar a bola com habilidade, mas também de alguém pegá-la facilmente. O ensino é confiável quando a fé dos ouvintes, uma espécie de arte natural, contribui para o processo de aprendizagem... Porque nem mesmo a melhor instrução é boa sem um aprendiz receptivo. Até a pregação não é boa quando os ouvintes não têm um espírito ensinável. Assim, a fé é a voluntária expectativa e previsão de coisas já compreendidas.

"Nem mesmo a melhor instrução é boa
quando os ouvintes não têm um espírito ensinável."

ORAÇÃO DISTRAÍDA

CIPRIANO

...com toda oração e súplica, orando em todo tempo no Espírito e para isto vigiando com toda perseverança e súplica por todos os santos... EFÉSIOS 6:18

Amado, quando oramos, devemos estar alertas e fervorosos de todo o coração, concentrados em nossas petições. Deixe desaparecer todos os pensamentos mundanos. Não permita a alma pensar em coisa alguma que não seja o objeto de sua oração... Não permita que o inimigo de Deus se aproxime de seu coração naquele momento, porque, frequentemente, ele se infiltra em nossa mente e... afasta as nossas orações para longe de Deus, para que tenhamos uma coisa em nosso coração e outra em nossa voz. A alma e a mente, e não o som da voz, devem estar concentrados em orar ao Senhor. Ao encontrar-se distraído, você pode ser levado por pensamentos tolos e profanos quando está orando ao Senhor!... Assim, como é possível você pedir a Deus para ouvi-lo quando não está ouvindo a si mesmo? Você quer que Deus se lembre do que você pede quando nem você se lembra dos seus pedidos?... Tal descuido ofende a majestade de Deus. Você pode parecer estar acordado, mas seu coração está dormindo. Em vez disso, seu coração deve estar vigilante até mesmo quando seus olhos estão fechados em oração. Em Cântico dos Cânticos, a Igreja personificada diz: "Eu dormia, mas meu coração velava". O apóstolo Paulo também nos adverte, ansiosa e atentamente: "Perseverai na oração, vigiando". Ele nos ensina que aqueles a quem Deus vê são vigilantes na oração e receberão o que pedem a Ele.

"Seu coração deve estar vigilante até mesmo quando seus olhos estão fechados em oração."

DEUS, NOSSA AJUDA

JERÔNIMO

Então, disse: Eu sou Deus, o Deus de teu pai; não temas descer para o Egito, porque lá eu farei de ti uma grande nação. Eu descerei contigo para o Egito e te farei tornar a subir, certamente. A mão de José fechará os teus olhos.

GÊNESIS 46:3,4

Onde encontramos o poder do livre-arbítrio nessa passagem? Não é em toda a situação (Jacó aventurar-se a ir ao seu filho José e confiar em uma nação que não conhecia o Senhor), devido à ajuda do Deus de seus pais? Porque o povo foi liberto do Egito por mão poderosa e braço estendido. Não foi a mão de Moisés e Arão, e sim a de Deus, que os libertou por meio de sinais e maravilhas e pela destruição dos primogênitos do Egito. Como resultado, aqueles que inicialmente persistiam em manter o povo o incitaram ansiosamente a partir. Salomão diz: "Confia no SENHOR de todo o teu coração e não te estribes no teu próprio entendimento. Reconhece-o em todos os teus caminhos, e ele endireitará as tuas veredas." Entenda o que Ele diz: nós não devemos confiar em nossa sabedoria, senão unicamente no Senhor, porque Ele dirige os passos de uma pessoa. Somos também chamados a mostrar-lhe os nossos caminhos, a revelar-lhe os nossos planos, pois eles não se tornam retos por nosso próprio esforço, mas pela ajuda e misericórdia de Deus. Está escrito: "Endireite o meu caminho diante da Tua face" [N.T.: Do próprio Jerônimo. O Salmo 5:8 diz: "endireita diante de mim o teu caminho".]. Então, o que for correto para ti também me parecerá correto. Salomão diz o mesmo: "Confia ao SENHOR as tuas obras, e os teus desígnios serão estabelecidos". Portanto, os pensamentos são realizados quando entregamos tudo que fazemos ao Senhor, nosso Ajudador, apoiando nossas obras na rocha firme e sólida atribuindo tudo a Ele.

TODA A NOSSA FORÇA

CLEMENTE DE ROMA

Fiel é esta palavra, e quero que, no tocante a estas coisas, faças afirmação, confiadamente, para que os que têm crido em Deus sejam solícitos na prática de boas obras. Estas coisas são excelentes e proveitosas aos homens. TITO 3:8

O que faremos, então, irmãos? Vamos nos tornar preguiçosos em fazer o bem e deixarmos de praticar o amor? Deus nos livre de seguir um caminho assim! Em vez disso, apressemo-nos, com toda energia e prontidão da mente, a realizar toda boa obra, porque o Criador e Senhor de tudo se compraz em Suas obras. Por Seu poder infinitamente grande, Ele estabeleceu os céus e, por Sua incompreensível sabedoria, os adornou. Ele também dividiu a terra das águas que a rodeiam e a fixou no alicerce imóvel de Sua própria vontade. Ele também ordenou a existência dos animais da Terra, por meio de Sua própria Palavra. De semelhante modo, quando havia formado o mar e as criaturas vivas que nele há, Deus os pôs dentro de seus próprios limites por Seu próprio poder. Acima de tudo, com Suas mãos santas e imaculadas, Ele formou o homem, a mais excelente de Suas criaturas e verdadeiramente grandioso por meio do entendimento dado a ele — a expressa semelhança de Sua própria imagem, porque assim disse Deus: "Façamos o homem à nossa imagem, conforme a nossa semelhança [...]. Criou Deus, pois, o homem [...] homem e mulher os criou". Tendo assim terminado tudo isso, Ele os aprovou e abençoou, e disse: "Sede fecundos, multiplicai-vos". Assim, vemos como todos os homens justos foram adornados com boas obras e como o próprio Senhor, adornando-se com as Suas obras, alegrou-se. Tendo, portanto, tal exemplo, concordemos, sem demora, com a Sua vontade e façamos a obra da justiça com toda a nossa força.

IRA E ORAÇÃO

TERTULIANO

Não te apresses em irar-te, porque a ira se abriga no íntimo dos insensatos.

ECLESIASTES 7:9

Para que não estejamos tão distantes dos ouvidos de Deus quanto de Seus princípios, lembrar os Seus princípios abre caminho para as nossas orações ao Céu. O maior desses princípios é que não subimos ao altar de Deus antes de resolvermos qualquer conflito ou ofensa com nosso próximo. Afinal, como você pode se aproximar da paz de Deus sem paz — o perdão das suas dívidas enquanto você é devedor dos outros? De que maneira quem está irado acalma seu Pai, quando, desde o princípio, "toda ira" é proibida? Pois até mesmo José, ao despedir-se de seus irmãos para que eles fossem buscar o pai, disse: "Não contendais pelo caminho". Ele nos advertiu de que, quando estabelecidos no "caminho" da oração (porque, em outros lugares, a nossa disciplina é chamada "o Caminho"), nós não vamos ao "Pai" com raiva. Depois disso, o Senhor, "ampliando a Lei", acrescenta abertamente a ira à proibição do homicídio. Ele sequer permite que ela seja liberada por uma palavra maligna. Como exorta o apóstolo Paulo, se alguma vez precisarmos irar-nos, não devemos manter nossa ira após o pôr do sol. Porém, quão imprudente é passar um dia sem oração enquanto você se recusa a fazer as pazes com o seu próximo, ou a perder a sua oração permanecendo irado.

"Lembrar os Seus princípios abre caminho para as nossas orações ao Céu."

TRANSMITINDO A FÉ

IRINEU

Jesus Cristo, ontem e hoje,
é o mesmo e o será para sempre.
HEBREUS 13:8

A Igreja está difundida pelo mundo todo; contudo, tendo recebido... essa fé em Jesus, preserva-a cuidadosamente como se ocupasse uma só casa. Ela crê nesses pontos de doutrina como se tivesse uma só alma e um só coração, e os proclama, ensina e os transmite com perfeita harmonia, como se possuísse uma só boca. Afinal, embora os idiomas do mundo difiram, a importância da fé é uma só e a mesma para todos. As igrejas plantadas na Alemanha não creem ou transmitem algo diferente; nem as da Espanha, da França, do Oriente, do Egito, da Líbia, nem as que foram estabelecidas nas regiões centrais do mundo. Porém, semelhantemente ao Sol, essa criação divina que é uma e a mesma no mundo todo, assim também a pregação da verdade brilha em toda parte e ilumina todos os homens que estão dispostos a conhecer a verdade. Nem qualquer dos líderes das igrejas, por mais dotado que seja de eloquência, ensina doutrinas diferentes dessas (porque ninguém é maior que o Mestre). Nem, por outro lado, quem não tem poder de expressão inflige dano à tradição, porque a fé é sempre uma só e a mesma. Uma pessoa capaz de discursar longamente acerca da fé nada lhe acrescenta, bem como quem só tem capacidade de dizer pouco não a diminui.

FÉ SÓLIDA

JERÔNIMO

Então, disseram os apóstolos ao Senhor: Aumenta-nos a fé.

LUCAS 17:5

"Faça-se-vos conforme a vossa fé", diz Deus. Definitivamente, não gosto do som dessas palavras. Se me for feito conforme a minha fé, eu serei destruído... Porque, frequentemente, o inimigo vem e semeia joio na seara do Senhor. Nada é melhor do que um coração puro que crê no mistério de Deus. Entretanto, é difícil encontrar fé inquestionável em Deus.

Deixe-me esclarecer o que quero dizer. Suponha que eu me pusesse a orar. Não conseguiria orar se não cresse. Porém, se realmente cresse, limparia meu coração e bateria no peito. As lágrimas escorreriam pelas minhas bochechas, meu corpo estremeceria, meu rosto ficaria pálido. Deitar-me-ia aos pés do meu Senhor, choraria sobre eles e os enxugaria com meus cabelos. Apegar-me-ia à cruz e não a soltaria enquanto não recebesse misericórdia. Porém, da maneira como é, em minhas orações estou frequentemente andando entre lojas, calculando meus próprios lucros ou sendo arrebatado por pensamentos malignos. Minha mente fica ocupada com coisas que, ao serem mencionadas, fazem-me corar. Onde está a nossa fé? Devemos presumir que Jonas orou assim? Ou os três jovens? Ou Daniel na cova dos leões? Ou o ladrão na cruz?... Em vez disso, que cada um examine seu próprio coração e descobrirá quão raro é encontrar uma alma tão fiel que não faça coisa alguma por amor à glória ou por causa das fofocas mesquinhas das pessoas.

"Se eu realmente cresse, apegar-me-ia à cruz
e não a soltaria enquanto não recebesse misericórdia."

DELEITES ESPIRITUAIS

LEÃO I

Pois o exercício físico para pouco é proveitoso, mas a piedade para tudo é proveitosa, porque tem a promessa da vida que agora é e da que há de ser.

1 TIMÓTEO 4:8

Meus amados, confiando na armadura de Deus, entremos ativa e destemidamente na luta da fé. Então, em nossos esforços para jejuar, não ficaremos satisfeitos pensando que apenas a abstinência de alimento é desejável, pois perder peso não é o suficiente se a nossa alma não é também desenvolvida. Quando a pessoa exterior é um tanto controlada, que a pessoa interior seja um pouco revigorada. E, quando negarmos excessos físicos à nossa carne, que a nossa mente seja revigorada por deleites espirituais. Que os cristãos se examinem com severidade e mergulhem profundamente em seu coração. Nenhuma ira deve se apegar ali, nenhum desejo errado deve ser abrigado. Que a pureza empurre a fraqueza para longe. Que a luz da verdade afaste as sombras do engano. Que o inchaço do orgulho diminua. Que a ira se renda à razão. Que os dardos da crueldade sejam despedaçados e as repreensões da língua sejam refreadas. Que os pensamentos de vingança caiam e a dor seja eliminada. Que "toda planta que meu Pai celestial não plantou [seja] arrancada", porque, somente quando todo broto estranho for arrancado do campo de trigo, as sementes da justiça serão bem nutridas em nós.

"Quando negarmos excesso corporal à nossa carne, que a nossa mente seja revigorada por deleites espirituais."

VENCENDO O MEDO

AGOSTINHO

Eis que Deus é a minha salvação; confiarei e não temerei, porque o Senhor Deus é a minha força e o meu cântico; ele se tornou a minha salvação.

ISAÍAS 12:2

Nós não ficamos desanimados pela punição dos nossos pecados. Ela tem o propósito de nos treinar na autodisciplina, para que, à medida que avançamos em santidade, possamos superar nosso medo da morte. Se quem não tem medo (devido à "fé que atua pelo amor") quase não é notado, não haveria muita glória no martírio, e o Senhor não poderia dizer "Ninguém tem maior amor do que este: de dar alguém a própria vida em favor dos seus amigos". Em sua epístola, João o expressa com essas palavras: "Cristo deu a sua vida por nós; e devemos dar nossa vida pelos irmãos". Portanto, seria inútil louvar quem enfrenta a morte por causa da justiça se a morte não fosse, realmente, uma provação severa. Quem, porém, vence o medo da morte por sua fé receberá grande glória e justa compensação por sua fé. Portanto, ninguém deve se surpreender pela morte ser um castigo por pecados anteriores. Tampouco deve nos surpreender que os fiéis morram após seus pecados serem perdoados para exercitar o destemor da justiça vencendo o medo da morte.

"Os fiéis morrem após seus pecados serem perdoados para exercitar o destemor da justiça."

A ADORAÇÃO A DEUS

LACTÂNCIO

...e, quando tomou o livro, os quatro seres viventes e os vinte e quatro anciãos prostraram-se diante do Cordeiro [...] e entoavam novo cântico...

APOCALIPSE 5:8,9

Qual é a maneira mais justa de adorar a Deus? Porque ninguém deve pensar que Deus deseja vítimas, incenso ou presentes valiosos. Devido ao fato de Ele não sentir fome, sede, frio ou desejo de coisas terrenas, as coisas apresentadas nos templos a deuses terrenos não são úteis para Ele. Assim como ofertas físicas são necessárias para seres físicos, sacrifícios espirituais são necessários para um ser espiritual. Dado que o mundo todo está sob o poder de Deus, Ele não precisa das coisas que concedeu às pessoas para elas usarem. Dado que Ele habita no mundo inteiro, não necessita de um templo. Porque os olhos e a mente não conseguem compreendê-lo, Ele não precisa de uma imagem. Por ter acendido a luz do Sol e das estrelas para nós, não precisa de luzes terrenas. Então, o que Deus exige de nós? Adoração pura e santa de nossa mente, porque as coisas feitas por mãos ou externamente por pessoas são sem sentido, frágeis e desagradáveis. Porém, o verdadeiro sacrifício não vem do peito, e sim do coração. Ele não é oferecido por mãos, mas pela mente... Qual será o propósito de incenso, roupas, prata, ouro ou pedras preciosas se o adorador não tiver uma mente pura?

"O que Deus exige de nós?
Adoração pura e santa de nossa mente."

FIQUE FIRME

CIPRIANO

É semelhante a um homem que, edificando uma casa, cavou, abriu profunda vala e lançou o alicerce sobre a rocha; e, vindo a enchente, arrojou-se o rio contra aquela casa e não a pôde abalar, por ter sido bem construída.

LUCAS 6:48

O temor e a fé em Deus devem preparar você para tudo — a perda de seus bens, a dor constante de distúrbios agonizantes, a inevitável e pesarosa separação de esposa, filhos ou entes queridos moribundos. Não deixe essas coisas fazerem com que você peque — lute contra elas. Não permita que elas o enfraqueçam ou destruam a sua fé — demonstre sua força na luta. Todos os ferimentos causados por problemas presentes são considerados sem valor à luz de seguras bênçãos futuras. Sem batalha não pode haver vitória. A coroa é concedida aos vencedores, porque o timoneiro é reconhecido em uma tempestade. Na guerra, a qualidade de um soldado é demonstrada sem perigo; tal comportamento é apenas uma exibição extravagante, porque a luta na adversidade é o teste da verdade. A árvore profundamente enraizada não é deslocada por rajadas de vento. O navio feito de madeira maciça não é despedaçado quando espancado pelas ondas. Na eira, os grãos fortes e robustos não se importam com os ventos, enquanto o joio vazio é levado pelas rajadas contra ele.

"A luta na adversidade é o teste da verdade."

GLÓRIA A DEUS

AGOSTINHO

Melhor é ser humilde de espírito com os humildes do que repartir o despojo com os soberbos.

PROVÉRBIOS 16:19

Quando desejamos ser respeitados e amados pelos outros, buscando somente experimentar uma falsa alegria, levamos uma vida desgraçadamente vistosa e miserável. Então é revelado que não o amamos nem o tememos sinceramente. O Senhor resiste aos soberbos, mas dá graça aos humildes. Troveja nas buscas gananciosas do mundo e "os fundamentos dos montes" tremem, mas algumas pessoas acham necessário ser amadas e honradas pelos outros. O inimigo da verdadeira felicidade nos oprime fortemente. Ele espalha em toda parte suas armadilhas de "bom trabalho, bom trabalho". Ele espera que sejamos pegos de repente enquanto coletamos ansiosamente esses elogios. Assim, nós desvincularemos a nossa alegria da verdade de Deus e a vincularemos ao engano humano… teremos prazer em sermos amados e respeitados, não por amor ao Senhor, e sim em vez do Senhor. Como resultado, nos tornaremos semelhantes ao inimigo. Ele possuirá aqueles que, não na harmonia do amor, mas na comunhão da punição, procuram servir a ele e honrar seu trono sombrio e frio. Ele os possuirá imitando o Senhor de maneiras perversas e distorcidas, porém nós, ó Senhor, somos o Teu "pequenino rebanho". Sê nosso dono, estende as Tuas asas sobre nós e sob elas dá-nos libertação. Sê a nossa glória. Que sejamos amados por amor ao Senhor e a Tua palavra nos cause temor.

"O inimigo da verdadeira felicidade nos oprime fortemente. Ele espalha em toda parte suas armadilhas de 'bom trabalho, bom trabalho'."

OS MAIORES MILAGRES

GREGÓRIO DE NISSA

Grande é o Senhor nosso e mui poderoso;
o seu entendimento não se pode medir. SALMO 147:5

João, o Filho do Trovão... disse, no fim de seu evangelho: "Há, porém, ainda muitas outras coisas que Jesus fez. Se todas elas fossem relatadas uma por uma, creio eu que nem no mundo inteiro caberiam os livros que seriam escritos." Certamente, ele não se refere aos milagres de cura, porque sua narrativa registra todos eles, embora não mencione os nomes de todas as pessoas que foram curadas. Ao relatar que mortos foram ressuscitados, cegos receberam visão, surdos ouviram, coxos andaram e que Cristo curou todos os tipos de doenças e enfermidades, João registra todos os milagres em termos gerais. Porém, em sua profunda sabedoria, ele pode querer dizer que nós não devemos aprender sobre a majestade do Filho de Deus somente pelos milagres que Ele realizou em Sua condição humana, porque esses são pequenos em comparação com a grandeza de Sua outra obra. Contudo, olhe para o Céu! Contemple as suas glórias! Transfira seu pensamento para a amplitude da Terra e as profundidades das águas! Abrace com sua mente o mundo inteiro e, quando tiver percebido a extraordinária natureza de Jesus, saiba que essas são as verdadeiras obras desse que desceu para você em carne. João disse: "Se todas elas fossem relatadas uma por uma" e a natureza, a maneira, a origem e a extensão de cada obra fossem informadas, o mundo em si não seria capaz de conter a plenitude dos ensinamentos de Cristo.

"Não devemos aprender sobre a majestade do Filho de Deus
somente pelos milagres que Ele realizou
em Sua condição humana."

INSULTOS E ABUSO

CRISÓSTOMO

Pois quem quer amar a vida e ver dias felizes refreie a língua do mal e evite que os seus lábios falem dolosamente.

1 PEDRO 3:10

Quando um navio corre risco de afundar, os marinheiros não sabem o que lançam fora do barco — seus próprios pertences ou os de outras pessoas. Eles jogam ao mar todo o conteúdo do navio, sem discriminar entre o que é precioso e o que não é. Porém, após o fim da tempestade, consideram tudo que descartaram e derramam lágrimas. Eles não têm a consciência tranquila em virtude da perda daquilo que jogaram ao mar. O mesmo ocorre quando a paixão sopra forte e as tempestades se elevam. As pessoas lançam suas palavras sem saber como ser ordeiras e adequadas. Porém, quando a paixão se esvai, elas se lembram de que tipo de palavras falaram. Elas consideram a perda e ficam inquietas. Elas se lembram de suas palavras, que as desonraram. Elas sofrem a maior perda, não de dinheiro, mas do caráter autocontrolado e manso... Que isso o console quando sofrer insultos. Você é insultado? Deus também é insultado. Você é abusado verbalmente? Deus também foi abusado verbalmente. Você é tratado com desprezo? Ora, assim aconteceu com o nosso Mestre. Ele compartilha essas coisas conosco, mas não as desfavoráveis, porque nunca insultou alguém injustamente: Deus não permitia! Ele nunca abusou verbalmente de alguém, nunca cometeu uma injustiça... Pois suportar insultos é a parte de Deus. Ser meramente abusivo é a parte do diabo.

"Suportar insultos é a parte de Deus.
Ser meramente abusivo é a parte do diabo."

MESTRE CRIADOR

EUSÉBIO

Em tempos remotos, lançaste os fundamentos da terra;
e os céus são obra das tuas mãos.

SALMO 102:25

As pessoas que usam a palavra "acaso" pensam de maneira aleatória e ilógica. Elas são incapazes de entender as causas das coisas. Devido à sua fraca compreensão, elas imaginam que as coisas para as quais não conseguem encontrar uma razão são causadas sem motivo. Inquestionavelmente, algumas dessas coisas possuem propriedades naturais maravilhosas que são muito difíceis de entender totalmente. Por exemplo, a natureza das fontes termais. Ninguém consegue explicar facilmente a causa de um fogo tão poderoso. É definitivamente surpreendente o fato de, embora cercada por todos os lados por água fria, a fonte não perder parte alguma de seu calor nativo... A Providência ordena que essas duas naturezas diretamente opostas, calor e frio, procedam da mesma origem. Tais presentes, que Deus nos concedeu para conforto e prazer, são inumeráveis. Outro desses presentes é o maravilhoso curso dos rios. Eles fluem noite e dia com movimento incessante e apresentam um tipo de vida sempre fluente e incessante. Igualmente maravilhosa é a sequência regular de dia e noite. Que tudo isso possa provar que nada existe sem razão e inteligência, e que a razão em si e a providência vêm de Deus.

"Nada existe sem razão e inteligência...
a razão em si e a providência vêm de Deus."

PERDOANDO TRANSGRESSÕES

AGOSTINHO

Porque, se perdoardes aos homens as suas ofensas, também vosso Pai celeste vos perdoará.

MATEUS 6:14

O maior presente que você pode dar é perdoar genuinamente o pecado cometido contra você. Comparativamente, é coisa pouca desejar bem a alguém ou fazer o bem a quem não o feriu. Porém, é muito maior amar e sempre desejar o bem ao seu inimigo. Quando você tiver oportunidade, faça o bem aos que querem que você sofra e lhe fazem o mal, porque, quando age assim, você obedece ao mandamento de Deus: "amai os vossos inimigos e orai pelos que vos perseguem". Essa é uma mentalidade que somente os filhos de Deus podem atingir. Todo crente deve se esforçar por tê-la, lutando fervorosamente consigo mesmo em oração para alcançar esse padrão. Entretanto, um grau assim elevado de bondade dificilmente pode ser alcançado por todas as pessoas que oram "perdoa-nos as nossas dívidas, assim como nós temos perdoado aos nossos devedores". Em vista de tudo isso, quem ainda não ama seus inimigos poderá cumprir esse mandamento quando perdoar de coração alguém que pecou contra ele.

"Faça o bem aos que querem que você sofra e fazem mal a você."

PROBLEMAS À VISTA

COMMODIANUS

Os céus e a terra tomo, hoje, por testemunhas contra ti, que te propus a vida e a morte, a bênção e a maldição; escolhe, pois, a vida, para que vivas, tu e a tua descendência.

DEUTERONÔMIO 30:19

Pensando estar seguro, embora flutue entre o cristianismo e o mundo, você segue seu caminho sem autocontrole e destruído pela concupiscência. Você anseia por tantas coisas em vão. Por que você busca coisas más? Porque, quando morrer, você será responsável por tudo que fizer. Considere isso, seu insensato. Antes você não existia, mas agora vive. Você não sabe de onde veio ou como é sustentado. Você evita o bondoso e excelente Deus de sua vida e seu Governador, que deseja que você viva. Você confia em si mesmo e vira as costas para Deus. Você se afoga em trevas, mas pensa estar vivendo na luz. Por que você corre para a sinagoga dos fariseus para encontrar misericórdia daquele que você nega e, depois, sai de novo para buscar coisas saudáveis? Você espera viver entre o cristianismo e o mundo e, consequentemente, morrerá. Sabendo que serão aplicadas punições, você pergunta: "Quem é Aquele que foi resgatado da morte, para que possamos crer nele?". Ah! Não será o que você pensa, porque quem vive bem terá proveito após a morte. Você, porém, será levado para um lugar mau no dia da sua morte. Enquanto quem crê em Cristo será conduzido a um lugar bom e experimentará a bondade de Deus, você que tem a mente dúbia receberá castigo para a sua alma, e seu tormento o provocará a clamar contra seu irmão cristão.

FAZENDO PEDIDOS

AGOSTINHO

Como é grande a tua bondade, que reservaste aos que te temem, da qual usas, perante os filhos dos homens, para com os que em ti se refugiam!

SALMO 31:19

Amado, você pensa que Deus não sabe do que você precisa? Ele sabe. E Ele sabe o que nós queremos. Quando Jesus ensinou Seus discípulos a orar, Ele os advertiu a não usarem muitas palavras. Ele exortou: "não useis de vãs repetições [...] porque Deus, o vosso Pai, sabe o de que tendes necessidade, antes que lho peçais"... Por isso, dado que o nosso Pai já sabe de que necessitamos, como e por que pedimos? Por que buscar? Por que bater? Por que nos cansarmos pedindo, buscando e batendo para instruir Aquele que já sabe? Porém, em outro lugar, o Senhor diz: "orar sempre e nunca esmorecer". Se devemos orar sempre, como pode Ele dizer "não useis de vãs repetições"? Como posso orar sempre se preciso terminar tão rapidamente? Aqui, Tu me dizes para terminar rapidamente; ali, "orar sempre e nunca esmorecer". O que isso significa? Para que você possa entender isso, "peça, busque, bata", porque a porta está fechada, não para o manter fora, mas para exercitá-lo. Portanto, devemos exortar você e nós mesmos a orar, porque, em meio aos muitos males deste mundo, não temos outra esperança senão bater por meio da oração e crer firmemente, em nosso coração, que o Pai não nos concederá o que Ele sabe que não nos fará bem. Porque você sabe o que quer, mas Ele sabe o que é bom para você.

"Você sabe o que quer, mas Ele sabe o que é bom para você."

O CACHO DE UVAS

AMBRÓSIO

Eu sou a videira, vós, os ramos.
Quem permanece em mim, e eu, nele, esse dá muito fruto;
porque sem mim nada podeis fazer.

JOÃO 15:5

O nosso Senhor não só chamou a si mesmo Videira, mas recebeu também de um profeta o título de cacho de uvas, quando Moisés enviou espiões ao vale de Escol [N.T.: Em hebraico, "escol" significa "cacho".]. O que é esse vale? A humildade da Encarnação e a fecundidade da Semana da Paixão. De fato, eu penso que o Senhor é chamado Cacho porque os judeus foram tirados do Egito pela Videira — frutos ali cultivados para o bem do mundo. Ninguém consegue realmente entender o Cacho como uma indicação do povo de Deus. Ou, se alguém o entende dessa maneira, não deixa escolha senão crer que o Cacho se originou da Videira... Ora, se não há dúvida de que o Filho de Deus é chamado de Videira no tocante à Sua Encarnação, você pode enxergar a verdade oculta do nosso Senhor ao dizer "o Pai é maior do que eu", porque, após estabelecer essa premissa, Ele imediatamente continuou: "Eu sou a videira verdadeira, e meu Pai é o agricultor". Como resultado, você pode saber que o Pai é maior porque Ele prepara a humanidade do nosso Senhor e cuida dela, assim como os agricultores preparam suas vinhas e cuidam delas. Além disso, o corpo do nosso Senhor pôde crescer com a idade e ser ferido por meio de sofrimento. Portanto, toda a raça humana poderia descansar à sombra dos braços estendidos da cruz, protegidos do ardor pestilento dos prazeres do mundo.

PALHA

AGOSTINHO

Não vos enganeis: as más conversações corrompem os bons costumes.

1 CORÍNTIOS 15:33

Não devemos ficar chocados com a conversão de alguém, quer seja de dentro ou de fora da igreja, porque "a bondade de Deus é que [...] conduz ao arrependimento" e "[pune] com vara as suas transgressões e com açoites, a sua iniquidade". Se eles se dispõem *a amar a própria alma, agradando a Deus,* Ele não lhes retira totalmente a Sua benignidade. O bom indivíduo "que perseverar até o fim, esse será salvo", mas o mau, quer seja de dentro ou de fora, que perseverar na iniquidade até o fim, não será salvo... Portanto, o Senhor bem nos adverte de que não devemos nos associar a pessoas tolas que fingem andar sob o nome de Cristo. Esses tipos de pessoas podem ser encontrados tanto dentro quanto fora...

Acerca dos vasos na casa de Deus, o apóstolo Paulo disse: "se alguém a si mesmo se purificar destes erros, será utensílio para honra, santificado e útil ao seu possuidor, estando preparado para toda boa obra". E ele nos mostra um pouco como devemos nos purificar: "Aparte-se da injustiça todo aquele que professa o nome do Senhor". Então, no último dia, não ouviremos com a palha que já foi retirada da eira ou ainda precisa ser separada: "Apartai-vos de mim, os que praticais a iniquidade".

"Não devemos nos associar a pessoas tolas que fingem andar sob o nome de Cristo."

A BONDADE DE JESUS

GREGÓRIO NAZIANZENO

E eles se retiraram do Sinédrio regozijando-se por terem sido considerados dignos de sofrer afrontas por esse Nome.

ATOS 5:41

Minhas provações não passam de uma fração das cuspidas e dos socos que Cristo suportou. Nós enfrentamos esses perigos por Ele e com a Sua ajuda. Mesmo considerado tudo isso, esses perigos não merecem a coroa de espinhos que roubou o nosso Conquistador de Sua coroa. Contudo, por Ele eu sou coroado por uma vida difícil. Não considero essas provações sequer dignas... do fel ou do vinagre. Porém, por estes nós fomos curados do gosto amargo da vida. Minhas lutas não são dignas da mansidão que Ele demonstrou em Sua paixão. Jesus foi traído com um beijo? Ele nos disciplina com um beijo, mas não nos agride. Foi preso repentinamente? Ele definitivamente os reprova, mas segue de bom grado. E se, por zelo, você cortar a orelha de Malco com uma espada, Jesus ficará irado e a curará. E se um de nós fugir em um lençol de linho, Ele defenderá essa pessoa. Se você pedir que o fogo de Sodoma caia sobre os Seus captores, Ele não o despejará. E, se vir um ladrão pendurado na cruz por seu crime, por Sua bondade Jesus o levará ao Paraíso. Que todos os que amam as pessoas sejam amorosos pelo que elas fazem, como fez Cristo em Seus sofrimentos. Nada poderia ser pior do que nos recusarmos a perdoar os mínimos erros do nosso próximo quando Deus morreu por nós.

"Nada poderia ser pior do que nos recusarmos a perdoar os mínimos erros do nosso próximo quando Deus morreu por nós."

A PROVIDÊNCIA DE DEUS

JOÃO DE DAMASCO

Observai as aves do céu: não semeiam, não colhem, nem ajuntam em celeiros; contudo, vosso Pai celeste as sustenta. Porventura, não valeis vós muito mais do que as aves?

MATEUS 6:26

A Providência é a vontade de Deus que provê adequadamente a todo ser vivo. Porém, se a Providência é a vontade de Deus, é razoável pensar que tudo que acontece por meio da Providência é obrigatoriamente o melhor, mais justo e mais excelente, porque a mesma pessoa precisa criar e prover ao que existe. Não é razoável que o Criador e o Provedor do que existe pudessem ser pessoas separadas. Se assim fosse, os dois seriam deficientes — um na criação e outro na provisão. Deus é, portanto, Criador e Provedor. Seu poder criativo, preservador e provedor é simplesmente a Sua boa vontade, porque o Senhor fez o que lhe agradou no Céu e na Terra, e ninguém resistiu à Sua vontade. E Deus desejou que tudo fosse, e tudo foi. O Criador deseja que o Universo seja emoldurado e este é emoldurado. Tudo que Ele deseja acontece. Pode-se ver facilmente que Deus provê, e o faz de maneira excelente, porque somente Deus é bom e sábio por natureza. Por ser bom, Ele provê, porque quem não provê não é bom. Até mesmo os seres humanos e os animais proveem aos seus próprios descendentes conforme sua natureza, não segundo sua razão. Quem não provê é censurado. Mas, repetindo, por ser sábio, Ele tem o maior cuidado pelo que existe.

"Pode-se ver facilmente que Deus provê, e o faz de maneira excelente."

LIMPOS DE PECADO

LACTÂNCIO

O povo se alegrou com tudo o que se fez voluntariamente; porque de coração íntegro deram eles liberalmente ao SENHOR; também o rei Davi se alegrou com grande júbilo.

1 CRÔNICAS 29:9

Não pense que você tem licença para pecar, só porque as transgressões são removidas por generosidade. Os pecados são eliminados se você der liberalmente ofertas a Deus porque pecou, mas se você peca confiando em sua própria generosidade, os seus pecados não são eliminados. Deus deseja especialmente que sejamos purificados de nossos pecados. Portanto, Ele nos ordena a nos arrependermos. Arrepender-se é professar e afirmar que não mais pecará. Portanto, os inconscientes que incautamente deslizam para o pecado são perdoados, mas quem peca voluntariamente não tem perdão. Não pense que quem é purificado da mancha do pecado pode se abster de ofertar liberalmente por não ter falhas a eliminar. Na verdade, eles se tornam mais compelidos a exercer a justiça ao serem justificados. Além disso, ninguém pode ficar livre de pecado, porque carrega o fardo da enfermidade da carne, sujeita ao domínio do pecado de três maneiras — em atos, palavras e pensamentos.

"Arrepender-se é professar e afirmar que não mais pecará."

CRISTÃOS, CUIDADO

CIPRIANO

O meu povo tem sido ovelhas perdidas;
seus pastores as fizeram errar e as deixaram desviar
para os montes; do monte passaram ao outeiro,
esqueceram-se do seu redil.

JEREMIAS 50:6

O Senhor exorta: "Não deis ouvidos às palavras dos profetas que entre vós profetizam e vos enchem de vãs esperanças; falam as visões do seu coração, não o que vem da boca do SENHOR. Dizem continuamente aos que me desprezam: O SENHOR disse: Paz tereis". Quem não tem paz está oferecendo a paz. Quem saiu da igreja está prometendo trazer de volta à igreja os que a deixaram. Existe um só Deus, e Cristo é um só. Há uma só Igreja e um só trono firmado na rocha pela palavra do Senhor. À exceção do único altar e do único sacerdócio, não se pode estabelecer outro altar, nem um novo sacerdócio. Quem quer que se reúna a partir de uma fonte diferente se espalha... Corra para muito longe do contágio de tais pessoas, fuja de suas palavras e evite-as como se fossem um câncer ou uma praga. O Senhor adverte: "Deixai-os; são cegos, guias de cegos. Ora, se um cego guiar outro cego, cairão ambos no barranco"... Amado, não deixe outras pessoas se desviarem dos caminhos do Senhor. Cristão, não permita que alguém o arrebate do evangelho de Cristo. Não deixe pessoa alguma tirar da igreja os filhos da igreja. Porém, quem quiser perecer... que pereça sozinho.

"Quem quer que se reúna a partir de uma fonte diferente se espalha... Corra para muito longe do contágio de tais pessoas."

VERDADEIRO ATLETA

JOÃO CASSIANO

Todo atleta em tudo se domina; aqueles, para alcançar uma coroa corruptível; nós, porém, a incorruptível.

1 CORÍNTIOS 9:25

Você gostaria de ouvir o que diz um verdadeiro atleta de Cristo que compete conforme as regras e leis da competição? Ele disse: "Assim corro também eu, não sem meta; assim luto, não como desferindo golpes no ar. Mas esmurro o meu corpo e o reduzo à escravidão, para que, tendo pregado a outros, não venha eu mesmo a ser desqualificado." Perceba como ele fez a parte principal da luta depender de si mesmo, isto é, de sua carne, como se dependesse de um fundamento seguro. Então, Paulo colocou o resultado da batalha simplesmente na disciplina de sua carne e na submissão de seu corpo. "Assim corro [...] não sem meta." Ele não corre sem rumo, porque está olhando para a Jerusalém celestial. Ele estabeleceu uma meta e se direciona rapidamente para ela, sem qualquer desvio. Ele não corre sem rumo, porque, "esquecendo-me das coisas que para trás ficam e avançando para as que diante de mim estão, prossigo para o alvo, para o prêmio da soberana vocação de Deus em Cristo Jesus". Ele sempre direciona seu olhar mental para lá e corre naquela direção com toda a velocidade do coração. Em seguida, proclama com confiança: "Combati o bom combate, completei a carreira, guardei a fé".

"Paulo colocou o resultado da batalha simplesmente na disciplina de sua carne e na submissão de seu corpo."

A SUA PORÇÃO

AMBRÓSIO

A minha carne e o meu coração desfalecem; mas Deus é a fortaleza do meu coração e a minha porção para sempre.

SALMO 73:26 ARC

Nem todos podem dizer "O Senhor é a minha porção". A pessoa cobiçosa não pode, porque a cobiça chega perto e diz: "Você é a minha porção. Eu tenho você sob a minha autoridade. Você me serviu. Você se vendeu a mim com aquele ouro; por aquele bem você se submeteu a mim." A pessoa indulgente também não pode dizer "Cristo é a minha porção", porque a concupiscência vem e diz: "Você é a minha porção. Eu tornei você meu naquele banquete. Eu o apanhei na rede daquela festa. Eu o seguro pelo vínculo de sua glutonaria. Você não sabe que, para você, a sua mesa era mais valiosa do que a sua vida?"... Os traidores não podem dizer "Cristo é a minha porção", porque a iniquidade de seu pecado se lança sobre eles e diz: "Eles estão enganando você, Senhor Jesus, porque eles são meus"... Quantos senhores tem uma pessoa que abandonou o Único! Porém, não devemos abandoná-lo. Quem abandonaria Aquele a quem segue se estivesse atado com correntes de amor? Essas correntes libertam e não prendem. E quem está preso nessas correntes se gloria: "Paulo e Timóteo, servos de Cristo Jesus". É mais glorioso sermos presos por Ele do que sermos libertos e libertados dos outros.

"Quem abandonaria Aquele a quem segue se estivesse atado com correntes de amor?"

GRANDEZA

ORÍGENES

Não fareis para vós outros ídolos, nem vos levantareis imagem de escultura nem coluna, nem poreis pedra com figuras na vossa terra, para vos inclinardes a ela; porque eu sou o SENHOR*, vosso Deus.*

LEVÍTICO 26:1

Observe se ocorre ou não mudança nas pessoas que escutam honestamente os princípios de nossa fé, harmonizados com nossa compreensão inata. Afinal, muita instrução sobre coisas pervertidas tem o mesmo efeito —implanta em mentes a crença de que imagens são deuses e que coisas feitas de ouro, prata, marfim e pedra merecem adoração. Contudo, o bom senso nos diz que Deus não é um pedaço de matéria corruptível, nem é honrado quando pessoas tentam dar forma a Ele a partir de matéria morta ou fazer alguma imagem ou símbolo de Sua aparência. Portanto, nós dizemos que imagens não são deuses e tais criações não devem ser comparadas ao Criador. Elas são pequenas se comparadas a Deus. Ele está acima de todas as coisas e criou, sustenta e governa o Universo. Quando a alma racional reconhece seu relacionamento (com o Divino), imediatamente rejeita o que antes considerava deuses e retoma seu amor natural por seu Criador. Devido à sua afeição por Ele, a alma o recebe.

A ALIANÇA DO DIABO

CRISÓSTOMO

Não nos deixemos possuir de vanglória,
provocando uns aos outros, tendo inveja uns dos outros.

GÁLATAS 5:26

Por que você leva guerra aos seus pensamentos? Por que você enche a sua alma com problemas? Por que criar uma tempestade? Por que virar as coisas de cabeça para baixo? Nesse estado de espírito, como você será capaz de pedir perdão de pecados? Porque, se Cristo não perdoará quem não perdoar as coisas feitas contra eles, que perdão deve Ele conceder às pessoas que querem ferir quem não as feriu? Porque essa é uma prova da pior iniquidade. Pessoas assim estão com o diabo lutando contra a Igreja de Cristo. Aliás, elas são ainda piores do que ele, porque uma pessoa pode se proteger contra o diabo, mas esse tipo de pessoas se esconde sob a máscara da amizade. Secretamente, elas acendem a "fornalha", e são as primeiras a lançarem-se nas chamas. Elas estão acometidas de uma enfermidade que não merece piedade, e sim ser ridicularizada... Qual é, então, o remédio? Todos nós precisamos nos juntar em oração e erguer uma só voz pelo bem delas, como faríamos pelos endemoninhados, visto que, de fato, essas pessoas são ainda mais miseráveis, pois a loucura deles é de sua própria escolha. Essa enfermidade necessita de muita oração e súplica. Quem não ama o seu próximo, ainda que dê todo o seu dinheiro e tenha a glória do martírio, não se beneficiará... Porque invejar é ainda pior do que lutar, uma vez que quem luta encerra seu ódio quando a causa da guerra termina, mas quem guarda rancores jamais se tornaria amigo.

"Invejar é ainda pior do que lutar, uma vez que quem luta encerra seu ódio quando a causa da guerra termina."

NOSSO PAI

GREGÓRIO DE NISSA

Porque, se nós, quando inimigos, fomos reconciliados com Deus mediante a morte do seu Filho, muito mais, estando já reconciliados, seremos salvos pela sua vida. ROMANOS 5:10

Era impossível que nossa vida, que estava alienada de Deus, pudesse retornar ao lugar alto e celestial por meio de nosso próprio poder. Como resultado, o apóstolo Paulo diz que Aquele que não conheceu pecado se tornou pecado por nós. Ele nos libertou da maldição tomando sobre si a nossa maldição, como se fosse Sua. Havendo recebido essa maldição, Ele "matou" em si mesmo "a inimizade" que se interpunha entre nós e Deus por intermédio do pecado (de fato, o pecado era "a inimizade"). Havendo se tornado o que nós éramos, Ele uniu novamente a humanidade a Deus por meio de si mesmo. Por meio da pureza, Ele levou o nosso novo eu, criado à imagem de Deus, a um relacionamento íntimo com o Pai de nossa natureza. Toda a plenitude de Deus habitou nele fisicamente. Ele levou à mesma graça tudo que compartilha em Seu corpo e lhe é semelhante. E até hoje, Ele proclama boas-novas... a todos os que se tornaram discípulos da Palavra. A boa-nova é que as pessoas não são mais condenadas ou expulsas do reino de Deus, mas são novamente filhas e retornaram à posição que Deus lhes designou... Pois Ele diz: "Eis-me aqui, e os filhos que o SENHOR me deu". Por nossa causa, Ele entregou Sua carne e Seu sangue e nos salvou. Ele nos levou de volta ao lugar do qual nos desviamos, tornando-nos mera carne e sangue pelo pecado. E assim, Aquele de quem antes estávamos alienados se tornou o nosso Pai e nosso Deus por causa da nossa revolta.

"Deus nos libertou da maldição tomando sobre si a nossa maldição, como se fosse Sua."

CAPAZES DE SUPORTAR

ORÍGENES

Pois aquele a quem estas coisas
não estão presentes é cego, vendo só o que está perto,
esquecido da purificação dos seus pecados de outrora.

2 PEDRO 1:9

Sob toda tentação temos o poder de resistir se usarmos adequadamente a força que nos é concedida. Porém, não é a mesma coisa ter o poder de conquistar e realmente ser vitorioso. O apóstolo Paulo nos mostrou isso em linguagem muito cautelosa: "Deus [...] vos proverá livramento, de sorte que a possais suportar [a tentação]" — não necessariamente que você realmente a suportará, porque muitos não suportam a tentação e são vencidos por ela. Ora, Deus não nos capacita a suportar a tentação (caso contrário, não pareceria uma luta), mas nos dá o poder de resistir. Esse poder é dado para nos capacitar a vencer. Ele pode ser usado (segundo a nossa capacidade de livre-arbítrio) de maneira diligente e nos dar vitória, ou de maneira preguiçosa e nos trazer derrota. Afinal, se nos fosse dado um poder que sempre trouxesse vitória e nunca permitisse derrota, por que alguém lutaria se não pudesse ser vencido? Que honra há em uma vitória quando o poder de resistir com sucesso é retirado? Porém, se a possibilidade de conquistar for dada a todos igualmente, e se estiver em nossas mãos usar essa possibilidade (isto é, com diligência ou negligência), os derrotados serão julgados com justiça e o vencedor será louvado merecidamente.

"Sob toda tentação temos o poder de resistir se usarmos adequadamente a força que nos é concedida."

DEUS E HOMEM

GREGÓRIO DE NISSA

...pois ele, subsistindo em forma de Deus, não julgou como usurpação o ser igual a Deus; antes, a si mesmo se esvaziou, assumindo a forma de servo, tornando-se em semelhança de homens; e, reconhecido em figura humana...

FILIPENSES 2:6,7

O Verbo estava com Deus no princípio, e o homem estava sujeito à dor da morte. A natureza humana não era eterna, e a natureza divina não era mortal. Todos os Seus outros atributos são considerados da mesma maneira, pois não foi a natureza humana que ressuscitou Lázaro, nem foi o poder incapaz de sofrer quem chorou por ele enquanto ele estava no sepulcro. As lágrimas vieram do Homem, mas a vida veio da verdadeira Vida. Não foi a natureza humana que alimentou os milhares, nem foi uma força toda poderosa que correu em direção à figueira. Quem estava cansado da jornada, e quem fez o mundo existir por meio de Sua palavra? Qual é o brilho da glória e o que foi perfurado com os cravos? Que corpo foi espancado durante a Semana da Paixão e que corpo é externamente glorificado? Uma coisa é clara: os golpes pertencem ao servo que era o Senhor, e a honra pertence ao Senhor que era servo. Como resultado, as naturezas de Cristo são unificadas, e seus respectivos atributos pertencem a ambas as naturezas. Assim como o Senhor recebeu as cicatrizes do servo, o servo é glorificado com a honra do Senhor. É por isso que a cruz é chamada de cruz do Senhor da glória e que toda língua confessa que Jesus Cristo é o Senhor, para a glória de Deus Pai.

VERDADE E MENTIRAS

AGOSTINHO

Pois fiquei sobremodo alegre pela vinda de irmãos e pelo seu testemunho da tua verdade, como tu andas na verdade.

3 JOÃO 1:3

Quando as pessoas vivem segundo as ideias da humanidade e não segundo Deus, são semelhantes ao diabo. (Nem mesmo os anjos vivem segundo os anjos se vivem e falam a verdade de Deus e suas próprias mentiras.) Eles se conformam somente a Deus. O apóstolo Paulo diz: "se por causa da minha mentira, fica em relevo a verdade de Deus". Ele distingue entre "a minha mentira" e "a verdade de Deus". Portanto, quando as pessoas vivem segundo a verdade, vivem segundo o seu Deus e não de acordo com suas próprias ideias. Aquele que era também Deus disse: "Eu sou a verdade". Então, quando as pessoas vivem segundo elas mesmas — isto é, segundo a humanidade e não segundo Deus —, estão se conformando a uma mentira... Porque nós fomos criados para sermos justos, de modo que não vivamos segundo nós mesmos, mas segundo o nosso Criador. Em outras palavras, fomos feitos para fazer a vontade de Deus e não a nossa. Não viver como fomos criados para viver é viver uma mentira... Portanto, todo pecado é uma mentira. Todo pecado é cometido por nosso desejo de uma boa vida e por nosso medo de sofrer. Porém, as coisas que fazemos por uma boa vida são mentiras que nos tornam ainda mais miseráveis do que nunca.

"Quando as pessoas vivem segundo elas mesmas, estão se conformando a uma mentira."

ORE SEM CESSAR

CIPRIANO

À tarde, pela manhã e ao meio-dia,
farei as minhas queixas e lamentarei;
e ele ouvirá a minha voz.

SALMO 55:17

Que nós, que estamos em Cristo — que estamos sempre na luz —, não paremos de orar, nem mesmo à noite. A viúva Ana nunca parava de orar e vigiar, e sim perseverava em agradar a Deus, conforme está escrito no evangelho de Lucas: "Esta não deixava o templo, mas adorava noite e dia em jejuns e orações"... Amado, você que está sempre na luz do Senhor, considere a noite como sendo dia. Creia que nós sempre andamos na Luz e não somos impedidos pelas trevas das quais escapamos. Não deixe de orar nas horas da noite... Você, que é criado de novo e recém-nascido pelo Espírito por meio da misericórdia de Deus, imite o que seremos algum dia. Como no reino dos Céus teremos somente um dia sem noite, vigie à noite como vigiaria à luz do dia. Já que oraremos e daremos graças a Deus eternamente, não paremos de orar e dar graças também nesta vida.

VERDADEIRA SABEDORIA

GREGÓRIO NAZIANZENO

A sabedoria, porém, lá do alto é, primeiramente, pura; depois, pacífica, indulgente, tratável, plena de misericórdia e de bons frutos, imparcial, sem fingimento.

TIAGO 3:17

A maior sabedoria é uma vida louvável mantida pura ou purificada para Deus, o Santo. Ele exige que sejamos purificados como Seu único sacrifício — isto é, Ele exige um coração arrependido, um sacrifício de louvor e uma nova criatura em Cristo... A suprema sabedoria é desprezar a sabedoria que consiste em linguagem, figuras de linguagem, engano e firulas desnecessárias. Eu prefiro falar na igreja cinco palavras com a minha mente em vez de dez mil com a minha língua, porque a voz inexpressiva de uma corneta não desperta soldados para o combate espiritual. Entretanto, louvarei a verdadeira sabedoria e a acolherei. Por ela, os humildes conquistaram fama e os desprezados conquistaram as mais elevadas honras. Por ela, uma tripulação de pescadores capturou o mundo todo nas malhas da rede do evangelho. Por meio dela, eles superaram palavras eruditas e eliminaram a sabedoria inútil. Eu não considero sábia a pessoa habilidosa no uso de palavras, nem alguém que tem uma língua rápida, mas uma alma instável e indisciplinada; porém, quem pouco fala acerca de justiça, mas a exemplifica com seu viver, é sábio. Tais pessoas comprovam com sua vida a confiabilidade de seu discurso.

"Quem pouco fala acerca de justiça, mas a exemplifica com seu viver, é sábio."

UMA LUTA TEMPORÁRIA

SULPÍCIO SEVERO

Portanto, tomai toda a armadura de Deus,
para que possais resistir no dia mau e,
depois de terdes vencido tudo, permanecer inabaláveis.

EFÉSIOS 6:13

Nós temos o dever de fugir do pecado para a justiça. Da mesma maneira, quem pratica a justiça precisa ter cuidado para não se abrir para o pecado, pois está escrito que *a justiça não será proveitosa ao justo no dia em que ele se desviar*. Então, nós defendemos isso. Nós, que escapamos do pecado, precisamos nos esforçar para não perder as recompensas. O inimigo está pronto para atacar quem estiver despojado do escudo da fé. Portanto, não devemos deixar de lado o nosso escudo; caso contrário, o nosso flanco ficará exposto ao ataque. Não devemos abandonar a nossa espada; caso contrário, o inimigo começará a perder todo o seu medo. Nós sabemos que, se o inimigo nos vir totalmente armados, baterá em retirada. Nós não ignoramos que é difícil e penoso lutar diariamente contra a carne e o mundo. Porém, se você pensar na eternidade e considerar o reino dos Céus, que o Senhor concederá até mesmo a nós, pecadores, eu lhe pergunto: como poderemos sofrer o suficiente para merecer tais coisas? Além disso, nossa luta neste mundo é temporária. Embora a morte não nos alcance rapidamente, a velhice vem inevitavelmente.

"Nós sabemos que, se o inimigo nos vir totalmente armados,
baterá em retirada."

SALVOS PELA GRAÇA

CRISÓSTOMO

dando graças ao Pai, que vos fez idôneos
à parte que vos cabe da herança dos santos na luz.

COLOSSENSES 1:12

Graça, embora seja graça, salva o que a deseja, mas não salvará quem não a quer, que se afasta dela, luta contra ela e se opõe a ela… Seja grato por sermos salvos por dádiva de Deus, já que somos incapazes de nos salvar por obras. Também não dê graças somente com as suas palavras, mas por meio de suas obras e atitudes, porque uma genuína ação de graças é demonstrada quando fazemos as coisas que glorificam a Deus e fugimos daquelas das quais fomos libertos. Se, após insultar o Rei, formos honrados em vez de punidos, e depois o insultarmos novamente, mereceremos o mais horrível castigo por nossa ingratidão. Essa punição será muito pior do que após o primeiro insulto, porque a nossa ingratidão é muito mais aparente quando o insultamos após termos recebido honra e atenção. Por isso, fuja das coisas das quais foram libertos. Não dê graças somente com sua boca, para que não seja dito de nós: "Este povo honra-me com os lábios, mas o seu coração está longe de mim".

"Não dê graças somente com as suas palavras,
mas por meio de suas obras e atitudes."

NOSSA RESPOSTA

JERÔNIMO

Bem-aventurado o homem que suporta, com perseverança, a provação; porque, depois de ter sido aprovado, receberá a coroa da vida, a qual o Senhor prometeu aos que o amam.

TIAGO 1:12

O Filho de Deus foi feito o Filho do Homem para nossa salvação. Ele esperou nove meses no ventre por Seu nascimento... Aquele que encerra o mundo em Seu punho estava contido nas paredes estreitas de uma manjedoura. E nem estou falando dos 30 anos em que Ele viveu na obscuridade, satisfeito com a pobreza de seus pais. Quando foi açoitado, Ele permaneceu calmo. Quando foi crucificado, orou por Seus executores. "Que darei ao SENHOR por todos os seus benefícios para comigo? Tomarei o cálice da salvação e invocarei o nome do SENHOR. Preciosa é aos olhos do SENHOR a morte dos seus santos." A única resposta adequada que podemos ter em relação a Ele é dar sangue por sangue. Por termos sido redimidos pelo sangue de Cristo, devemos desejar alegremente dar a nossa vida pelo nosso Redentor. Que santos conquistaram suas coroas sem antes competir? Porque o justo Abel foi assassinado e Abraão correu o risco de perder a sua esposa. Eu não preciso me estender. Descubra outros você mesmo. Você descobrirá que todas as pessoas santas sofreram perseguição... O que é melhor: lutar por um curto período de tempo, carregar estacas para a paliçada, portar armas e desmaiar sob pesadas batalhas para se alegrar para sempre como vencedor, ou tornar-se eternamente escravo por não conseguir resistir por apenas uma hora?

"Por termos sido redimidos pelo sangue de Cristo, devemos dar alegremente a nossa vida pelo nosso Redentor."

RECOMPENSA VINDOURA

LACTÂNCIO

Tão certo como a justiça conduz para a vida,
assim o que segue o mal, para a sua morte o faz.

PROVÉRBIOS 11:19

Que os famintos venham e sejam nutridos com alimento celestial que satisfará a fome contínua. Que os sedentos venham e, com a boca escancarada, bebam a água da salvação de uma fonte que flui eternamente. Por esse divino alimento e bebida, os cegos verão, os surdos ouvirão e os mudos falarão; o coxo andará, os tolos serão sábios, os doentes serão fortalecidos e os mortos ressuscitarão. O supremo e honesto Juiz elevará à vida e à luz eterna quem quer que tenha pisoteado as corrupções da Terra por sua justiça. Que ninguém confie em riquezas, distintivos de autoridade ou até mesmo no poder real. Essas coisas não tornam um homem imortal, porque quem desconsidera a disciplina de amadurecer, procurando as coisas presentes, se lança de cara no chão e será castigado como desertor de seu Senhor, Comandante e Pai. Portanto, esforcemo-nos pela justiça. Somente ela, como companheira inseparável, nos conduzirá a Deus. *Enquanto um espírito governar esses membros*, sirvamos a Deus com devoção incansável. Mantenhamos nossos postos e turnos de vigia. Lutemos ousadamente contra o adversário sabendo que temos vitória e triunfaremos sobre o nosso inimigo vencido. Então obteremos a recompensa pela coragem, prometida pelo Senhor.

"Esforcemo-nos pela justiça. Somente ela,
como companheira inseparável, nos conduzirá a Deus."

ALÉM DA MORTE

GREGÓRIO NAZIANZENO

Mas aquele que nos confirma convosco em Cristo e nos ungiu é Deus, que também nos selou e nos deu o penhor do Espírito em nosso coração.

2 CORÍNTIOS 1:21,22

Fortaleça-se antecipadamente com o selo. Proteja-se para o futuro com ele, o melhor e mais forte dos auxílios. Assinale seu corpo e sua alma com ele, como o antigo Israel se preservou com o sangue do cordeiro primogênito naquela noite. Então, o que pode acontecer a você? E o que você realiza? Escute Provérbios: "Quando te deitares, não temerás; deitar-te-ás, e o teu sono será suave". Ouça as boas-novas trazidas por Davi: "Não te assustarás do terror noturno, nem da seta que voa de dia". Enquanto você viver, isso contribuirá grandemente para a sua sensação de segurança, porque uma ovelha marcada não é capturada facilmente, mas as não marcadas são presas fáceis para os ladrões. Na sua morte, porém, o selo será uma mortalha mais preciosa do que o ouro... Sim, se tudo o abandonar ou for violentamente tirado de você (dinheiro, posses, tronos, nobreza e todas as coisas terrenas), você ainda poderá entregar a sua vida em segurança, pois não perdeu nenhum dos auxílios que Deus lhe concedeu para a sua salvação.

"Na sua morte, o selo será uma mortalha mais preciosa do que o ouro."

EVITE A SOBERBA

CRISÓSTOMO

O que despreza o próximo é falto de senso,
mas o homem prudente, este se cala.

PROVÉRBIOS 11:12

Ainda que nos elevemos ao apogeu da santidade, devemos nos considerar menos do que tudo, pois a soberba pode derrubar do Céu quem não tiver o cuidado de evitá-la. Uma disposição humilde, porém, pode elevar quem pensa racionalmente acima do abismo do pecado, pois foi a humildade o que elevou o coletor de impostos acima do fariseu. Uma disposição humilde, porém, e o reconhecimento de seus pecados levaram o ladrão ao Paraíso antes dos apóstolos, porque a soberba e a arrogância são ainda piores do que o poder sobrenatural do diabo. Ora, ainda que as pessoas conquistem excessiva confiança confessando seus próprios pecados e considerem suas boas qualidades enquanto humilham a própria alma, conquistarão grandes coroas... Se soberba combinada com justiça arrasta uma pessoa para baixo pelo peso de sua própria iniquidade, quem combina soberba com pecaminosidade não experimenta um inferno ainda mais profundo? Eu não digo essas coisas para que nos tornemos descuidados com a justiça, mas para que possamos evitar a soberba. Não é minha intenção dizer que devemos pecar, e sim que devemos ser sensatos, pois a disposição humilde é fundamental para o amor à sabedoria.

"A soberba e a arrogância são ainda piores
do que o poder sobrenatural do diabo."

DEUS É BOM

AMBRÓSIO

Oh! Provai e vede que o S*ENHOR é bom;*
bem-aventurado o homem que nele se refugia.

SALMO 34:8

Deus não é bom? Considere como Ele alimentou milhares de pessoas no deserto com pão do Céu. Ele proveu aos famintos e eles nem precisaram trabalhar para isso. As pessoas desfrutaram de descanso durante 40 anos, suas roupas não envelheceram e seus calçados não se desgastaram. Ele não é bom? Ele levou a Terra ao Céu, para que, assim como as estrelas refletem a Sua glória no céu como um espelho, os corais de apóstolos, mártires e sacerdotes resplandeçam como estrelas gloriosas e iluminem o mundo todo. Por isso, Ele é não somente bom: é ainda mais. Ele é o Bom Pastor... para as Suas ovelhas, porque "o bom pastor dá a vida pelas ovelhas"... É proveitoso que eu creia que Deus é bom, pois *boa coisa é confiar no Senhor*. É bom confessar que Ele é o Senhor, porque está escrito: "Rendei graças ao SENHOR, porque ele é bom".

ORAÇÃO EFICAZ

TERTULIANO

Orai sem cessar.

1 TESSALONICENSES 5:17

Somente a oração conquista Deus, mas Cristo desejou que ela não realize o mal. Ele lhe conferiu toda a virtude quando usada para o bem. E, assim, ela só sabe... transformar os fracos, restaurar os enfermos, purificar os possessos, abrir ferrolhos de prisões e afrouxar os laços dos inocentes. De semelhante modo, ela elimina pecados, repele tentações, extingue perseguições, consola os fracos, conforta os oprimidos, acompanha os viajantes, acalma as ondas, assusta os ladrões, alimenta os pobres, governa os ricos, levanta os caídos, resgata os que caem, firma os que estão em pé. A oração é o muro da fé. Ela nos arma e dispara mísseis contra o inimigo que nos vigia por todos os lados. Assim, nunca andamos desarmados. De dia, estamos cientes de nosso posto — à noite, de nossa vigília. Sob a armadura da oração, guardamos a bandeira do nosso General. Em oração, nós esperamos pela trombeta do anjo... De que mais necessitamos, portanto, senão do dever da oração? Até mesmo o próprio Senhor orou — a Ele sejam honra e virtude por séculos e séculos!

"Sob a armadura da oração,
guardamos a bandeira do nosso General."

CAMINHOS RETOS

ORÍGENES

Quando te desviares para a direita e quando te desviares para a esquerda, os teus ouvidos ouvirão atrás de ti uma palavra, dizendo: Este é o caminho, andai por ele.

ISAÍAS 30:21

O caminho do Senhor é retificado de duas maneiras. Primeiramente, por meio de contemplação: quando os seus pensamentos são limpos da falsidade pela verdade. E, depois, por meio da conduta: quando contemplamos o que fazer e agimos em conformidade. A declaração "Endireitai o caminho do Senhor" pode ser comparada ao conselho "Não declines nem para a direita nem para a esquerda", porque quem se desvia em qualquer dessas direções desistiu de manter retos os seus caminhos. Eles não mais merecem a atenção de Deus, porque se afastaram do caminho reto, porque "o SENHOR é justo, ele ama a justiça; os retos lhe contemplarão a face". Aquele a quem o Senhor observa e que, como resultado, se beneficia diz: "Senhor, levanta sobre nós a luz do teu rosto". Portanto, permaneçamos em sã contemplação e conduta. Conforme exorta Jeremias, busquemos as veredas antigas do Senhor. Encontremos o bom caminho e andemos nele... visto que ele é um bom caminho, que leva a boa pessoa ao bom Pai. Essas são as pessoas que tiram boas coisas do bom tesouro de seu coração. Elas são os servos bons e fiéis.

"Ele é um bom caminho, que leva a boa pessoa ao bom Pai."

HERDEIROS DE DEUS

CLEMENTE

Filho meu, não rejeites a disciplina do S*ENHOR*,
nem te enfades da sua repreensão.

PROVÉRBIOS 3:11

Eu poderia fornecer exemplos de dez mil versículos das Escrituras, dos quais "nem um i ou um til jamais passará" sem ser cumprido, pois essas coisas foram proferidas pela boca do Senhor por intermédio do Espírito Santo. Ele diz: "Filho meu, não menosprezes a correção que vem do Senhor, nem desmaies quando por ele és reprovado". Ó, o Seu supremo amor por nós! O Senhor admoesta os Seus filhos mansamente, não como um mestre falando a seus aprendizes, não como um senhor a seus servos, nem como Deus a homens, mas como um pai a seu filho. Portanto, Moisés confessa que *estava cheio de tremor e terror* enquanto ouvia Deus falar acerca da Palavra. Você não teme ao ouvir a voz da Palavra Divina? Não fica angustiado? Você não teme e se apressa em aprender acerca dele — isto é, acerca da salvação — temendo a ira, a graça amorosa, esforçando-se ansiosamente pela esperança colocada diante de nós, para poder escapar do julgamento ameaçador contra você? Venham, venham, meus jovens! Se vocês não se tornarem semelhantes a criancinhas e não nascerem de novo, como dizem as Escrituras, não receberão o Pai verdadeiramente existente, nem jamais entrarão no reino dos Céus. Afinal, como é que um estranho recebe permissão para entrar? Bem, da maneira como eu entendo, quando as pessoas são registradas, e feitas cidadãs, e recebem Deus como seu Pai, se ocuparão com os assuntos do Pai. Então, serão consideradas dignas de tornarem-se Suas herdeiras e compartilharão o reino do Pai com Seu próprio Filho amado.

DISCERNIMENTO É NECESSÁRIO

ATANÁSIO

Amados, não deis crédito a qualquer espírito; antes, provai os espíritos se procedem de Deus, porque muitos falsos profetas têm saído pelo mundo fora.

1 JOÃO 4:1

O Senhor disse que "surgirão falsos cristos e falsos profetas operando grandes sinais e prodígios para enganar, se possível, os próprios eleitos". E o diabo chegou, falando por intermédio dessas pessoas e dizendo: "Eu sou Cristo e a verdade está comigo". Ele tornou todos eles mentirosos como ele. É estranho que, embora conflitem entre si, todas as heresias estão unidas por mentiras. Elas têm o mesmo pai que plantou sementes de falsidade em todos eles, mas os cristãos fiéis e os verdadeiros discípulos do evangelho se mantêm continuamente firmes e protegidos desses enganos, porque têm a graça necessária para discernir as coisas espirituais e edificaram sua fé sobre a Rocha. Os ignorantes, porém, não estão firmemente fundamentados no conhecimento. Eles só consideram as palavras que ouvem, mas não percebem o seu significado. Eles são imediatamente desviados por seus truques. Como resultado, é importante orar por discernimento. Então, todos poderão saber a quem rejeitar e a quem receber como amigos da fé.

"É estranho que, embora conflitem entre si, todas as heresias estão unidas por mentiras."

A PROMESSA APÓS A MORTE

CIPRIANO

E eles se retiraram do Sinédrio regozijando-se por terem sido considerados dignos de sofrer afrontas por esse Nome.

ATOS 5:41

O Senhor desejou que nos regozijássemos e saltássemos de alegria nas perseguições. Quando as perseguições ocorrem, as coroas da fé são concedidas, os soldados de Deus são testados e o Céu é aberto aos mártires, pois não nos alistamos para a guerra a fim de pensar somente na paz e nos retirarmos da batalha. Porém, nessa intensa guerra de perseguição o Senhor adentrou primeiro. Ele é o Mestre da humildade, da resistência e do sofrimento. O que Jesus nos diz para fazer Ele fez primeiro. E o que Ele nos encoraja a sofrer Ele sofreu primeiro por nós. Amado, observe que Ele sozinho carregou todo o julgamento do Pai e virá para julgar. Jesus já declarou Seu julgamento e reconhecimento futuros. Ele predisse e testificou que confessará diante de Seu Pai aqueles que o confessarem e negará aqueles que o negarem. Se nós pudéssemos escapar da morte, seria razoável que a temêssemos. Porém, por ser necessário que o homem mortal morra, devemos abraçar a ocasião como oriunda da promessa de Deus para nos recompensar, no final, com a vida eterna. Não devemos temer a morte, desde que tenhamos a certeza de que seremos coroados quando formos mortos.

"Ele predisse e testificou que confessará diante de Seu Pai aqueles que o confessarem e negará aqueles que o negarem."

DEUS PROVÊ

LEÃO I

A alma generosa prosperará,
e quem dá a beber será dessedentado.

PROVÉRBIOS 11:25

As pessoas tolas se atrevem com demasiada frequência a reclamar contra o seu Criador, não só quando lhes falta alguma coisa, mas também quando têm fartura. Quando algo não lhes é dado, elas reclamam e, quando têm certas coisas em abundância, são ingratas... Alegremo-nos com qualquer quantidade de presentes que Ele concede. Quem usou grandes posses também deve usar bem as pequenas, porque abundância e escassez podem ser igualmente boas para nós. Até mesmo no progresso espiritual nós não ficaremos desanimados por pequenos resultados se a nossa mente não for seca e estéril, pois o que a Terra não fornece precisa brotar do solo de nosso coração. Quem não parar de doar receberá sempre os meios para compartilhar. Precisamos usar em obras piedosas aquilo que cada ano nos traz. Tempos difíceis não devem impedir a nossa generosidade cristã, pois o Senhor sabe reabastecer as vasilhas da viúva, que a santa hospitalidade dela esvaziou. Ele sabe transformar água em vinho. Ele sabe como satisfazer 5.000 pessoas famintas com alguns pães. E Aquele que nós alimentamos por intermédio de Seu povo pobre pode multiplicar o que Ele toma daquilo que nos concedeu.

"Quem não parar de doar receberá sempre
os meios para compartilhar."

SEM DESCULPAS

CRISÓSTOMO

Já está posto o machado à raiz das árvores; toda árvore, pois, que não produz bom fruto é cortada e lançada ao fogo.

MATEUS 3:10

Nada é mais indiferente do que um cristão que não se importa com a salvação de outras pessoas. Você não pode alegar pobreza, porque a mulher que depositou as duas moedinhas o acusará. Pedro também afirmou: "Não possuo nem prata nem ouro". E Paulo era tão pobre que, frequentemente, estava faminto e não tinha alimentos necessários. Você não pode alegar ter nascido pobre, porque também eles eram pessoas de nascimento comum, com pais comuns. Você não pode afirmar que lhe falta estudo, pois também eles eram "incultos". Ainda que você seja escravo ou um escravo fugitivo, pode fazer a sua parte. Embora Onésimo fosse um escravo fugitivo, perceba como Paulo o chama e como o eleva com grande honra: "para, em teu lugar, me servir nas algemas", diz ele. Você não pode alegar doença, porque frequentemente Timóteo estava enfermo. Paulo diz a ele: "usa um pouco de vinho, por causa do teu estômago e das tuas frequentes enfermidades". Todos podem servir ao seu próximo se fizerem a sua parte. Você não vê as árvores infrutíferas? Você vê quão fortes, bonitas, grandes, regulares e altas elas são? Porém, se tivéssemos um jardim, preferiríamos ter romãs ou oliveiras frutíferas em vez delas. Embora as outras alegrem os olhos de uma pessoa, elas nos beneficiam muito pouco. Assim é quem considera somente os seus próprios interesses, pois tais pessoas só servem para serem queimadas, enquanto as outras árvores são úteis tanto para a construção quanto para a salvação das pessoas que estão no interior da casa.

"Todos podem servir ao seu próximo se fizerem a sua parte."

A PERFEIÇÃO VIRÁ

ORÍGENES

Pensai nas coisas lá do alto,
não nas que são aqui da terra...
COLOSSENSES 3:2

Aos "objetos de percepção" Paulo chama "coisas que se veem". Entretanto, aos objetos de compreensão ele chama "coisas que se não veem". Ele sabe que as coisas visíveis, "que se veem", são "temporais", mas que as coisas "que se não veem", que podemos conhecer por nossa mente, são "eternas". Paulo quer pensar continuamente nessas coisas eternas. Devido ao seu ardoroso anseio por elas, ele considera todos os sofrimentos como "leves" e "nada". Em tempo de sofrimento e problemas, ele nunca foi derrubado por eles, mas, por sua contemplação das coisas divinas, acreditava que todo infortúnio era leve... Portanto, após os problemas e as lutas que sofremos aqui, nós esperamos atingir os mais altos Céus. Recebemos agradavelmente o ensinamento de Jesus como as fontes de água que nos levam à vida eterna. Estamos sendo enchidos com os rios do conhecimento e estaremos unidos às águas que estão acima dos Céus, que louvam o Seu nome. Aqueles de nós que o louvarem não serão influenciados pelo movimento do Céu, e sim sempre se concentrarão nas coisas invisíveis de Deus. Não mais entenderemos essas coisas por meio da Sua criação, mas, como disse o discípulo de Jesus, as veremos "face a face, porque, quando vier o que é perfeito, então, o que é em parte será aniquilado".

A PRÓPRIA VERDADE

GREGÓRIO DE NISSA

...prometendo-lhes liberdade, quando eles mesmos são escravos da corrupção, pois aquele que é vencido fica escravo do vencedor.

2 PEDRO 2:19

A Palavra Divina não quer que sejamos escravos de coisa alguma; a nossa natureza foi transformada para melhor. Ele tomou tudo que era nosso com o acordo de, em troca, nos dar o que é Seu. Assim como levou a doença, a morte, a condenação e o pecado, Ele levou também a nossa escravidão. Ele não guarda o que levou, mas expurgou de nossa natureza esse mal. Nossos defeitos estão sendo absorvidos e eliminados em Sua natureza imaculada. Portanto, não haverá doença, condenação, pecado ou morte na vida que esperamos. E a escravidão também desaparecerá. A própria Verdade dá testemunho disso. Ele diz aos Seus discípulos: "Já não vos chamo servos [...] mas tenho-vos chamado amigos"... Se "o servo não sabe o que faz o seu senhor" e se Cristo é dono de tudo que pertence ao Pai, que quem está embriagado por álcool se torne, finalmente, sóbrio. Que agora, como nunca, olhe para a verdade e veja que Aquele que possui todas as coisas do Pai é Senhor de todos, não um escravo.

SANTA MEDITAÇÃO

AGOSTINHO

Eu sei, ó SENHOR, que não cabe ao homem determinar o seu caminho, nem ao que caminha o dirigir os seus passos.

JEREMIAS 10:23

"Vigiai e orai, para que não entreis em tentação". Tais orações alertam você de que necessita da ajuda do Senhor. Você não deve confiar em si mesmo para viver bem. Não ore pelas riquezas e honras deste mundo ou por qualquer bem sem valor. Ore, porém, para que não entre em tentação. Você não pediria isso em oração se conseguisse realizá-lo por si mesmo... De fato, quando começar a exercitar essa sabedoria, terá motivo para dar graças. "E que tens tu que não tenhas recebido? E, se o recebeste, por que te vanglorias, como se o não tiveras recebido?", isto é, como se você pudesse tê-lo por seu próprio poder. Quando tiver recebido o presente, peça Àquele que, de início, deu-o a você que esse dom seja aperfeiçoado. "Desenvolvei a vossa salvação com temor e tremor; porque Deus é quem efetua em vós tanto o querer como o realizar, segundo a sua boa vontade", porque "a vontade é preparada por Deus" e "O SENHOR firma os passos do homem bom e no seu caminho se compraz". A meditação santa acerca dessas coisas o preservará. A sua sabedoria se tornará santidade. Isto é, pelo dom de Deus, você será bom e será grato pela graça de Cristo.

"Você necessita da ajuda do Senhor.
E não deve confiar em si mesmo para viver bem."

ENCONTRANDO A VERDADE

IRINEU

Pondera o que acabo de dizer, porque o Senhor te dará compreensão em todas as coisas.

2 TIMÓTEO 2:7

A mente sã que evita o perigo e se dedica à piedade e à verdade meditará fervorosamente nas coisas que Deus tornou compreensíveis. As pessoas com mente sã se familiarizarão e facilmente compreenderão esse conhecimento por meio de estudo diário. Essas coisas podem ser vistas claramente. Elas são clara e inequivocamente expressas nas Escrituras Sagradas... Portanto, dado que todas as Escrituras, os profetas e os Evangelhos podem ser clara, inequívoca e harmoniosamente compreendidos por todos (embora nem todos creiam neles), e que eles proclamam que um único Deus, e nenhum outro, formou todas as coisas por Sua palavra, quer sejam visíveis ou invisíveis, celestiais ou terrenas, na água ou debaixo da terra..., quem cega seus olhos para evidências assim claras e não aceita a verdade da mensagem é insensato; cega a si mesmo e, por suas interpretações obscuras das parábolas, imagina ter encontrado um Deus próprio.

CORAÇÃO E LÁBIOS

HILÁRIO DE POITIERS

Se, com a tua boca, confessares Jesus como Senhor e, em teu coração, creres que Deus o ressuscitou dentre os mortos, serás salvo. Porque com o coração se crê para justiça e com a boca se confessa a respeito da salvação.

ROMANOS 10:9,10

A nossa confissão não deve conter palavras preguiçosas ou deliberadamente vagas. Não pode haver espaço algum entre o coração e os lábios, para que o que deveria ser a confissão de verdadeira reverência não se torne uma máscara para o mal. A palavra precisa estar perto de nós e dentro de nós. Não pode haver atraso algum entre o coração e os lábios. Precisamos ter uma fé de convicção e também de palavras... O apóstolo Paulo explica as palavras do profeta: "[esta é] a palavra da fé que pregamos. Se, com a tua boca, confessares Jesus como Senhor e, em teu coração, creres que Deus o ressuscitou dentre os mortos, serás salvo". A verdadeira devoção consiste em rejeitar a dúvida, e obter justiça por crer e salvação por confessar. Não se envolva com ambiguidades. Não fale em vão. Não debata os poderes de Deus de modo algum ou tente limitar a Sua força. Pare de procurar incessantemente as causas de mistérios insondáveis... A fé está na simplicidade, em justiça por fé e em verdadeira confissão piedosa, pois Deus não nos chama para a vida abençoada por meio de investigações cansativas. Ele não nos tenta com retórica. O caminho para a eternidade é simples e fácil: crer que Deus ressuscitou Jesus dos mortos e confessar que Ele é o Senhor... Jesus Cristo morreu para que pudéssemos viver nele.

"Precisamos ter uma fé de convicção e também de palavras."

O DOMADOR

AGOSTINHO

Pois a nossa pátria está nos céus, de onde também aguardamos o Salvador, o Senhor Jesus Cristo, o qual transformará o nosso corpo de humilhação, para ser igual ao corpo da sua glória, segundo a eficácia do poder que ele tem de até subordinar a si todas as coisas. FILIPENSES 3:20,21

Nossa esperança está nele. Submetamo-nos a Ele e imploremos por Sua misericórdia. Coloquemos nossa esperança nele e, até sermos domados, isto é, perfeitamente aperfeiçoados, suportemos o nosso Domador, porque Ele usa Seu chicote frequentemente. Se você usa um chicote para domar o seu animal, Deus não deveria fazer o mesmo para domar as Suas feras e nos tornar Seus filhos? Você doma o seu cavalo, mas o que você lhe dá quando ele o carrega suavemente, suporta a sua disciplina, obedece aos seus comandos e se torna a sua fera fiel e útil? E qual retribuição lhe dá se, quando ele morre, você simplesmente o entrega às aves de rapina em vez de o enterrar? Deus, porém, lhe reserva uma herança quando você é domado. E essa herança é o próprio Deus. Embora você possa estar morto durante algum tempo, Ele o ressuscitará. Ele lhe restaurará o seu corpo, até o último fio de cabelo. E o colocará com os anjos eternamente, onde você não mais precisará de Sua mão adestradora. Você só precisará de Sua abundante misericórdia, pois Deus será então "tudo em todos". A infelicidade não nos levará à exaustão, mas somente a felicidade nos alimentará.

"Deus lhe reserva uma herança quando você é domado."

ELEVE-SE

BASÍLIO

Sabemos que todas as coisas cooperam para o bem daqueles que amam a Deus, daqueles que são chamados segundo o seu propósito.

ROMANOS 8:28

O Senhor não envia sofrimento aos servos de Deus sem um propósito, pois o sofrer testa a genuinidade do nosso amor por Deus, o Criador. Assim como os atletas ganham coroas lutando na arena, os cristãos são aperfeiçoados pela provação de suas tentações se aceitam com paciência e gratidão o que Deus lhes envia. Tudo é ordenado pelo amor do Senhor. Não devemos nos angustiar com o que quer que nos aconteça, mesmo que isso afete as nossas atuais fraquezas, pois, embora não saibamos por que tudo que nos acontece é enviado por Deus como uma bênção, devemos estar convencidos de que tudo que nos acontece é para o nosso bem. Toda provação proporciona uma recompensa por nossa paciência ou impede que nossa alma hesite durante um tempo demasiadamente longo nesta vida e seja preenchida com a maldade do mundo. Se a esperança do cristão fosse limitada a esta vida, morrer prematuramente seria algo amargo. Porém, se quem ama a Deus sabe que a separação da alma dessas restrições corporais inicia a nossa vida real, por que nos afligimos como quem não tem esperança? Então, seja consolado e não sucumba em seus problemas. Mostre que você é superior a eles e é capaz de elevar-se acima deles.

"Nós devemos estar convencidos de que tudo que nos acontece é para o nosso bem."

O FUNDAMENTO DA FÉ

EUSÉBIO

Porque foste a fortaleza do pobre e a fortaleza do necessitado na sua angústia; refúgio contra a tempestade e sombra contra o calor; porque dos tiranos o bufo é como a tempestade contra o muro.

ISAÍAS 25:4

Como alguém que experimentou muitos perigos e deles foi salvo por Seu simples aceno, que passou pelo mar que o Salvador acalmou, fornecendo um caminho sólido para o povo pode duvidar da presença e ajuda de Deus? Eu acredito que encontrar milagres como esses sendo realizados e aperfeiçoados ao comando do Senhor é o fundamento da fé e a base da confiança. Portanto, mesmo em meio a provações, não há motivo para abandonar a nossa fé. Porém, nós temos uma esperança inabalável em Deus. Quando esse hábito da confiança estiver firmemente enraizado na alma, o próprio Deus habitará em nossos pensamentos mais profundos. Seu poder não pode ser derrotado. Portanto, a alma em que Ele habita não será derrotada pelos perigos que a cercam. Nós vemos essa verdade demonstrada na vitória do próprio Deus. Embora pretendesse abençoar a humanidade, Ele foi severamente insultado por pessoas cruéis e ímpias. Entretanto, sofreu ao longo de Sua paixão ileso e conquistou uma poderosa vitória sobre o pecado e uma eterna coroa de triunfo. Sendo assim, Ele cumpriu o Seu propósito providencial, amou os justos e destruiu a crueldade dos injustos.

"Mesmo em meio a provações, não há motivo para abandonar a nossa fé. Porém, nós temos uma esperança inabalável em Deus."

SEM LIMITES

CIPRIANO

Tendo ele chegado e, vendo a graça de Deus,
alegrou-se e exortava a todos a que, com firmeza de coração,
permanecessem no Senhor.

ATOS 11:23

De Deus provém todo o nosso poder. Repito: de Deus! Dele temos vida, dele temos força. Pelo poder originado nele e recebido dele, conhecemos os sinais das coisas vindouras enquanto ainda estamos neste mundo. Que o temor o mantenha inocente; então, o Senhor, que misericordiosamente inundou o nosso coração com graça, habitará em sua mente cheia de gratidão. E a nossa confiança não dará lugar a um descuido que permitiria que o velho inimigo nos subjugasse novamente.

Porém, se você mantiver o caminho da inocência e da justiça, se andar com passo firme e seguro, se depender de Deus com todas as suas forças e todo o seu coração e simplesmente *for* o que começou a ser, liberdade e poder lhe serão concedidos na proporção da Sua graça. Afinal, diferentemente dos benefícios terrenos, nada há que controle Deus ou o restrinja de dispensar esses presentes celestiais. O Espírito flui livremente e não é restringido por limite algum. Ele não é impedido por barreira alguma e flui contínua e liberalmente. Que o nosso coração esteja sedento e pronto para receber.

"Que o nosso coração esteja sedento e pronto para receber."

TESTANDO A FÉ

TERTULIANO

O vencedor de nenhum modo
sofrerá dano da segunda morte.
APOCALIPSE 2:11

Nós testamos a qualidade da fé pela pessoa ou a pessoa pela fé? Ninguém é sábio, ninguém é fiel, ninguém se distingue em dignidade, senão o cristão. E ninguém é cristão se não perseverar até o fim. Você conhece as outras pessoas pela aparência exterior. Você pensa da maneira como vê. Você vê apenas até onde os seus olhos conseguem olhar. Porém, as Escrituras dizem que os olhos do Senhor "estão abertos". "O homem vê o exterior, porém o SENHOR, o coração." "O Senhor conhece os que lhe pertencem"; "Toda planta que meu Pai celestial não plantou será arrancada"; "os primeiros serão os últimos"; e "A sua pá, ele a tem na mão e limpará completamente a sua eira". Que a palha de uma fé inconstante saia voando em todo sopro de tentação. Então, aquela pilha de milho para o celeiro do Senhor será totalmente pura. Alguns discípulos não se afastaram do Senhor ao serem ofendidos? Contudo, os demais não pensaram que deveriam deixar de segui-lo. Por saberem que Ele era a Palavra da Vida e viera de Deus, continuaram em Sua companhia até o fim.

"Que a palha de uma fé inconstante
saia voando em todo sopro de tentação."

ESTRADAS PEDREGOSAS

JOÃO CASSIANO

Quem é sábio, que entenda estas coisas; quem é prudente, que as saiba, porque os caminhos do Senhor são retos, e os justos andarão neles, mas os transgressores neles cairão. OSEIAS 14:9

Claramente, nós somos aqueles que tornam irregulares os caminhos retos e planos do Senhor com as pedras duras e torpes de nossos desejos. Nós somos aqueles que mais insensatamente abandonam a estrada real, na qual os apóstolos e os profetas colocaram pedras, embora tenhamos seguido os passos de todos os santos e do próprio Senhor. Nós somos aqueles que buscam lugares espinhosos e sem caminhos, cegados pelas seduções dos deleites presentes. Nós abrimos nosso caminho através de trilhas escuras, com pernas fissuradas e nosso traje nupcial rasgado, devido à abundância de espinheiros do pecado que há nelas. Nós não somos apenas perfurados por espinhos afiados, mas aleijados pelas picadas de serpentes e escorpiões mortíferos que lá espreitam, visto que "há espinhos e cardos nos caminhos errados, mas quem teme ao Senhor se apartará deles". O Senhor fala de tais pessoas por intermédio do profeta Jeremias, dizendo: "todos os do meu povo se têm esquecido de mim, queimando incenso aos ídolos, que os fizeram tropeçar nos seus caminhos e nas veredas antigas, para que andassem por veredas não aterradas"... Porém, quem verdadeiramente desiste deste mundo, toma o jugo de Cristo, aprende com Ele e sofre o mal diariamente (porque Cristo é "manso e humilde de coração") jamais será perturbado por tentações. "Todas as coisas cooperam para o bem daqueles que amam a Deus", porque o profeta Obadias diz que as palavras de Deus são "boas para quem anda em retidão" e "os caminhos do Senhor são retos, e os justos andarão neles, mas os transgressores neles cairão".

BOM E FIEL

AFRAATE

Ora, a fé é a certeza de coisas que se esperam,
a convicção de fatos que se não veem.

HEBREUS 11:1

Amado, aproximemo-nos da fé, pois seus poderes são enormes. Porque a fé transladou Enoque ao Céu... Ela propiciou que a estéril gerasse filhos. Livrou pessoas da espada. Tirou-nos do poço. Enriqueceu os pobres. Libertou os cativos. Livrou os perseguidos. Fez cair fogo. Dividiu o mar. Fendeu a rocha e deu água para os sedentos beberem. Satisfez os famintos. Ressuscitou os mortos e os tirou do *Sheol*. Acalmou a tempestade. Curou os enfermos. Derrotou exércitos. Derrubou muralhas. Fechou a boca dos leões e inibiu as chamas da fornalha. Humilhou os orgulhosos e honrou os humildes... Após ler e aprender acerca das obras da fé, você pode ser como o solo cultivado em que a boa semente caiu, pois produziu frutos a trinta, a sessenta e a cem por um. Então, quando você chegar ao seu Senhor, Ele o chamará de servo bom, prudente e fiel. Assim, por causa da fé dele que é abundante em seu ser, você entrará no reino do seu Senhor.

"Amado, aproximemo-nos da fé,
pois seus poderes são enormes."

A ENFERMIDADE DO ORGULHO

AGOSTINHO

Tomai sobre vós o meu jugo e aprendei de mim, porque sou manso e humilde de coração; e achareis descanso para a vossa alma. MATEUS 11:29

O orgulho é a fonte de todos os pecados. Se os médicos meramente curam os sintomas, mas não as causas, parecem curar seus pacientes apenas durante algum tempo. Pois, enquanto as causas permanecerem no corpo, as doenças serão recorrentes. Por exemplo, considere uma enfermidade no corpo que produza pele escamosa ou feridas, febre alta e dor intensa. Certos remédios são aplicados para melhorar a pele seca e aliviar o abrasamento das feridas. Quando são administrados, os remédios fazem efeito e a pessoa é curada. Porém, por não haver sido expulso do corpo, o agente causal voltará novamente em forma de úlceras. Reconhecendo isso, o médico elimina a doença e remove a causa, para que não haja mais feridas. Então, o que causa o pecado? A soberba. Cure a soberba e não haverá mais pecado. Consequentemente, o Filho de Deus veio e foi humilhado para curar a soberba, a causa de todo tipo de pecado. Por que você é soberbo? Deus se humilhou por você. Talvez você se envergonhe de imitar uma pessoa humilde, mas, de qualquer modo, imite o Deus humilde. O Filho de Deus veio como homem e foi humilhado… Então, reconheça que você mesmo é humano. Humildade é conhecer a si mesmo… E Cristo disse: "Porque eu desci do céu, não para fazer a minha própria vontade, e sim a vontade daquele que me enviou". Essa é a glória da humildade. Onde o orgulho faz a sua própria vontade, a humildade faz a vontade de Deus.

"O Filho de Deus veio e foi humilhado para curar a soberba, a causa de todo tipo de pecado."

RETORNO VITORIOSO

CIPRIANO

Porque a nossa leve e momentânea tribulação produz para nós eterno peso de glória, acima de toda comparação.

2 CORÍNTIOS 4:17

O apóstolo Paulo diz: "os sofrimentos do tempo presente não podem ser comparados com a glória a ser revelada em nós". Que pessoas não empenhariam todas as suas forças para alcançar tal glória, para se tornarem amigas de Deus, regozijarem-se com Cristo e receberem recompensas de Deus após as torturas e punições terrenas? É glorioso os soldados deste mundo voltarem ao lar após derrotarem o inimigo. Porém, é muito mais glorioso retornar ao Paraíso triunfante sobre o diabo. Após vencer aquele que derrotou Adão, quão excelente é você levar troféus de vitória ao lugar de onde Adão foi expulso como pecador! Quanto melhor é oferecer a Deus o presente mais aceitável — a fé incorrupta, a disposição inabalável e a devoção evidente; acompanhá-lo quando Ele se vinga de Seus inimigos; ficar ao Seu lado quando Ele se senta para julgar; tornar-se coerdeiro de Cristo; ser colocado em igualdade com os anjos e, com os patriarcas, apóstolos e profetas, alegrar-se após obter o reino celestial! Que perseguição pode nos vencer, que torturas podem nos subjugar com esses pensamentos em mente? A mente corajosa e leal, estabelecida em tais pensamentos, resiste. Quando fortalecida pela fé segura e sólida das coisas vindouras, a alma não pode ser influenciada.

PERIGO NA MENTE

TERTULIANO

Ao contrário, cada um é tentado pela sua própria cobiça, quando esta o atrai e seduz.

TIAGO 1:14

Nossos atos se originam com a nossa vontade. Devido ao acaso, necessidade ou ignorância, todo pecado é cometido intencionalmente. Por ser a origem dos nossos atos, a nossa vontade não é também responsável por ser a primeira a participar do pecado? O Senhor demonstra isso acrescentando uma superestrutura à Lei e proibindo os pecados da vontade, bem como outros pecados. Não é Ele quem define um adúltero não apenas como o homem que verdadeiramente invadiu o vínculo matrimonial de outrem, mas também como aquele que macula uma mulher por seu olhar lascivo? Como resultado, é perigoso a mente se dedicar ao que é proibido fazer e planejar o pecado de maneira imprudente. Mesmo sem levar a cabo nossos desejos pecaminosos, o que queremos é considerado realizado. Portanto, será punido como um ato. É totalmente inútil dizer: "Eu quis, mas não fiz". Em vez disso, você deve fazê-lo porque o quis. Caso contrário, se não for levar a cabo, não deseje. Você se condena pela confissão de sua mente, pois, se desejasse ansiosamente uma coisa boa, teria ficado ansioso para realizá-la. De semelhante modo, mesmo que você não faça algo mau, não deve tê-lo desejado ansiosamente. Onde quer que você se posicione, estará preso pela culpa se houver desejado o mal e não houver feito o bem.

"Você estará preso pela culpa se houver desejado o mal e não houver feito o bem."

A BELEZA DE DEUS

HILÁRIO DE POITIERS

Os céus proclamam a glória de Deus,
e o firmamento anuncia as obras das suas mãos.

SALMO 19:1

Enquanto era perdida e confundida por sua própria fraqueza, a alma fiel vislumbrava a magnitude de Deus na voz do profeta, que disse: "O Criador dos mundos é corretamente discernido pela grandeza de Suas obras e pela beleza das coisas feitas por Ele". O Criador de grandes coisas é supremo em grandeza. Sua beleza é superior à de todas as coisas belas. Devido à obra de Suas mãos estar além do nosso pensamento e o Criador ser maior do que o próprio pensamento, o Céu, o ar, a Terra e o mar são belos. De fato, todo o Universo é belo. E os gregos concordam. Devido à sua bela ordem, eles o chamam *kosmos* (isto é, ordem). A nossa mente consegue estimar essa beleza do Universo por instinto natural. Nós vemos esse instinto também em certas aves e animais cujas vozes não conseguimos entender, mas sua linguagem é clara entre eles. Uma vez que toda fala expressa pensamento, um significado aparente para eles reside nessas vozes. Então, o Senhor dessa beleza universal não deve ser também reconhecido como o mais belo dentre todas as belezas que o cercam? Porque, embora o esplendor da eterna glória de Deus exceda os melhores poderes da nossa mente, não conseguimos deixar de ver que Ele é belo. Somos obrigados a confessar com a maior verdade que Deus é o mais belo, porque, embora seja incompreensível, Sua beleza se impõe à nossa percepção.

ORAÇÃO UNIDA

CIPRIANO

Todos estes perseveravam unânimes em oração, com as mulheres, com Maria, mãe de Jesus, e com os irmãos dele.

ATOS 1:14

O Senhor diz à Igreja que, se apenas dois ou três se reunirem e orarem em concordância segundo os Seus mandamentos, receberão o que pedem do poder soberano de Deus. Diz Ele: "Onde estiverem dois ou três reunidos em meu nome, ali estou no meio deles". Isto é, Ele está com os simples e pacíficos, com os que temem a Deus e guardam os Seus mandamentos. Embora sejam apenas dois ou três, Deus os tratará da mesma maneira como tratou os três jovens na fornalha ardente. Por viverem para Deus incondicionalmente e em unidade, Ele lhes deu vida com o sopro de orvalho em meio às chamas que os envolviam. Da mesma maneira, Ele esteve presente com os dois apóstolos trancafiados na prisão, pois eram devotos e estavam em concordância. Tendo afrouxado os ferrolhos da masmorra, Ele os colocou no mercado para declarar a Palavra que haviam pregado fielmente. Portanto, quando Ele afirma em Seus mandamentos que "Onde estiverem dois ou três reunidos em meu nome, ali estou no meio deles", Ele repreende os incrédulos por suas divergências e confia a paz aos fiéis por meio de Sua Palavra. Ele revela que está com dois ou três que oram em concordância, em vez de com um grande número de pessoas que divergem. A oração concordante de alguns obtém mais do que a súplica desunida de muitos.

"A oração concordante de alguns obtém mais do que a súplica desunida de muitos."

CONTINUE CORRENDO

CRISÓSTOMO

Não que eu o tenha já recebido ou tenha já obtido a perfeição; mas prossigo para conquistar aquilo para o que também fui conquistado por Cristo Jesus.

FILIPENSES 3:12

Paulo diz: "uma coisa faço: esquecendo-me das coisas que para trás ficam e avançando para as que diante de mim estão, prossigo para o alvo, para o prêmio da soberana vocação de Deus em Cristo Jesus". Esquecer as coisas do passado o levou a avançar para as que estavam por vir. Por isso, quem quer que pense que já realizou tudo e não precisa mais de aperfeiçoamento pode parar de correr, pois já atingiu o seu objetivo. Por outro lado, quem pensa ainda estar longe desse objetivo jamais parará de correr. Sempre considere isso, ainda que faça dez mil boas ações, porque, se Paulo considerava isso após dez mil mortes e tantos perigos, quanto mais devemos nós fazê-lo?... Devemos agir como ele, esquecer nossos sucessos e jogá-los para trás, porque os corredores não pensam em quantas voltas já completaram, mas em quantas faltam. Também nós não devemos pensar em como estamos avançados em santidade, mas em quanto mais precisamos avançar. Afinal, como nos beneficiaremos do que temos se não acrescentamos o que nos falta? Além disso, Paulo não disse "não pensando", e sim "esquecendo-me", pois nos tornamos vigorosos ao trabalharmos diligentemente pelo que falta quando nos esquecemos de tudo o mais.

"Os corredores não pensam em quantas voltas já completaram, mas em quantas faltam."

PERMANECENDO EM SEU POSTO

CLEMENTE DE ALEXANDRIA

Temos, assim, tanto mais confirmada a opalavra profética, e fazeis bem em atendê-la, como a uma candeia que brilha em lugar tenebroso, até que o dia clareie e a estrela da alva nasça em vosso coração.

2 PEDRO 1:19

Assim como para toda enfermidade, a cura para a presunção é tríplice: descobrir a causa, encontrar um método para sua eliminação e treinar a alma para tomar decisões corretas. Assim como um olho disfuncional, a alma obscurecida por falsas doutrinas não é capaz de discernir a luz da verdade e ignora o que está bem à sua frente.

E, assim como meninos travessos trancam para fora o professor, os falsos mestres não transmitem os ensinamentos à sua igreja, considerando-os com desconfiança. De fato, eles alinham uma gama de mentiras e invenções para parecer que estão agindo razoavelmente ao não admitirem as Escrituras. Por isso, não são piedosos, uma vez que não se agradam dos mandamentos do Espírito Santo. Eles são privados do conselho de Deus e das tradições de Cristo e são amargos como a amêndoa selvagem. Sua doutrina (exceto as verdades evidentes que eles não poderiam descartar ou esconder) começa com eles mesmos.

Portanto, assim como o soldado na guerra não deve deixar o posto que lhe foi designado pelo comandante, nós não devemos abandonar o posto que nos é designado pela Palavra. Ela nos guia em conhecimento e vida. A maioria das pessoas, porém, nem sequer perguntou se há Alguém a quem devemos seguir, quem é esse Alguém, ou como lidar com as mentiras. Para seguir a Deus, porém, quem crê deve viver segundo o que a Palavra diz.

FALHAS SUPERADAS

JERÔNIMO

Não negligencieis, igualmente, a prática do bem e a mútua cooperação; pois, com tais sacrifícios, Deus se compraz.

HEBREUS 13:16

Os filósofos do mundo expulsam uma paixão antiga introduzindo uma nova. Eles extraem um prego pregando outro. Os sete príncipes da Pérsia agiram em relação ao rei Assuero com base nesse princípio. Eles superaram o arrependimento dele por perder a rainha Vasti persuadindo-o a amar outras donzelas. Eles curaram um erro com outro erro e um pecado com outro pecado. Nós, porém, precisamos superar as nossas falhas aprendendo a amar as virtudes opostas a elas. O salmista diz: "Aparta-te do mal e pratica o que é bom; procura a paz e empenha-te por alcançá-la", porque, se não odiamos o mal, não podemos amar o bem. Mais do que isso, precisamos fazer o bem se desejamos nos afastar do mal. Precisamos buscar a paz se desejamos evitar a guerra. Não é suficiente meramente buscar a paz — precisamos persegui-la com todas as nossas energias quando a encontramos e ela foge de nós, visto que ela "excede todo o entendimento" e Deus habita na paz.

"Precisamos superar as nossas falhas aprendendo a amar as virtudes opostas a elas."

AS RECOMPENSAS DE DEUS

LACTÂNCIO

Se permanecer a obra de alguém que sobre o fundamento edificou, esse receberá galardão. 1 CORÍNTIOS 3:14

Dado que coisas boas e más são colocadas diante de nós, devemos nos lembrar de que é muito melhor trocar os males efêmeros por coisas eternas do que suportar males eternos por coisas efêmeras e perecíveis, porque, nesta vida, um inimigo é colocado à sua frente combatê-lo. Você precisa se empenhar antes para poder desfrutar de descanso depois; você precisa sofrer fome e sede, suportar calor e frio, dormir no chão e assistir e passar por perigos, para que seus filhos, sua casa e seus bens sejam preservados e você possa desfrutar de todas as bênçãos da paz e da vitória. Porém, se você escolher a tranquilidade atual em vez do trabalho árduo, causará a si mesmo o maior dano: o inimigo surpreenderá você por não resistir a ele, suas terras serão devastadas, sua casa será saqueada, sua esposa e filhos se tornarão presas e você será morto ou feito prisioneiro. Para evitar que essas coisas aconteçam, você precisa abandonar os benefícios atuais por uma vantagem maior e mais duradoura. Deus nos forneceu um oponente para que pudéssemos adquirir virtude. Portanto, a gratificação presente precisa ser deixada de lado para que o inimigo não nos domine. Em suma, precisamos nos submeter pacientemente a tudo que é desagradável e doloroso, principalmente porque Deus, o nosso Comandante, nos reservou recompensas eternas por nossos esforços. Dado que nesta guerra terrena as pessoas dispendem tanto esforço tentando adquirir coisas que perecerão da mesma maneira como foram adquiridas, certamente não devemos recusar qualquer obra que nos recompense com aquilo que nunca pode ser perdido.

A JUSTIÇA DE DEUS

CLEMENTE DE ALEXANDRIA

Eis a Rocha! Suas obras são perfeitas,
porque todos os seus caminhos são juízo;
Deus é fidelidade, e não há nele injustiça;
é justo e reto. DEUTERONÔMIO 32:4

Há duas espécies de medo. Uma é acompanhada por reverência; como aquela que os cidadãos demonstram aos bons governantes, nós demonstramos a Deus e os filhos sensatos demonstram aos seus pais. "Porque um cavalo indomado se torna incontrolável, e um filho autorizado a fazer as coisas ao seu próprio modo se torna imprudente." A outra espécie de medo é acompanhada pelo ódio que os escravos sentem pelos capatazes agressivos e que os hebreus, que fizeram de Deus um capataz, não um Pai, sentiram. E, no tocante à piedade, os atos voluntários e espontâneos diferem muito, se não inteiramente, dos forçados. É dito: "Pois Ele é misericordioso; Ele curará os seus pecados, e não os destruirá, desviará totalmente a sua raiva e não acenderá toda a sua ira". Veja como são mostradas a justiça do Instrutor, que trata com repreensões, e a bondade de Deus, que trata com compaixão. Abraçando os dois tipos de medo, Davi — isto é, o Espírito por intermédio dele — canta acerca do próprio Deus: "Justiça e direito são o fundamento do teu trono; graça e verdade te precedem". Ele diz que julgar e fazer o bem ocorrem pelo mesmo poder, porque há poder sobre os dois e o julgamento separa a justiça do seu oposto. E Aquele que é verdadeiramente Deus é justo e bom; Ele é tudo.

FIQUE EM PÉ

CRISÓSTOMO

Por isso, recebendo nós um reino inabalável, retenhamos a graça, pela qual sirvamos a Deus de modo agradável, com reverência e santo temor.

HEBREUS 12:28

Como podemos receber graça? Fazendo o que agrada a Deus e obedecendo a Ele em tudo. Em grandes famílias, os servos que desconsideram seus próprios interesses e promovem com zelo e prontidão os interesses de seus senhores são favorecidos. Eles não servem por coação, e sim por seu próprio afeto e bom caráter. Eles ordenam tudo de bom modo, não se ocupam com assuntos particulares e não se importam com o próprio interesse. Em vez disso, consideram como seus os assuntos de seu senhor quando estão à vista e quando envolvem a casa... Se os servos favorecidos do mundo preferem os interesses dos seus senhores aos seus próprios e, ao fazê-lo, elevam seu próprio interesse, tal deve ser a devoção dos servos de Deus. Ele mesmo deseja isso. Despreze cada preocupação e apegue-se ao reino dos Céus. Habite lá, não aqui. Fique em pé lá, não aqui. Se você ficar em pé, até mesmo os demônios o temerão. Porém, se a sua dependência estiver na riqueza mundana, eles o desprezarão juntamente com as outras pessoas... Se você desprezar as riquezas, estará radiante na casa do Rei.

"Em grandes famílias, os servos que desconsideram seus próprios interesses e promovem com zelo e prontidão os interesses de seus senhores são favorecidos."

ESCRITURAS SAGRADAS

JOÃO DE DAMASCO

Antes, o seu prazer está na lei do SENHOR, e na sua lei medita de dia e de noite. Ele é como árvore plantada junto a corrente de águas, que, no devido tempo, dá o seu fruto, e cuja folhagem não murcha; e tudo quanto ele faz será bem-sucedido.

SALMO 1:2,3

Pesquisar as Escrituras é uma ocupação excelente e proveitosa às almas. Assim como uma árvore é plantada junto às correntes de água, a alma regada pelas Escrituras divinas é enriquecida e frutifica (isto é, crença justa) em seu tempo. Ela é adornada com ramos sempre verdes — atos agradáveis a Deus. Por meio das Sagradas Escrituras, nós somos treinados a pensar corretamente e a agir de maneira agradável a Deus, pois nessas palavras somos incentivados a toda virtude e dissuadidos de todo mal. Se amarmos aprender, seremos instruídos em muitas coisas, porque com zelo, trabalho árduo e a graça do Deus que concede, tudo é realizado. Todo aquele que pede recebe, quem procura encontra e a quem bate lhe será aberto. Portanto, batamos no belo jardim das Escrituras. Ele é perfumado, doce e florescente, com diversos sons de pássaros espirituais e divinamente inspirados. Eles cantam ao redor de nossos ouvidos, capturam o nosso coração, consolam os que choram, acalmam os irados e nos enchem de alegria eterna. As Escrituras fixam nossa mente no dorso dourado, reluzente e brilhante da pomba Divina. Suas asas brilhantes se elevam ao Filho Unigênito que é o Herdeiro do Fazendeiro da vinha espiritual. A pomba Divina nos leva, por meio dele, ao Pai das Luzes.

"Pesquisar as Escrituras é uma ocupação excelente e proveitosa às almas."

A FOGUEIRA DO CIÚME

CIPRIANO

...por isso, tão certo como eu vivo, diz o Senhor *Deus, procederei segundo a tua ira e segundo a tua inveja, com que, no teu ódio, os trataste; e serei conhecido deles, quando te julgar.* EZEQUIEL 35:11

Que verme roedor da alma, que praga dos nossos pensamentos, que ferrugem do coração é ter inveja da força ou da felicidade de alguém. Isto é, odiar o benefício merecido ou os benefícios divinos de alguém, transformar as vantagens dos outros em seu prejuízo, ser atormentado pela prosperidade de homens famosos, fazer da glória de outras pessoas a sua própria pena e, por assim dizer, executar a si mesmo ou trazer atormentadores aos seus pensamentos e sentimentos, para que eles possam rasgar o seu ventre e atacar os lugares secretos do coração com ódio. Para tal pessoa, nenhum alimento é agradável, nenhuma bebida consegue ser algo festivo. Ela está sempre suspirando, gemendo e sofrendo. Dado que o invejoso nunca elimina a inveja, o coração enlouquecido é dilacerado violentamente dia e noite. Outras doenças têm seu limite e o mal feito é confinado pela realização do crime... O ciúme não tem limite; é um mal que persiste continuamente e um pecado interminável. Proporcionalmente, quem é invejado tem maior sucesso, mas o invejoso arde com maior calor devido à fogueira do ciúme.

"O ciúme não tem limite; é um mal que persiste continuamente e um pecado interminável."

EU SOU

CRISÓSTOMO

...porquanto, nele, habita, corporalmente,
toda a plenitude da Divindade.
Também, nele, estais aperfeiçoados.
Ele é o cabeça de todo principado e potestade.

COLOSSENSES 2:9,10

Não está Ele certo em afastar-se de nós e nos punir quando se entrega inteiramente por nós e, ainda assim, resistimos a Ele? Certamente, isso é claro para todos, pois, caso você deseje adornar-se, "Que seja com os Meus ornamentos, diz Ele"; ou equipar-se, "com os Meus braços"; ou vestir-se, "com as Minhas vestes"; ou alimentar-se, "à Minha mesa"; ou viajar, "pelo Meu caminho"; ou herdar, "a Minha herança"; ou entrar em um país, "a cidade da qual Eu sou construtor e criador"; ou construir uma casa, "entre os Meus tabernáculos"... O que pode igualar essa generosidade, na qual "Eu sou Pai, sou irmão, noivo, sou morada, sou alimento, sou vestimenta, sou raiz, sou fundamento, tudo quanto desejares, Eu sou"? E "De nada careças. Eu serei servo, porque vim para servir, não para ser servido; sou amigo, membro, cabeça, irmão, irmã e mãe; Eu sou tudo; apenas agarre-se a mim. Eu fui pobre por você e um errante por você, fui à cruz e ao túmulo por você; nas alturas Eu intercedo por você junto ao Pai, por você Eu vim à Terra como Embaixador de meu Pai. Você é tudo para mim: irmão, coerdeiro, amigo e membro." O que mais você poderia pedir?

FARDO CARNAL

AGOSTINHO

...o qual transformará o nosso corpo de humilhação, para ser igual ao corpo da sua glória, segundo a eficácia do poder que ele tem de até subordinar a si todas as coisas.

FILIPENSES 3:21

Não devemos orar somente para não sermos conduzidos ao mal, mas também para sermos libertos do mal a que já fomos levados. Quando isso acontecer, não precisaremos temer tentação ou qualquer outra coisa. Porém, enquanto vivermos em nosso estado carnal, ao qual a serpente nos levou, não poderemos esperar por tal libertação. Devemos, porém, esperar que isso aconteça no futuro. Essa é a esperança invisível de que o apóstolo Paulo falou: "esperança que se vê não é esperança". Não obstante, os servos fiéis de Deus não devem negligenciar a sabedoria que nos foi dada nesta vida. Devemos, com a maior cautela, evitar as coisas que o Senhor diz para evitarmos. Precisamos buscar as coisas que o Senhor diz para buscarmos com o amor mais forte, pois, após nos livrarmos, na morte, do fardo restante de nossa carne, seremos aperfeiçoados. Toda parte de nós será aperfeiçoada à pureza que nos esforçamos ao máximo para obter.

"Após nos livrarmos, na morte, do fardo restante de nossa carne, seremos aperfeiçoados."

DEUS CAPACITA

EUSÉBIO

Quem dera que eles tivessem tal coração,
que me temessem e guardassem em todo o tempo
todos os meus mandamentos, para que bem lhes fosse
a eles e a seus filhos, para sempre!

DEUTERONÔMIO 5:29

A nossa percepção é obscurecida quando recebemos com raiva e impaciência os mandamentos que foram dados para nos abençoar... Porque a obediência a Deus é recompensada pela vida eterna e imperecível. Quem o conhece pode almejar isso e moldar sua vida para que seja exemplo para os outros, um padrão contínuo de justiça a ser imitado. Portanto, a doutrina foi confiada a pessoas sábias. As verdades que elas comunicavam poderiam, então, ser guardadas cuidadosamente e com consciência pura por suas famílias. Então, a verdadeira e firme obediência aos mandamentos de Deus poderia ser estabelecida e produzir ousadia diante da morte. Tal ousadia provém de uma fé pura e santidade genuína perante Deus. Quem está assim armado consegue suportar as tempestades do mundo... Tais pessoas superam com ousadia os maiores horrores e são consideradas dignas de uma coroa de glória. Pessoas como essas não aceitam elogios, mas sabem muito bem que Deus lhes concedeu o poder de suportar e cumprir zelosamente os Seus mandamentos. Tais pessoas sempre serão lembradas e receberão honra eterna.

"Quem o conhece pode almejar isso e moldar sua vida
para que seja exemplo para os outros,
um padrão contínuo de justiça a ser imitado."

RESTAURE A MINHA ALMA

AGOSTINHO

Mas as vossas iniquidades fazem separação entre vós e o vosso Deus; e os vossos pecados encobrem o seu rosto de vós, para que vos não ouça.

ISAÍAS 59:2

Como posso encontrar descanso em ti? Quem te enviará ao meu coração para fortalecê-lo, para que eu possa esquecer minhas tristezas e abraçar a ti, meu único bem? Quem és tu para mim? Tem compaixão de mim, para que eu possa falar. O que sou eu para ti, para que exijas o meu amor e, se eu não o der, fiques irado e me ameaces com grandes tristezas? Então, é uma leve tristeza não amar a ti? Tem misericórdia de mim! Ó Senhor meu Deus, mostra-me compassivamente o que tu és para mim. "Dize à minha alma: Eu sou a tua salvação". Dize isso para que eu possa ouvir-te... Quando eu ouvir, possa eu correr e agarrar-me a ti. Não escondas de mim a Tua face. Deixa-me morrer, porque somente assim poderei ver a Tua face. Minha alma está constrita. Expande-a para que tu possas entrar. Ela está em ruínas; restaura-a. Ela ofenderá os Teus olhos. Eu confesso e sei disso, mas quem a purificará? A quem posso clamar, senão a ti? Purifica-me dos meus pecados ocultos, ó Senhor, e guarda o Teu servo dos pecados ocultos dos outros... Tu és a verdade e eu não luto contra o Teu julgamento. Não me enganarei, por medo de que a minha iniquidade minta contra si mesma. Portanto, eu não luto contra o Teu julgamento, porque "se observares, SENHOR, iniquidades, quem, Senhor, subsistirá?".

"Minha alma está constrita. Expande-a para que tu possas entrar."

TENTAÇÕES MALIGNAS

DIONÍSIO DE ALEXANDRIA

...é porque o Senhor sabe livrar da provação os piedosos e reservar, sob castigo, os injustos para o Dia de Juízo...

2 PEDRO 2:9

Após dizer "No mundo, passais por aflições", Cristo acrescentou: "mas tende bom ânimo; eu venci o mundo". Ele ensinou os discípulos a orar para que não caíssem em tentação: "e não nos deixes cair em tentação". Para mostrar que isso não implicava em que eles não seriam tentados, mas que seriam livres do mal, Ele acrescentou: "mas livra-nos do mal". Talvez você diga: "Que diferença há entre ser tentado e cair ou entrar em tentação?". Bem, se alguém é vencido pelo mal (e será vencido se não lutar contra ele e se Deus não o proteger com o Seu escudo), essa pessoa entrou em tentação e foi levada cativa a ela. Se, porém, resiste, ela é tentada, mas não entrou ou caiu em tentação. Portanto, o maligno nos atrai para tentações malignas quando nos tenta, mas Deus nos prova como quem não foi tentado pelo mal, visto que é dito que Deus "não pode ser tentado pelo mal". O diabo, portanto, nos força pela violência, levando-nos à destruição, mas Deus nos guia pela mão, instruindo-nos para a nossa salvação.

"O diabo nos força pela violência, levando-nos à destruição, mas Deus nos guia pela mão, instruindo-nos para a nossa salvação."

ARREPENDIMENTO BENDITO

TERTULIANO

Porque não tenho prazer na morte de ninguém, diz o Senhor *Deus. Portanto, convertei-vos e vivei.*

EZEQUIEL 18:32

A tarefa de calcular o abundante bem do arrependimento deve ser expressa com grande eloquência. Entretanto, na proporção das nossas limitadas habilidades, enfatizemos um ponto — que o que Deus ordena é bom e o melhor. Eu acredito que quem contesta o "bem" de um mandamento divino é ousado e arrogante, porque o que nos obriga a obedecer não é o fato de o mandamento ser bom, e sim o fato de Deus havê-lo ordenado. A Majestade do poder Divino tem o supremo direito de exigir obediência. A autoridade daquele que comanda tem prioridade sobre os Seus servos. "É bom arrepender-se ou não?" Por que você questiona isso? Deus ordena. Ele não meramente comanda, mas também apela a nós. Ele nos convida a obedecer oferecendo uma recompensa — a salvação. Por sua promessa "eu vivo", Ele deseja que confiemos nele. Ó, abençoados somos nós, a quem Deus promete a salvação! Porém, somos os mais infelizes se não cremos no Senhor, mesmo quando Ele promete! Portanto, daquilo que Deus tanto recomenda, daquilo que Ele promete, nós somos obrigados a nos aproximar e considerar com a máxima seriedade. Então, vivendo permanentemente com fé na solene promessa de graça divina, seremos capazes de perseverar e receber o seu fruto.

"Nós somos os mais infelizes se não cremos no Senhor, mesmo quando Ele promete!"

RIQUEZAS TEMPORAIS

ATANÁSIO

porque as riquezas não duram para sempre,
nem a coroa, de geração em geração?
PROVÉRBIOS 27:24

Nós não devemos desfalecer pensando que este tempo é longo ou que estamos fazendo algo grandioso, "Porque [...] os sofrimentos do tempo presente não podem ser comparados com a glória a ser revelada em nós". Ao olharmos para o mundo, não devemos pensar que desistimos de algo importante, porque a Terra é muito pequena em comparação com o Céu. Ainda que se, por acaso, governássemos o mundo inteiro e desistíssemos de todo ele, isso não seria digno do reino dos Céus... Porque, se alguém governou a Terra inteira e desistiu dela, desistiu de muito pouco, mas recebeu cem vezes mais... Além disso, ainda que não desistamos das coisas por uma questão de justiça, quando morrermos as deixaremos para trás, para aqueles que quisermos que as tenham (como Salomão costumava dizer). Por que, então, por uma questão de justiça não as abandonaríamos para herdar um reino? Não permita que o desejo de possuir bens assuma o controle de sua vida; afinal, o que ganhamos adquirindo as coisas que não podemos levar conosco? Por que não obter, em vez disso, as coisas que podemos levar conosco — especificamente sabedoria, justiça, autocontrole, coragem, compreensão, amor, bondade para com os pobres, fé em Cristo, hospitalidade e ausência de ira? Se possuirmos essas coisas, elas nos prepararão uma boa acolhida na terra dos humildes.

"Não permita que o desejo de possuir bens assuma o controle de sua vida; afinal, o que ganhamos adquirindo as coisas que não podemos levar conosco?"

FREIOS E ESPORAS

ORÍGENES

Porque o Senhor repreende a quem ama,
assim como o pai, ao filho a quem quer bem.

PROVÉRBIOS 3:12

Se não sentir continuamente a espora de seu cavaleiro e sua boca não for irritada por um freio, o cavalo se torna teimoso. Também um menino, se não for constantemente disciplinado, ao crescer será um jovem arrogante, pronto para cair imprudentemente em perversidades. Consequentemente, Deus abandona e negligencia quem Ele considera indigno de punição, "porque o Senhor corrige a quem ama e açoita a todo filho a quem recebe". Nós precisamos crer que quem foi punido e disciplinado recebeu o status e afeto reservado aos Seus filhos. Como resultado, ao suportar provações e tribulações, pode dizer: "Quem nos separará do amor de Cristo? Será tribulação, ou angústia, ou perseguição, ou fome, ou nudez, ou perigo, ou espada?". Porque, por meio dessas coisas, o compromisso de alguém é demonstrado e exibido. A firmeza da perseverança de uma pessoa é conhecida, não tanto por Deus, que conhece todas as coisas antes que elas aconteçam, mas pelos anjos racionais e celestiais... como assistentes e servos de Deus.

RECUPERANDO-SE EM BATALHA

AGOSTINHO

O aguilhão da morte é o pecado, e a força do pecado é a lei. Graças a Deus, que nos dá a vitória por intermédio de nosso Senhor Jesus Cristo. 1 CORÍNTIOS 15:56,57

Qual é a plena e perfeita liberdade encontrada no Senhor Jesus? Ele disse: "Se, pois, o Filho vos libertar, verdadeiramente sereis livres". E quando teremos plena e perfeita liberdade? Quando a hostilidade acabar e a morte, nosso último inimigo, for destruída. "Porque é necessário que este corpo corruptível se revista da incorruptibilidade, e que o corpo mortal se revista da imortalidade. E, quando este corpo corruptível se revestir de incorruptibilidade, e o que é mortal se revestir de imortalidade, então, se cumprirá a palavra que está escrita: Tragada foi a morte pela vitória. Onde está, ó morte, a tua vitória?"... Agora, nunca mais morreremos, e sim viveremos naquele que morreu por nós e ressuscitou... Como quem está ferido, devemos orar pedindo um médico. Nós precisamos ser levados à hospedaria para sermos curados, porque Aquele que se compadeceu do homem deixado quase morto na estrada por ladrões promete a salvação... Ele curou as feridas do homem. Ele o colocou em seu animal. Ele o levou para a hospedaria. Ele o deixou aos cuidados do hospedador. Quem era o estalajadeiro? Talvez tenha sido Paulo, aquele que disse "Somos embaixadores em nome de Cristo". Ele deu também duas moedas para pagar pela cura dos ferimentos do homem. Talvez esses sejam os dois mandamentos dos quais dependem toda a Lei e os profetas. Portanto, amado, a Igreja é a hospedaria de viajantes onde os feridos são curados. Porém, acima da Igreja estão a vida e a liberdade que herdamos.

"A Igreja é a hospedaria de viajantes onde os feridos são curados."

O CORPO E A ALMA

TERTULIANO

O mesmo Deus da paz vos santifique em tudo; e o vosso espírito, alma e corpo sejam conservados íntegros e irrepreensíveis na vinda de nosso Senhor Jesus Cristo.

1 TESSALONICENSES 5:23

Toda alma tem sua natureza em Adão até nascer de novo em Cristo. Ela é impura sem essa regeneração. Por ser impura, a alma é ativamente pecaminosa. E, por estar ligada ao corpo, ela o preenche com a sua própria vergonha. Sim, a carne é pecadora e nós somos proibidos de nos conformar a ela... Entretanto, a carne não é desonrada por conta própria, visto que, por si mesma, não pensa ou sente algo que recomende ou exija o pecado. Como poderia isso acontecer? A carne é apenas um instrumento. Ela não serve como um empregado ou amigo chegado — seres vivos e humanos —, e sim como um navio ou algo semelhante. Ela é corpo, não alma. Ora, um copo pode ajudar um homem sedento, mas, se este não o levar à boca, de nada lhe servirá. Portanto, a característica distintiva de uma pessoa não é o seu corpo terreno. Nem é a carne a pessoa humana e uma qualidade pessoal. Em vez disso, ela trabalha para a alma, embora esteja unida à alma como um escravo ou um instrumento para as necessidades da vida. Quão absurdo é atribuir pecado a algo que não tem boas ações ou caráter próprio!... Quanto à forma e função, a carne é uma substância e condição muito diferente da alma.

"Toda alma tem sua natureza em Adão até nascer de novo em Cristo."

DÊ GRAÇAS

ATANÁSIO

Em tudo, dai graças, porque esta é a vontade de Deus em Cristo Jesus para convosco. 1 TESSALONICENSES 5:18

Sabendo que o Senhor ama pessoas gratas, Seus servos fiéis nunca deixam de louvá-lo. Eles sempre dão graças ao Senhor. Seja em momentos de facilidade ou de sofrimento, eles oferecem louvor a Deus com ações de graças... Portanto, muito tempo atrás, ao prosperar, Jó teve mais coragem quanto a isso do que qualquer um poderia imaginar. Porém, quando sofreu, suportou pacientemente a dor e deu graças. Davi também cantava louvores em momentos de dor e tristeza. Ele disse: "Bendirei o SENHOR em todo o tempo". E Paulo, em todas as suas epístolas, jamais deixou de agradecer a Deus. Em tempos de facilidade, não vacilava; e, nos de sofrimento, gloriava-se, por saber que "a tribulação produz perseverança; e a perseverança, experiência; e a experiência, esperança. Ora, a esperança não confunde." Como seguidores de tais homens, não devemos deixar passar ocasião alguma sem agradecimento... Porque o apóstolo Paulo, que sempre dava graças, nos exorta a nos aproximarmos de Deus da mesma maneira. Ele disse: "sejam conhecidas, diante de Deus, as vossas petições, pela oração e pela súplica, com ações de graças". Desejando que sempre continuássemos fazendo isso, ele diz: "Orai sem cessar. Em tudo, dai graças", porque sabia que quem crê é forte enquanto dá graças. E, ao regozijar-se, salta as muralhas do inimigo. Essas pessoas são semelhantes aos santos que disseram: "Pois contigo desbarato exércitos, com o meu Deus salto muralhas".

"Não devemos deixar passar ocasião alguma sem agradecimento."

PERSEVERANÇA

CIPRIANO

Mas, por esta mesma razão, me foi concedida misericórdia, para que, em mim, o principal, evidenciasse Jesus Cristo a sua completa longanimidade, e servisse eu de modelo a quantos hão de crer nele para a vida eterna. 1 TIMÓTEO 1:16

Permaneçamos alertas e nos apeguemos à paciência de Cristo, pela qual podemos chegar a Deus. Essa paciência, abundante e diversa, não é restringida por limites estreitos, nem confinada por fronteiras retas. Porém, a virtude da paciência é amplamente demonstrada. Mesmo que sua fertilidade e liberalidade provenham de uma única fonte... a paciência nos recomenda a Deus e preserva o nosso relacionamento com Ele. Ela aplaca a ira, refreia a língua, governa a mente, protege a paz, governa a disciplina e despedaça a força da concupiscência. Reprime a violência da soberba, apaga a fogueira da hostilidade, coloca sob controle o poder dos ricos e alivia as necessidades dos pobres. A paciência protege a bendita integridade das virgens e a prudente pureza das viúvas, e as pessoas unidas por uma afeição em comum no casamento. Ela torna os homens humildes na prosperidade, corajosos na adversidade e brandos quanto a erros e desrespeito. Ela nos ensina a perdoar rapidamente quem nos faz mal e, se fazemos mal, a implorar fervorosamente por perdão. Ela resiste a tentações, sofre perseguições, aperfeiçoa paixões e martírios. A paciência fortalece firmemente os fundamentos da nossa fé e eleva a nossa crescente esperança. Ela direciona os nossos atos para que nos apeguemos ao caminho de Cristo enquanto caminhamos por Sua paciência. Enquanto imitamos a paciência de nosso Pai, perseveramos como filhos de Deus.

"Enquanto imitamos a paciência de nosso Pai, perseveramos como filhos de Deus."

ORAÇÕES RESPONDIDAS

CRISÓSTOMO

Orai sem cessar.

1 TESSALONICENSES 5:17

As coisas que não temos força para realizar sozinhos, podemos realizar facilmente por meio de oração perseverante, porque temos o dever de orar sem cessar. Aquele que está sofrendo e quem é poupado do sofrimento precisa orar. Igualmente precisam fazê-lo os que estão em perigo e os que são prósperos, pois quem tem tranquilidade e riqueza precisa orar para que essas coisas jamais mudem. Quem está sofrendo e em perigo precisa orar para que alguma mudança favorável lhe ocorra e para que seja levado a um estado confortável e tranquilo.

Você está em um momento tranquilo? Então, implore a Deus para que sua tranquilidade permaneça. Uma tempestade se levantou contra você? Implore fervorosamente para Deus fazer a onda passar e acalmar a tempestade. Você foi ouvido? Seja sinceramente grato. Não foi ouvido? Persevere para ser ouvido, porque, se Deus demora a dar uma resposta, não é por ódio e hostilidade, mas por Seu desejo de mantê-lo eternamente com Ele, adiando uma resposta como fazem os pais afetuosos.

"Você foi ouvido? Seja sinceramente grato. Não foi ouvido? Persevere para ser ouvido."

GRAÇA MAIOR

AMBRÓSIO

Mas esmurro o meu corpo e o redouzo à escravidão,
para que, tendo pregado a outros,
não venha eu mesmo a ser desqualificado.

1 CORÍNTIOS 9:27

Paulo ensina: "Que preferis? Irei a vós outros com vara ou com amor e espírito de mansidão?"... O que ele quer dizer com a vara é mostrado por seu discurso contra a fornicação, sua denúncia do incesto, sua crítica à soberba (porque quem deveria estar se lamentando se exaltava) e, finalmente, sua sentença sobre o culpado ser... entregue ao inimigo, que destruiria sua carne e não sua alma. O Senhor não deu a Satanás poder sobre a alma santa de Jó, mas permitiu que ele atacasse o corpo de Jó. De semelhante modo, os pecadores são entregues a Satanás para que ele destrua a carne. Embora a serpente possa lamber o pó da carne deles, não pode lhes ferir a alma. Por isso, nossa carne precisa morrer para as concupiscências. Ela precisa ser cativa, subjugada e não guerrear contra a lei de nossa mente. Em vez disso, precisa ser como um escravo de um bom serviço. Tome Paulo como exemplo. Ele esmurrava seu corpo para o submeter, de modo que sua pregação se tornasse mais digna... Porque a carne morre quando o Espírito consome a sabedoria dela. Então, ela já não mais deseja as coisas da carne, e sim as coisas do Espírito. Eu quero ver minha carne enfraquecendo, não quero ser arrastado ao cativeiro para a lei do pecado. Eu não quero viver na carne, mas na fé em Cristo! Portanto, há maior graça no sofrimento do corpo do que na sua saúde.

"Nossa carne precisa ser cativa, subjugada
e não guerrear contra a lei de nossa mente."

TESTE DE VONTADE

JERÔNIMO

Pois, naquilo que ele mesmo sofreu, tendo sido tentado, é poderoso para socorrer os que são tentados.

HEBREUS 2:18

Sabendo que os batizados podem ser tentados e cair por seu livre-arbítrio, o apóstolo Tiago afirma: "Bem-aventurado o homem que suporta, com perseverança, a provação; porque, depois de ter sido aprovado, receberá a coroa da vida, a qual o Senhor prometeu aos que o amam". Para que não pensemos que somos tentados por Deus... ele acrescenta: "Ninguém, ao ser tentado, diga: Sou tentado por Deus; porque Deus não pode ser tentado pelo mal e ele mesmo a ninguém tenta. Ao contrário, cada um é tentado pela sua própria cobiça, quando esta o atrai e seduz. Então, a cobiça, depois de haver concebido, dá à luz o pecado; e o pecado, uma vez consumado, gera a morte". Deus nos criou com livre-arbítrio, e não somos forçados à justiça ou à maldade. Se fôssemos forçados, não haveria uma coroa. Porém, Deus nos aperfeiçoa em boas obras, porque não atingimos a perfeição devido às nossas boas intenções ou por corrermos em direção a ela, mas porque Deus tem misericórdia de nós e nos ajuda a atingir essa meta.

"Nós não atingimos a perfeição devido às nossas boas intenções ou por corrermos em direção a ela, mas porque Deus tem misericórdia de nós e nos ajuda a atingir essa meta."

O PROPÓSITO DA PERSEGUIÇÃO

TERTULIANO

A sua pá, ele a tem na mão e limpará completamente a sua eira; recolherá o seu trigo no celeiro, mas queimará a palha em fogo inextinguível.

MATEUS 3:12

À medida que as perseguições nos ameaçam cada vez mais, precisamos questionar com mais sinceridade como a fé deve responder a elas... Nada acontece fora da vontade de Deus. A perseguição é especialmente digna de Deus e exigida para a aprovação ou rejeição daqueles que se dizem Seus servos. Qual é o objetivo da perseguição? Qual é o seu resultado, senão... o Senhor peneirar o Seu povo? Perseguição... é simplesmente o julgamento do Senhor. E o julgamento pertence somente a Deus. Ele é a pá que limpa a Sua eira, a Igreja. O julgamento esquadrinha a pilha mesclada dos crentes e faz separação entre o trigo dos mártires e o joio dos negadores... A única coisa ótima na perseguição é a promoção da glória do Senhor, porque Ele testa e joga fora, acrescenta e tira. Certamente, aquilo que glorifica a Deus acontecerá por Sua vontade. Quando a confiança em Deus é mais forte senão quando há maior temor a Ele e quando a perseguição irrompe? Então, a fé é mais zelosa na preparação e melhor disciplinada nos jejuns e reuniões, orações e humildade, bondade e amor fraternais, santidade e contenção. Não há espaço para outra coisa senão temor e esperança.

AMANDO O SEU PRÓXIMO

AGOSTINHO

Ora, temos, da parte dele, este mandamento: que aquele que ama a Deus ame também a seu irmão.

1 JOÃO 4:21

Não ame por você mesmo, mas por Deus, que é o mais digno do seu amor. Ninguém tem o direito de ficar irado com seu próximo se o amar por causa do amor de Deus, porque a lei do amor estabelecida pela autoridade Divina é "Amarás o teu próximo como a ti mesmo" e "Amarás o Senhor, teu Deus, de todo o teu coração, de toda a tua alma e de todo o teu entendimento". Assim, você precisa oferecer todos os seus pensamentos, toda a sua vida e toda a sua inteligência Àquele que lhe dá tudo. Quando o Senhor diz "de todo o teu coração, de toda a tua alma e de todo o teu entendimento", Ele quer dizer que nenhuma parte de nossa vida deve estar vazia, deixando espaço para outros desejos. Porém, qualquer outra coisa que sugira ser digna de amor precisa estar no mesmo canal através do qual flui toda a corrente de nossas afeições. Portanto, quem quer que ame seu próximo deve exortá-los a amar a Deus de todo coração, alma e entendimento, porque, amando o próximo como a si mesmo, eles transformam toda a corrente de seu amor aos outros no canal do amor de Deus.

"Não ame por você mesmo, mas por Deus, que é o mais digno do seu amor."

FILHOS DE MÁRTIRES

BASÍLIO

Bem-aventurados sois quando, por minha causa, vos injuriarem, e vos perseguirem, e, mentindo, disserem todo mal contra vós.

MATEUS 5:11

A provação é pesada, amado? Suportemos a fadiga. Ninguém que evita os golpes e a poeira da batalha conquista uma coroa. As zombarias do diabo e o ataque do inimigo são insignificantes? Essas provações são perturbadoras porque servem ao Senhor. Elas são desprezadas visto que Deus combinou nelas impiedade e fraqueza. Porém, tenhamos cuidado de clamar demasiadamente alto devido a um pouco de dor e, como resultado, ser condenados. Somente uma coisa é digna de dor: perder-se por crédito momentâneo (se realmente podemos dizer que nos tornarmos uma desgraça pública é para nosso crédito). Então, você se privou da recompensa eterna dada aos justos. Você é filho de quem confessa a Cristo. Você é filho de mártires. Você resistiu ao pecado a ponto de derramar sangue. Portanto, use os exemplos daqueles que lhe são próximos e queridos para torná-lo valente pela religião. Nenhum de nós foi dilacerado por açoites. Nenhum de nós sofreu confisco de sua casa. Não fomos levados ao exílio. Não sofremos aprisionamento. Qual grande sofrimento experimentamos? É angustiante talvez não termos sofrido coisa alguma e não sermos considerados dignos dos sofrimentos de Cristo?

"Use os exemplos daqueles que lhe são próximos e queridos para torná-lo valente pela religião."

TENHA PACIÊNCIA

HERMAS

Não sabeis que sois santuário de Deus
e que o Espírito de Deus habita em vós?

1 CORÍNTIOS 3:16

Se você for paciente, o Espírito Santo que habita em você será puro. Ele não será obscurecido por espírito maligno algum, se regozijará e se alegrará; e, com o vaso em que habita, servirá a Deus com alegria, tendo grande paz dentro de si. Porém, ocorrendo alguma explosão de raiva, o Espírito Santo procura partir, por não ter um lugar puro, pois o Senhor habita na paciência, mas o diabo, na ira. Então, quando os dois espíritos vivem no mesmo lugar, conflitam um com o outro e causam perturbação para a pessoa em quem habitam. Afinal, se um pedaço extremamente pequeno de absinto é colocado em um pote de mel, o mel não é inteiramente destruído? E o minúsculo pedaço de absinto não tira totalmente a doçura do mel, de modo que este não mais agrada o seu dono, tendo se tornado amargo e perdido sua utilidade? Porém, se o absinto não é colocado no mel, o mel permanece doce e é útil para o seu dono. Então, você entende que a paciência é mais doce do que o mel. Ela é útil a Deus e o Senhor habita nela. A ira, porém, é amarga e inútil. Se a ira for misturada com a paciência, a paciência será poluída e sua oração se tornará inútil para Deus.

"A paciência é mais doce do que o mel.
Ela é útil a Deus e o Senhor habita nela."

PERSISTINDO APESAR DE

LACTÂNCIO

Porque nós, que vivemos, somos sempre entregues à morte por causa de Jesus, para que também a vida de Jesus se manifeste em nossa carne mortal.

2 CORÍNTIOS 4:11

Quem aceitaria voluntariamente uma obrigação que lhe causaria dor? Quem não odiaria a pessoa que as fez sofrer ao ver as cicatrizes em sua própria carne? Portanto, quando as pessoas que se afastaram de nós veem a paz que o Céu nos dá em tais situações, elas retornam a nós. Além disso, uma nova multidão de pessoas é acrescentada devido à maravilhosa natureza da virtude exibida em nós. As pessoas veem que aqueles que são torturados permanecem pacientes enquanto os executores se cansam. Como resultado, percebem que o acordo de muitos e a firmeza dos que estão morrendo têm obrigatoriamente um significado. Elas veem que paciência isoladamente não conseguiria lidar com essas torturas sem a ajuda de Deus, porque ladrões e homens fortes não conseguem suportar tal abuso. Eles gritam e gemem visto que são dominados pela dor. A paciência não foi enraizada neles. No nosso caso, porém, meninos e mulheres delicadas (para não mencionar homens) dominam seus torturadores em silêncio. Nem o fogo os fará gemer... Perceba que até mesmo os fracos, frágeis e idosos suportam tortura física e queimaduras. Eles não suportam porque precisam, pois, se quiserem, podem fugir. Porém, suportam tortura e morte por livre e espontânea vontade, visto que depositaram a sua confiança em Deus.

BENS E SACRIFÍCIO

AGOSTINHO

Assim, pois, todo aquele que dentre vós não renuncia a tudo quanto tem não pode ser meu discípulo.

LUCAS 14:33

Os pescadores da Galileia encontraram satisfação não somente em deixar seus barcos e redes sob o comando do Senhor, mas também em declarar que haviam deixado tudo e o seguiam. Quem rejeita não apenas tudo que tem, mas tudo que esperava possuir, desiste verdadeiramente de tudo. O que eles podem ter desejado só é visto por Deus. O que eles realmente possuíam é visto pelos olhos humanos. Além disso, quando amamos coisas terrenas sem importância, de algum modo estamos mais firmemente casados com o que temos do que com o que queremos ter. Por que o homem que perguntou ao Senhor acerca da vida eterna foi embora triste ao ouvir que deveria vender tudo e dar aos pobres para ser salvo? Porque uma coisa é evitar conquistar o que queremos, outra coisa é dar aquilo que se tornou parte de nós. A primeira atitude é semelhante a recusar alimento e a última é semelhante a cortar fora um braço. Quão grande e maravilhosa é a alegria da generosidade cristã que obtemos quando, em obediência ao evangelho de Cristo, sacrificamos alegremente aquilo que aquele homem rico, sofrendo, recusou-se a entregar.

"Quem rejeita não apenas tudo que tem, mas tudo que esperava possuir, desiste verdadeiramente de tudo."

OS PERIGOS DO PRAZER

GREGÓRIO DE NISSA

Quem ama os prazeres empobrecerá,
quem ama o vinho e o azeite jamais enriquecerá.
PROVÉRBIOS 21:17

É perfeitamente claro que ninguém que não tenha se purificado primeiro possa aproximar-se da pureza de Deus. Portanto, precisamos colocar entre nós e os prazeres sensuais um alto e forte muro de separação. Então, ao nos aproximarmos de Deus, a pureza do nosso coração não será emporcalhada novamente... Isso também ocorre com o prazer, como aprendemos com os especialistas. Assim como a água de uma única nascente se divide em várias correntes, o prazer se espalha sobre o amante deste por intermédio das diversas avenidas dos sentidos. E a pessoa que sucumbe ao prazer decorrente de qualquer sensação foi ferida por essa sensação. Isso corresponde ao ensinamento de Cristo de que "qualquer que olhar para uma mulher com intenção impura, no coração, já adulterou com ela", pois eu entendo que, nesse exemplo específico, o nosso Senhor estava falando sobre qualquer um dos sentidos. Assim, podemos acrescentar às suas palavras: "qualquer que ouviu para cobiçar"; "qualquer que tocou para cobiçar""; "qualquer que reduziu qualquer faculdade sua a serviço do prazer pecou em seu coração". Para evitar isso, necessitamos usar o autocontrole em nossa vida. Nunca devemos deixar nossa mente abrigar algo no qual o prazer tenha escondido sua isca... Em tudo que fazemos, precisamos escolher a parte útil e deixar intocado o resto que meramente satisfaria os sentidos.

"Necessitamos usar o autocontrole em nossa vida. Nunca devemos deixar nossa mente abrigar algo no qual o prazer tenha escondido sua isca."

GUARDE SUA BOCA

AMBRÓSIO

O que guarda a boca e a língua
guarda a sua alma das angústias.
PROVÉRBIOS 21:23

Que haja uma porta em sua boca, para que ela possa ser fechada quando necessário. Que ela seja fechada com cuidado, para que ninguém desperte a sua voz para a ira e faça você retribuir abuso com abuso. Você ouviu dizer: "Irai-vos e não pequeis". Portanto, embora nos iremos (como resultado de nossa natureza, não de nossa vontade), não devemos proferir qualquer palavra má com nossa boca, para não cairmos em pecado. Nossas palavras devem, porém, ser... humildes e moderadas, de modo que nossa língua seja escrava de nossa mente. Mantenha a sua língua sob controle com rédea curta. Contenha-a e faça-a voltar à moderação. As palavras por ela proferidas devem ser pesadas em balanças de justiça, de modo que, se você estiver falando sério, seu discurso tenha essência e suas palavras tenham gravidade. Qualquer um que o fizer será paciente, brando e recatado guardando sua boca, restringindo sua língua, pensando antes de falar e pesando suas palavras. Tais pessoas questionam se devem ou não dizer ou responder algo e ponderam se é um momento adequado para a observação... nós devemos agir assim por receio de que nossas palavras, que devem conferir beleza à nossa vida interior, demonstrem claramente que temos uma moral maligna.

"Mantenha a sua língua sob controle com rédea curta.
Contenha-a e faça-a voltar à moderação."

PENSAMENTOS CELESTIAIS

GREGÓRIO I

Digo a verdade em Cristo, não minto, testemunhando comigo, no Espírito Santo, a minha própria consciência...

ROMANOS 9:1

Eu passo muito tempo imaginando por que as palavras das pessoas terrenas o agitam quando você fixou o seu coração no Céu. Pois, quando os amigos que foram consolar Jó irromperam em repreensão, ele disse: "Já agora sabei que a minha testemunha está no céu, e, nas alturas, quem advoga a minha causa". Quem tem no Céu a testemunha de sua vida não deve ter medo de julgamentos humanos. Paulo, um líder de bons homens, disse também: "Porque a nossa glória é esta: o testemunho da nossa consciência" e, novamente, "Mas prove cada um o seu labor e, então, terá motivo de gloriar-se unicamente em si e não em outro". Se nos regozijamos com louvores e somos destruídos pelo ridículo, não recebemos a nossa glória de nós mesmos, e sim da boca de outros. De fato, as virgens néscias não levaram óleo em suas vasilhas, mas as sábias, juntamente com suas lâmpadas, levaram óleo em suas vasilhas. Ora, as nossas lâmpadas são boas obras. Está escrito: "Assim brilhe também a vossa luz diante dos homens, para que vejam as vossas boas obras e glorifiquem a vosso Pai que está nos céus". E nós levamos óleo em nossas vasilhas juntamente com nossas lâmpadas quando não buscamos no louvor de nossos vizinhos a glória por nossas boas obras, mas, sim, a preservamos no testemunho de nossa consciência.

"Quem tem no Céu a testemunha de sua vida não deve ter medo de julgamentos humanos."

O GRANDE INSTRUTOR

CLEMENTE DE ALEXANDRIA

Eu repreendo e disciplino a quantos amo.
Sê, pois, zeloso e arrepende-te.
APOCALIPSE 3:19

A admoestação é o julgamento do cuidado amoroso e produz entendimento. O Instrutor demonstra tais admoestações ao dizer, no evangelho: "Quantas vezes quis eu reunir os teus filhos, como a galinha ajunta os seus pintinhos debaixo das asas, e vós não o quisestes!". E novamente as Escrituras advertem dizendo: "cometeis adultério e jurais falsamente, queimais incenso a Baal". É uma grande prova do amor de Deus o fato de, embora conhecendo bem a falta de vergonha do povo que havia caído em apostasia, Ele o exortar ao arrependimento e dizer, por intermédio de Ezequiel: "filho do homem, tu [habitas] com escorpiões; [...] Mas tu lhes dirás as minhas palavras, quer ouçam quer deixem de ouvir". Além disso, o Senhor diz a Moisés: "eu te enviarei a Faraó, para que tires o meu povo, [...] Eu sei, porém, que o rei do Egito não vos deixará ir". Ele mostra as duas coisas: Sua Divindade, por Sua presciência do que aconteceria, e Seu amor, proporcionando à alma uma oportunidade para escolher o arrependimento. Cuidando do povo, Deus também adverte por intermédio de Isaías quando diz: "este povo [...] com os seus lábios me honra, mas o seu coração está longe de mim". E o que se segue é um julgamento de reprovação: "o seu temor para comigo consiste só em mandamentos de homens". Aqui, Seu amoroso cuidado demonstra, lado a lado, o pecado e a salvação do povo.

APEGUE-SE AO AMOR

TESTAMENTOS DOS DOZE PATRIARCAS

Todo aquele que odeia a seu irmão é assassino; ora, vós sabeis que todo assassino não tem a vida eterna permanente em si.

1 JOÃO 3:15

O ódio é mau, porque sempre tolera mentir ou falar contra a verdade; ele torna grandes as coisas pequenas, considera que as trevas são luz. Ele chama de amargas as coisas doces e ensina calúnia, guerra, violência e maldade. Enche o coração com veneno diabólico. Eu digo essas coisas por experiência, meu filho, para que você fuja do ódio e se apegue ao amor do Senhor. A justiça expulsa o ódio e a humildade destrói o ódio, pois os justos e humildes têm vergonha de praticar o mal. Eles não são repreendidos por outra pessoa, e sim por seu próprio coração, porque o Senhor vê as suas motivações. Eles não falam contra outras pessoas, pois seu temor pelo Altíssimo subjuga o ódio. Por temerem ofender ao Senhor, eles nada farão de errado a pessoa alguma, nem mesmo em pensamento... Porque o arrependimento verdadeiro e piedoso destrói a incredulidade, afasta as trevas, ilumina os olhos, dá conhecimento à alma e conduz a mente à salvação. Tudo o que não havia aprendido das pessoas, conhece por meio do arrependimento.

"Fuja do ódio e apegue-se ao amor do Senhor."

TRANSFORMADO POR DEUS

RUFINO

Todas as coisas são puras para os puros; todavia, para os impuros e descrentes, nada é puro. Porque tanto a mente como a consciência deles estão corrompidas.

TITO 1:15

Poderia eu duvidar de que Aquele que me fez do pó da Terra pode me inocentar, uma pessoa culpada? Poderia eu duvidar que Aquele que me fez ver quando eu era cego, ou ouvir quando era surdo, ou andar quando era coxo, é capaz de recuperar para mim a minha inocência perdida? Veja o testemunho da natureza — matar um homem nem sempre é criminoso, mas matar com má intenção e ilegalmente é criminoso. Então, em tais casos, o que me condena não é o ato (às vezes, ele é praticado corretamente), e sim as más intenções da mente. Se a minha mente, que era considerada criminosa e causou pecado, está corrigida, por que eu não poderia ser inocentado já tendo sido um criminoso?... Porque o crime não consiste no ato, mas na vontade. Assim como uma vontade má, induzida por um demônio maligno, me expôs ao pecado e à morte, a vontade transformada em boa e inspirada pelo bom Deus me restaurou à inocência e à vida. O mesmo ocorre com todos os outros crimes. Como resultado, não conseguimos encontrar contradição entre a nossa fé e a razão natural, porque o perdão dos pecados não é concedido a atos que não podem ser mudados após cometidos, e sim à mente, que pode ser transformada de má para boa.

"O crime não consiste no ato, mas na vontade."

PARA EDIFICAÇÃO

ORÍGENES

Porque com o coração se crê para justiça
e com a boca se confessa a respeito da salvação.
ROMANOS 10:10

Se confessarmos Cristo, nos tornaremos semelhantes a Pedro. Seremos considerados benditos como ele foi. Carne e sangue não nos revelaram que Jesus é o Cristo e o Filho do Deus vivo, mas o Pai celestial o revelou, para que possamos ser cidadãos do Céu. Essa revelação conduz ao Céu aquele que desvela o coração e recebe o "espírito de sabedoria e de revelação" de Deus. E, se dissermos como Pedro "Tu és o Cristo, o Filho do Deus vivo", não porque carne e sangue o revelaram a nós, mas porque a luz do nosso Pai celestial brilhou em nosso coração, nos tornamos uma rocha, ou um Pedro... Cristo é a Rocha espiritual da qual Seu povo bebeu, e todo discípulo de Cristo é uma rocha. Toda palavra da Igreja e seu governo são edificados sobre todas essas rochas, porque a Igreja é edificada por Deus por intermédio de cada um dos perfeitos que abençoam por meio de suas palavras, atos e pensamentos.

PROCURE E ENCONTRE

AGOSTINHO

Compra a verdade e não a vendas; compra a sabedoria, a instrução e o entendimento.

PROVÉRBIOS 23:23

Paulo nos diz que a perfeição nesta vida é esquecer as coisas passadas e avançar em direção às que estão a nossa frente . Quem busca até atingir o objetivo têm a direção mais segura, porque o objetivo certo começa na fé. A verdadeira fé é, de algum modo, o ponto de partida do conhecimento. Porém, o verdadeiro conhecimento não será aperfeiçoado até depois desta vida, quando veremos a Cristo face a face. Portanto, saiba que buscar a verdade é mais seguro do que presumir que coisas desconhecidas possam ser conhecidas. Assim, busque como quem deseja encontrar e, como resultado, encontre como se estivesse prestes a buscar, porque "quando o homem tiver acabado, então estará no começo" [N.T.: Eclesiástico 18:6 — livro apócrifo presente na Bíblia de Jerusalém]… Tente entender isso. Ore por ajuda daquele que queremos entender. E, tanto quanto Ele permitir, procure, religiosa e ansiosamente, explicar aos outros o que você veio a entender.

"Busque como quem deseja encontrar e, como resultado, encontre como se estivesse prestes a buscar."

SIGA O LÍDER

ATANÁSIO

bendizei aos que vos maldizem,
orai pelos que vos caluniam.
LUCAS 6:28

Amado, como devemos considerar a compaixão do nosso Salvador? Devemos clamar e louvar a Sua bondade com poder e com trombetas! Não apenas devemos nos parecer com Ele, mas também devemos seguir o exemplo de Cristo de conversa celestial. Devemos continuar o que Ele começou. No sofrimento, não devemos fazer ameaças. Quando somos abusados verbalmente, não devemos responder com repreensão. Em vez disso, devemos abençoar quem nos amaldiçoa e nos comprometermos com Deus em tudo, porque Ele julga retamente. Quem faz isso se ajusta ao evangelho. Eles terão parte com Cristo e, como imitadores da conversa apostólica, Ele os considera dignos de louvor. Eles receberão o louvor que Paulo fez aos coríntios quando diz: "eu vos louvo porque, em tudo, vos lembrais de mim". Depois disso, devido a algumas pessoas haverem pervertido as palavras de Paulo segundo as suas próprias concupiscências... ele prosseguiu: "e retendes as tradições assim como vo-las entreguei". É claro que isso significa que não devemos pensar em outras coisas senão naquelas que o Mestre entregou.

"Devemos abençoar quem nos amaldiçoa e nos comprometermos com Deus em tudo."

HARMONIA DA CRIAÇÃO

IRINEU

Ora, vós sois corpo de Cristo; e,
individualmente, membros desse corpo.

1 CORÍNTIOS 12:27

Todas as coisas se originam do único Deus. Por serem diversas e numerosas, as coisas criadas são bem ajustadas e adaptadas a toda a criação. Entretanto, quando vistas individualmente, elas são mutuamente opostas e desarmônicas como o som da lira, que consiste em muitas notas opostas, mas dá origem a uma única melodia ininterrupta por meio dos intervalos que separam cada uma das outras. O que ama a verdade, portanto, não deve ser enganado pelo intervalo entre as notas, nem deve imaginar que uma foi devida a um artista e autor e a seguinte, a outra pessoa. Ele não deve pensar que uma pessoa colocou as cordas dos agudos, outra as dos graves e ainda outra as do tenor. Deve, porém, sustentar que uma só pessoa formou o todo, de modo a provar a solidez, bondade e habilidade exibidas em toda obra. Também quem escuta a melodia deve louvar e exaltar o artista, admirar a tensão de algumas notas, atentar para a suavidade de outras, captar o som de outras entre os dois extremos e considerar o caráter especial de outras. Então, pode investigar o que cada uma visa e qual é a causa da sua variedade, jamais deixando de aplicar a nossa regra — nem desistir do único artista, nem rejeitar a fé no Deus único que formou todas as coisas, nem blasfemar contra o nosso Criador.

DUAS BÊNÇÃOS

AGOSTINHO

Na verdade, não temos aqui cidade permanente,
mas buscamos a que há de vir.

HEBREUS 13:14

Há dois tipos de bênçãos: as temporais e as eternas. Bênçãos temporais são saúde, honra, amigos, riqueza, filhos, um lar, uma esposa e outras coisas de nossa jornada nesta vida. Porém, nós residimos no hotel da vida como viajantes de passagem, não como proprietários que pretendem permanecer, porque as bênçãos eternas são a vida eterna, a incorruptibilidade e a imortalidade do corpo e da alma, a fidelidade dos anjos, a cidade celestial, a glória infalível e o Pai — as primeiras sem morte, as últimas sem inimigo. Essas bênçãos nos fazem desejá-las com avidez e pedi-las com perseverança. Nós não pedimos com palavras longas, e sim com gemidos. Um desejo ansioso está sempre orando, ainda que a língua esteja em silêncio. Afinal, se você anseia por essas coisas, está orando. Quando a oração dorme? Quando o desejo esfria. Então, imploremos por essas bênçãos eternas com desejo ansioso. Busquemos essas coisas boas com total avidez. Peçamo-las com confiança... Amado, peça também bênçãos temporais, mas com moderação. Esteja certo de que, se você as recebe, é porque Aquele que sabe o que é benéfico para nós as concede. Você pediu. Ele não lhe deu o que você pediu? Confie em seu Pai. Ele lhe daria se fosse benéfico para você.

"Imploremos por bênçãos eternas com desejo ansioso.
Busquemos essas coisas boas com total avidez."

CONTENHA A IRA

AMBRÓSIO

Irai-vos e não pequeis; consultai no travesseiro o coração e sossegai.

SALMO 4:4

Um antigo ditado diz para nos tornarmos habitualmente constantes. Então, nossa vida poderá ser como quadros, preservando a mesma representação que originalmente receberam. Como pode ser coerente alguém que se inflama por ira em um minuto e, no próximo, se torna uma fogueira de feroz ressentimento? Ou que tal uma pessoa cujo rosto está inicialmente afogueado, mas, em um instante, transforma-se em palidez — variando e mudando de cor a cada minuto? É natural alguém se irar, porque geralmente há um bom motivo. Entretanto, é nosso dever conter a ira. Não devemos ser dominados pela fúria como um leão, incapazes de nos aquietarmos. Não devemos espalhar conversas ou piorar brigas de família, porque está escrito: "o furioso multiplica as transgressões". Quem tem ânimo dobre não será constante. Quem não consegue conter-se quando está irado não consegue ser constante. Davi diz isso bem: "Irai-vos e não pequeis". Ele não condena sua ira, mas satisfaz sua tendência natural. Não conseguimos evitar essas tendências, mas podemos moderá-las. Portanto, embora estejamos irados, devemos apenas admitir que a nossa emoção é natural, mas não devemos pecar.

"É natural alguém irar-se, porque geralmente há um bom motivo. Entretanto, é nosso dever conter a ira."

CRISTÃOS IDOSOS

GREGÓRIO DE NISSA

Coroa de honra são as cãs, quando se acham no caminho da justiça.

PROVÉRBIOS 16:31

Deus colocou os crentes idosos como um farol para nós que vivemos ao redor deles. Muitos deles eram joviais em seu apogeu, mas se tornaram grisalhos por sua prática constante de autocontrole e contenção... O único amor que eles provaram foi o amor pela sabedoria. Isso não ocorreu porque seus instintos naturais eram diferentes dos de todos os demais, porque toda "carne milita contra o Espírito". Porém, eles ouviram aqueles que disseram que o autocontrole "é árvore de vida para os que a alcançam". Eles navegaram pelas tempestades da vida, como se estivessem em um barco, e se ancoraram no refúgio da vontade de Deus. Após uma viagem tão feliz, eles são invejáveis enquanto repousam a alma na calmaria ensolarada e sem nuvens. Eles agora viajam em segurança, ancorados por uma boa esperança e muito longe do alcance do tumulto da tempestade. E, para os outros que vêm depois, eles irradiam o esplendor de sua vida como uma fogueira em uma alta torre de vigia. De fato, nós temos um sinal para nos guiar em segurança sobre o oceano das tentações. Por que perguntar com excessiva curiosidade se essas pessoas caíram ou não? Por que desesperar-se como se a realização estivesse além do seu alcance? Olhe para quem foi bem-sucedido e se lance ousadamente à sua viagem, com confiança de que ela será próspera. Navegue sob a brisa do Espírito Santo, com Cristo como Piloto e com remos de bom ânimo.

"Deus colocou os crentes idosos como um farol para nós que vivemos ao redor deles."

NO LUGAR DELES

LACTÂNCIO

Levai as cargas uns dos outros e, assim,
cumprireis a lei de Cristo.

GÁLATAS 6:2

A compaixão está intimamente ligada à benignidade, porque, embora a última não fira, a primeira opera o bem. A última inicia a justiça, a primeira a completa... Deus nos concedeu o sentimento de compaixão para que possamos proteger vidas ajudando-nos mutuamente. Se somos criados pelo único Deus, descendentes de um único homem e, portanto, dessa maneira ligados pela lei do parentesco, devemos amar todos. Como resultado, somos obrigados não somente a nos abster de ferir os outros, mas também a não nos vingar quando somos feridos. Então, seremos totalmente inofensivos. No tocante a isso, Deus nos ordena a sempre orar pelos nossos inimigos. Nós devemos ser animais ajustados ao companheirismo e à sociedade, de modo a nos protegermos prestando e recebendo assistência, porque a nossa fragilidade é propensa a muitos acidentes e inconveniências. Espere que aquilo que você vê acontecendo a outra pessoa possa acontecer também em sua vida. Você ficará empolgado em ajudar alguém ao imaginar-se no lugar daqueles que, estando em perigo, imploram por sua ajuda.

UM MESTRE BONDOSO

ATANÁSIO

Mas vós sois dele, em Cristo Jesus,
o qual se nos tornou, da parte de Deus, sabedoria,
e justiça, e santificação, e redenção.
1 CORÍNTIOS 1:30

Se alguns alunos não conseguirem aprender assuntos mais difíceis, um professor bondoso e dedicado descerá ao nível deles e os ensinará utilizando meios mais simples. Cristo, a Palavra de Deus, fez exatamente isso. Paulo disse: "Visto como, na sabedoria de Deus, o mundo não o conheceu por sua própria sabedoria, aprouve a Deus salvar os que creem pela loucura da pregação". Cristo viu que as pessoas não estavam dispostas a pensar em Deus. Em vez disso, com os olhos baixos, procuravam o conhecimento de Deus na natureza e no mundo sensorial. Elas imaginavam que humanos mortais e demônios eram seus deuses. Portanto, o amoroso Salvador de todos, a Palavra de Deus, assumiu uma forma corpórea e andou entre as pessoas como um ser humano. Ele descobriu que a capacidade mental de todas as pessoas estava na metade do caminho, isto é, quem pensa que Deus tem um físico consegue ver a verdade e reconhece o Pai por meio das obras que o Senhor realizou. Portanto, as pessoas foram atraídas a Cristo por meio de qualquer objeto em que fixavam a mente e aprenderam a verdade por todos os ângulos.

"O amoroso Salvador de todos, a Palavra de Deus, assumiu uma forma corpórea e andou entre as pessoas como um ser humano."

AMANDO O PRÓXIMO

PSEUDO-CLEMENTE

Tendo purificado a vossa alma, pela vossa obediência à verdade, tendo em vista o amor fraternal não fingido, amai-vos, de coração, uns aos outros ardentemente.

1 PEDRO 1:22

As pessoas que lutam contra a natureza em prol do que é razoável são justas. Por exemplo, é natural todos amarem quem os ama. Os justos, porém, tentam amar também os seus inimigos e abençoar quem os calunia. Eles oram até mesmo por seus inimigos e são compassivos com quem lhes faz mal. Portanto, se abstêm de fazer o mal e abençoam quem os amaldiçoa, perdoam quem os fere e se submetem a quem os persegue. Eles saúdam a quem não os saúda, compartilham bens com quem não tem e persuadem quem está irado com eles. Eles pacificam seus inimigos, alertam os desobedientes, instruem os incrédulos e consolam os que choram. Em angústia, suportam ser tratados com ingratidão e não se iram. Tendo se dedicado a amar o seu próximo como a si mesmos, eles não têm medo da pobreza, tornando-se pobres ao compartilhar seus bens com quem nada tem. Eles não excluem os pecadores. Por desejarem ser louvados, abençoados e honrados, e ter todos os seus pecados perdoados, fazem o mesmo ao seu próximo. Eles amam aos outros como a si mesmos. Em resumo, o que eles desejam para si mesmos desejam ao seu próximo, porque essa é a lei de Deus e dos profetas. Essa é a doutrina da verdade.

ABRIGO

CRISÓSTOMO

Torre forte é o nome do S*ENHOR*,
à qual o justo se acolhe e está seguro.
PROVÉRBIOS 18:10

As coisas que dão origem a incontáveis males são estas: ser escravo do apetite, fazer algo por vanglória, ser escravo da loucura das riquezas e, a mais poderosa de todos, desejar mais... Como podemos ter vitória sobre o inimigo? Correndo para Deus em busca de abrigo da maneira como Cristo nos ensinou, não devemos ficar deprimidos em tempos de fome, e sim crer que Deus pode nos alimentar sem uma palavra sequer. Nós não devemos tentar Aquele que concede boas dádivas com as boas coisas que recebemos dele, mas nos contentar com a glória celestial, desconsiderar as coisas humanas e sempre desprezar o excesso, porque nada nos faz cair tão fortemente sob o poder do diabo quanto ansiar por mais e amar a cobiça. Podemos ver isso até mesmo agora, porque ainda neste momento alguns dizem: "Tudo isto te darei se, prostrado, me adorares". Eles são humanos por natureza, porém se tornaram instrumentos do diabo... Por mais que Deus tenha abençoado você, siga o exemplo de Cristo e imite a Sua vitória.

"Como podemos ter vitória sobre o inimigo?
Correndo para Deus em busca de abrigo."

PACIÊNCIA, PACIÊNCIA

TERTULIANO

Melhor é o fim das coisas do que o seu princípio;
melhor é o paciente do que o arrogante.

ECLESIASTES 7:8

A ação do maligno, lançando diversas irritações contra o nosso espírito, é ampla e extensa. As insignificantes você pode desprezar por serem pequenas. Você poderia ceder às muito grandes por serem opressivas. Quando o dano é menor, não há necessidade de impaciência. Porém, quando é maior, o remédio para a lesão — a paciência — é mais necessário. Portanto, esforcemo-nos por suportar as aflições advindas do maligno, para que a falta de emoções vistas em nossa calma possa zombar da paixão do inimigo... A recompensa dessa obrigação é grande — a saber, a felicidade, porque o Senhor chamou de feliz o paciente. Ele diz: "Bem-aventurados os humildes de espírito, porque deles é o reino dos céus". Eu garanto que ninguém é "humilde de espírito", exceto os humildes. Bem, quem é humilde se não o paciente? Afinal, ninguém consegue se humilhar ou suportar humilhação se não tiver paciência. Ele diz: "Bem-aventurados os que choram". Quem tolera essa infelicidade sem paciência? Porém, consolo e riso para essas pessoas são prometidos... Ele diz: "Regozijai-vos e exultai, porque é grande o vosso galardão nos céus; pois assim perseguiram aos profetas que viveram antes de vós". É claro que Ele não está prometendo alegria, porque ninguém "exultará" em infortúnios se, antes, não aprender a desprezá-los. Ninguém desprezará os infortúnios se não tiver aprendido a praticar a paciência.

"Ninguém consegue se humilhar ou suportar humilhação
se não tiver paciência."

ACHEGANDO-SE

ORÍGENES

De novo, lhes falava Jesus, dizendo:
Eu sou a luz do mundo; quem me segue não andará nas trevas;
pelo contrário, terá a luz da vida.

JOÃO 8:12

Nós, cujos olhos espirituais foram abertos pela Palavra, Jesus Cristo, e que vemos a diferença entre a luz e as trevas, preferimos nos posicionar "na luz". Não desejamos qualquer comunhão com as trevas. Além disso, a verdadeira Luz, dotada de vida, sabe a quem revelar todo o Seu esplendor e a quem revelar a Sua luz, porque Ele não exibe simplesmente o Seu brilho devido à fraqueza nos olhos do receptor. E de quem são os olhos afetados e feridos, se é que precisamos falar deles? Os que são ignorantes de Deus e cujas paixões os impedem de enxergar a verdade. Os cristãos, porém, não são cegados pelas palavras daqueles que se opuseram a adorar a Deus. Porém, que se aproxime da Palavra, Jesus Cristo, quem sabe estar cego por seguir multidões que vivem em erro e grupos que realizam festivais para demônios. Jesus pode conceder o dom da visão. Assim como os pobres e cegos a quem… Jesus curou porque eles clamaram "Filho de Davi, tem compaixão de mim", quem se aproximar dele também receberá misericórdia e recuperará sua visão, criada nova e bela pela Palavra de Deus.

"A verdadeira Luz, dotada de vida, sabe a quem revelar todo o Seu esplendor e a quem revelar a Sua luz."

O PODER DO NASCIMENTO DE JESUS

LEÃO I

Porquanto a graça de Deus se manifestou salvadora a todos os homens, educando-nos para que, renegadas a impiedade e as paixões mundanas, vivamos, no presente século, sensata, justa e piedosamente.

TITO 2:11,12

O nosso amado Salvador nasceu hoje. Alegremo-nos! Porque não há lugar para tristeza quando celebramos o aniversário da Vida. Porque essa Vida destrói o nosso medo da morte e nos traz a alegria da eternidade prometida. Todos podem compartilhar essa felicidade. Há a mesma quantidade de alegria para todos, porque o nosso Senhor destrói o pecado e a morte e considera todos culpados, mas veio libertar todos nós. Que os santos se alegrem com a proximidade da sua vitória. Que os pecadores se alegrem por serem convidados a ser perdoados... Rendamos, pois, amado, graças a Deus Pai, por meio de Seu Filho, no Espírito Santo. Devido à Sua "[riqueza] em misericórdia, por causa do grande amor com que nos amou", Ele teve piedade de nós. E "estando nós mortos em nossos delitos, nos deu vida juntamente com Cristo", para que pudéssemos ser novas criaturas nele. Por isso, abandonemos o velho eu com suas atitudes e, compartilhando o nascimento de Cristo, resistamos às obras da carne. Cristão, reconheça a sua dignidade. Ao tornar-se participante da natureza de Deus, recuse-se a retornar ao antigo comportamento iníquo. Lembre-se da Cabeça e do corpo do qual você é membro. Lembre-se de que você foi resgatado do poder das trevas e conduzido para a luz e o reino de Deus.

"Essa Vida destrói o nosso medo da morte e nos traz a alegria da eternidade prometida."

DIGNO DE COMPETIR

JOÃO CASSIANO

Mas esmurro o meu corpo e o reduzo à escravidão,
para que, tendo pregado a outros,
não venha eu mesmo a ser desqualificado.
1 CORÍNTIOS 9:27

Enquanto os atletas de Cristo estão no Corpo, nunca lhes falta vitória em disputas. Porém, em proporção ao seu crescimento por sucessos triunfantes, lutas mais severas os confrontam, porque, quando a carne é contida e vencida, enxames de oponentes e multidões de inimigos são estimulados por tais triunfos e se levantam contra o vitorioso soldado de Cristo! Aqueles que temem tais soldados de Cristo relaxariam seus esforços na tranquilidade da paz e esqueceriam as gloriosas lutas de suas disputas. Eles temem que, pela ociosidade causada pela imunidade ao perigo, os soldados possam relaxar e ser enganados quanto aos seus prêmios e recompensas. Então, se quisermos nos elevar a esses estágios de triunfo com uma justiça sempre crescente, precisaremos nos alistar na batalha da mesma maneira. Deveremos começar dizendo com Paulo: "assim luto, não como desferindo golpes no ar. Mas esmurro o meu corpo e o reduzo à escravidão". Então, quando esse conflito terminar, poderemos, mais uma vez, dizer com ele: "porque a nossa luta não é contra o sangue e a carne, e sim contra os principados e potestades, contra os dominadores deste mundo tenebroso, contra as forças espirituais do mal, nas regiões celestes". Caso contrário, não podemos lutar contra esses inimigos. Nós não merecemos competir espiritualmente se somos derrotados até mesmo em competições carnais e vencidos em nossa luta contra nosso estômago. Merecidamente, o apóstolo nos culpará: "Não vos sobreveio tentação que não fosse humana".

CUIDADO INFINITO

CRISÓSTOMO

Mas longe esteja de mim gloriar-me, senão na cruz de nosso Senhor Jesus Cristo, pela qual o mundo está crucificado para mim, e eu, para o mundo.

GÁLATAS 6:14

Verdadeiramente, o símbolo da cruz é considerado desprezível segundo o mundo e entre as pessoas. Porém, no Céu e entre os fiéis, é a mais elevada glória. Também a pobreza é vista como desprezível, mas nós nos gloriamos nela. Ela é banalizada pelo público e eles riem dela, mas nós exultamos com ela. Da mesma maneira, nós nos gloriamos na cruz. Paulo não diz "não me orgulho" ou "não me orgulharei", e sim "longe esteja de mim gloriar-me". É como se ele a odiasse, considerasse absurda e pedisse que Deus o ajudasse a evitá-la.

Porém, o que é gloriar-se na cruz? Gloriar-se no fato de Cristo ter assumido por mim a forma de escravo e sofrido por mim quando eu era o escravo, o inimigo, o insensível. Ele me amou tanto que se entregou a uma maldição por mim. O que pode se comparar a isso? Se os servos exultam ao apenas receberem elogios de seus senhores, a quem são obrigados a associar-se por natureza, quanto mais nós precisamos nos gloriar quando o nosso Mestre, o próprio Deus, não se envergonha da cruz que Cristo suportou por nós. Portanto, não devemos nos envergonhar de Sua indescritível ternura. Ele não se envergonhou de ser crucificado por você — você se envergonharia de confessar o Seu infinito cuidado por você?

"Ele me amou tanto que se entregou a uma maldição por mim. O que pode se comparar a isso?"

FÉ E AMOR

AGOSTINHO

Assim, também a fé, se não tiver obras,
por si só está morta.

TIAGO 2:17

Três coisas são encontradas na fé. Quem exercita sua fé por meio do amor precisa ter esperança no que Deus promete. A esperança é, portanto, parceira da fé, visto que a esperança é necessária enquanto não vemos aquilo em que cremos; caso contrário, por não vermos, falharíamos. Não ver nos deixa tristes, mas a esperança de ver nos conforta... O amor também é parceiro da fé. Nós ansiamos, ardemos de desejo por ele e temos fome e sede dele. Então, juntos, há fé, esperança e amor... Tire a fé e tudo aquilo em que você crê evapora; exclua o amor e tudo que você faz evapora, porque o propósito da fé é crer; o do amor é fazer. Afinal, se você crer sem amor, não realizará diligentemente boas obras. Ou, se o fizer, o fará como um escravo por medo de punição, não como um filho por amor à justiça. Portanto, a fé purifica o coração e é exercitada pelo amor.

"Exclua o amor e tudo que você faz evapora."

AGORA É O MOMENTO

GREGÓRIO NAZIANZENO

Sendo assim, todo homem piedoso te fará súplicas em tempo de poder encontrar-te. Com efeito, quando transbordarem muitas águas, não o atingirão.

SALMO 32:6

Seria absurdo adquirir dinheiro, mas jogar fora a sua saúde; ou limpar generosamente o seu corpo, mas negligenciar a limpeza de sua alma. É ridículo buscar libertar-se da escravidão terrena, mas não se importar com a liberdade celestial; ou zelosamente fazer o bem aos outros sem querer fazer o bem a si mesmo. É tolice tentar ansiosamente vestir-se e viver extravagantemente, mas nunca considerar como você mesmo poderia se tornar precioso. Se você pudesse comprar bondade, não pouparia dinheiro. Porém, quando a misericórdia é oferecida gratuitamente aos seus pés, despreza-a por seu baixo preço. Todo momento é adequado para limpar-se, pois você pode morrer a qualquer momento. Com Paulo, eu clamo a você com a alta voz dele: "eis, agora, o tempo sobremodo oportuno, eis, agora, o dia da salvação". O agora não aponta para um tempo específico: é todo momento presente. Além disso, "Desperta, ó tu que dormes [...] e Cristo te iluminará". Ele dissipará as trevas do pecado, porque, como diz Isaías, receber esperança à noite é aterrorizante, mas recebê-la pela manhã é proveitoso.

"Se você pudesse comprar bondade, não pouparia dinheiro. Porém, quando a misericórdia é oferecida gratuitamente aos seus pés, despreza-a por seu baixo preço."

CONTINUE

CIPRIANO

As vossas iniquidades desviam estas coisas,
e os vossos pecados afastam de vós o bem.
JEREMIAS 5:25

Eu exorto você por nossa fé comum, por meu verdadeiro e simples amor por você. Apegue-se à sua glória com coragem, perseverança e força, havendo vencido o inimigo. Nós ainda estamos no mundo. Ainda estamos situados no campo de batalha. Nós lutamos diariamente por nossa vida. Seja cuidadoso, para beneficiar-se dessas batalhas e terminar o que você começou a ser. Alcançar algo é uma coisa pequena, mas é mais importante manter o que você alcançou. A fé e o nascimento para a salvação vivificam, não por serem recebidos, e sim por serem preservados. Não é realmente a realização, e sim o aperfeiçoamento que mantém um homem para Deus. O Senhor ensinou isso ao dizer: "Olha que já estás curado; não peques mais, para que não te suceda coisa pior". Imagine-o dizendo a alguém que o confessa: "Olha que tu te fizeste confessor; não peques mais, para que não te suceda coisa pior". Salomão, Saul e muitos outros conseguiram manter a graça que lhes foi concedida enquanto andaram nos caminhos do Senhor. Porém, quando abandonaram o Senhor, a graça também os abandonou.

"A fé e o nascimento para a salvação vivificam,
não por serem recebidos, e sim por serem preservados."

BATALHA ESPIRITUAL

CLEMENTE DE ALEXANDRIA

Quem dera que eles tivessem tal coração, que me temessem e guardassem em todo o tempo todos os meus mandamentos, para que bem lhes fosse a eles e a seus filhos, para sempre!

DEUTERONÔMIO 5:29

O verdadeiro atleta é aquele que é coroado por ser vitorioso sobre todas as paixões no grande estádio, o mundo, pois quem coordena a competição é o Deus Todo-Poderoso e quem concede o prêmio é o Filho Unigênito de Deus. Anjos e demônios são espectadores. E a competição, que contém todas as diferentes modalidades, "não é contra o sangue e a carne", mas contra os poderes espirituais de paixões desregradas que agem por intermédio da carne. Quem domina essas lutas e derrota o tentador conquista a vida eterna. Os espectadores são chamados para participar da competição, e os atletas competem no estádio. Quem obedeceu às instruções do Treinador vence o dia, porque as recompensas que Deus oferece a todos são iguais e Ele é incontestável. Seu julgamento é sempre correto. Quem tem força recebe misericórdia, e quem exerce força de vontade é poderoso. Além disso, nós recebemos inteligência para podermos compreender o que estamos fazendo. A exortação "Conhece-te a ti mesmo" [N.T.: Máxima de Sócrates.] significa saber para que nascemos. Nós nascemos para obedecer aos mandamentos divinos, se quisermos ser salvos... O atleta que obedeceu às instruções do Treinador vence o dia. Então, o dever do homem é a obediência a Deus. Quem prontamente recebe e guarda os Seus mandamentos, considerando-os adequadamente, é fiel.

"O verdadeiro atleta é aquele que é coroado por ser vitorioso sobre todas as paixões no grande estádio, o mundo."

Sobre os patriarcas da Igreja Primitiva

Ambrósio (c. 339–397 d.C.). Ambrósio foi o primeiro patriarca da Igreja Latina nascido em uma família cristã. Ele se dedicou a estudar a lei e foi recompensado ao ser nomeado governador do norte da Itália no ano 370. Quatro anos depois, o povo de Milão o nomeou bispo de sua cidade. Ambrósio enfrentou imperadores enquanto ensinava as verdades de Jesus semanalmente ao povo. Ele fez muito para promover o canto congregacional, foi fundamental para levar o jovem Agostinho a Jesus e compôs um influente livro acerca de ética cristã — *On the Duties of the Church's Servants* (Sobre os deveres dos servos da Igreja). Outros escritos importantes de Ambrósio incluem *On the Holy Spirit* (Sobre o Espírito Santo), *On the Incarnation* (Sobre a encarnação) e *On the Faith* (Sobre a Fé).

Suas meditações se encontram em 22 e 31 de janeiro; 2 e 11 de fevereiro; 27 de março; 23 de abril; 1º e 18 de maio; 5 de junho; 23 de julho; 21 de agosto; 21 e 28 de setembro; 13 de outubro; 28 de novembro; 7 e 17 de dezembro.

Afraate (início do século 4). O autor de *Demonstrations* (Demonstrações), uma série de obras em siríaco detalhando aspectos fundamentais da fé cristã, permaneceu desconhecido durante dois séculos após a sua tradução. Atualmente, os estudiosos determinaram que o autor foi Afraate, conhecido como "Sábio Persa". Quase nada se sabe acerca da sua vida, exceto que ele era um teólogo cristão e, possivelmente, um bispo. A tradição medieval o aponta como diretor de um mosteiro em Mar Mathai, próximo à cidade de Nínive.

Sua meditação se encontra em 1º de novembro.

Atanásio (c. 295–373 d.C.). Nascido em Alexandria, Egito, Atanásio recebeu uma educação primariamente cristã. No ano 328, foi escolhido para ser bispo de Alexandria, onde iniciou uma cruzada contra a crença ariana de que o Filho era um ser criado. Atanásio rebateu essa crença herética ao insistir em que, se assim fosse, Cristo não poderia salvar as pessoas de seus pecados. Seus escritos e ensinamentos o levaram a ser exilado cinco vezes por quatro diferentes governantes, mas sua igreja natal o aceitava de braços abertos cada vez que ele retornava. Suas obras mais importantes incluem *The Three Orations Against the Arians* (Os três discursos contra os arianos), *On the Incarnation* (Sobre a encarnação) e *The Life of Antony* (A vida de Antônio), que promoveu o monasticismo às gerações futuras.

Suas meditações se encontram em 25 de janeiro; 3 de fevereiro; 9, 21 e 28 de março; 1º de abril; 10 de maio; 16 de junho; 7, 17 e 29 de agosto; 17 de outubro; 21 e 25 de novembro; 14 e 20 de dezembro.

Agostinho (354–430 d.C.). Agostinho é considerado por muitos o patriarca mais importante da Igreja e, provavelmente, o mais conhecido devido à sua obra *Confissões*, um relato pessoal de sua conversão ao cristianismo. Ele nasceu no norte da África, de pai pagão e mãe cristã. Quando jovem adulto, era um seguidor dos ensinamentos pagãos gregos. Porém foi tocado por sermões de Ambrósio e, mais tarde, foi estimulado por uma voz a ler Romanos 13:13,14, o que o levou à fé salvadora. Agostinho passou a adotar um estilo de vida muito simples, vendendo todos os seus bens e dedicando seus dons a Jesus. Ele foi nomeado presbítero da igreja de Hipona no ano 391 e elevado a bispo quatro anos depois. Agostinho se tornou o líder espiritual da Igreja Ocidental; seus ensinamentos podem ser encontrados em seus numerosos tratados, sermões e em *A cidade de Deus*, escrito em resposta ao saque de Roma no ano 410 d.C.

As seleções se encontram em 7, 17 e 27 de janeiro; 5, 9, 14 e 20 de fevereiro; 6, 10, 15 e 22 de março; 2, 20, 25 e 30 de abril; 2, 6, 9, 25 e 29 de maio; 1º, 6, 20, 25 e 27 de junho; 7, 10, 18, 21 e 25 de julho; 2, 5 e 22 de agosto; 11, 14, 18, 20 e 22 de setembro; 4, 23 e 26 de outubro; 2, 16, 18 e 23 de novembro; 1º, 5, 13, 16 e 28 de dezembro.

Basílio (c. 330–379 d.C.). Nascido na família que incluía Gregório de Nissa, Basílio recebeu uma excelente educação retórica e, mais tarde, tornou-se uma poderosa influência na igreja de Cesareia, na Capadócia. Na escola, tornou-se bom amigo de Gregório Nazianzeno e, mais tarde, lecionou retórica em Atenas. Influenciado por sua irmã Macrina, tornou-se monge e iniciou um mosteiro em sua residência familiar. Mais tarde na vida, Basílio se tornou presbítero e, finalmente, o bispo da igreja de Cesareia. A despeito da perseguição do Imperador Valente, permaneceu firmemente fiel ao seu Senhor. Suas maiores obras incluem o *Hexaemeron* (Hexamerão), uma série de aulas acerca dos capítulos iniciais de Gênesis, e um tratado intitulado *Tratado sobre o Espírito Santo.*

Suas meditações se encontram em 6 de janeiro; 18 e 29 de fevereiro; 1º de março; 15 e 27 de abril; 19 de junho; 19 de julho; 23 de agosto; 27 de outubro; 2 de dezembro.

Clemente de Roma (30–100 d.C.). Bispo da Igreja Romana, São Clemente escreveu aquela que é considerada a mais antiga obra cristã excetuando-se o Novo Testamento. Em sua carta aos Coríntios (c. 96), conhecida como *1 Clemente*, ele incentivou os cristãos a restaurarem à sua posição os presbíteros que haviam sido substituídos por membros mais jovens da congregação. Pouco se sabe acerca dos detalhes da vida de Clemente, embora ele seja visto como o primeiro ou terceiro sucessor do apóstolo Pedro. O sermão anônimo conhecido como *2 Clemente* tem, por vezes, sido atribuído a Clemente de Roma, mas os estudiosos não acreditam que ele tenha sido seu autor; neste livro, portanto, trechos dele são atribuídos a autor "anônimo".

As meditações de 1 Clemente e 2 Clemente se encontram em 18 de janeiro; 7 de fevereiro; 3 e 16 de abril; 17 de maio; 3 de junho; 16 de agosto; 6 de setembro; 16 de outubro; 21 de dezembro.

Clemente de Alexandria (c. 155–c. 220 d.C.). Clemente era filósofo e se tornou cristão devido aos seus estudos. Pouco se sabe acerca do início de sua vida, exceto quanto a ele haver viajado pela

Grécia, Itália e Síria em busca de aprendizado. Buscando os melhores professores do mundo, ele foi para Alexandria, onde estudou com Panteno e recebeu grandes quantidades de conhecimento bíblico. No ano 190, Clemente sucedeu Panteno como diretor da escola de Alexandria, que estava em desenvolvimento, e ali ensinou até o ano 202. Seus escritos focaram a moralidade cristã (*Exortação aos gregos*), a atração de pagãos à fé cristã (*O Instrutor*) e a criação de uma filosofia cristã baseada na fé em Jesus (*Miscellanies* — Miscelâneas).

Suas meditações se encontram em 5, 18, 20 e 26 de janeiro; 7 e 18 de março; 12 de maio; 24 e 29 de junho; 28 de julho; 4, 25 e 28 de agosto; 3 de setembro; 9 e 31 de dezembro.

Comodiano (século 3). Pouco se sabe acerca de Comodiano. Os estudiosos o colocaram de maneira diversa nos séculos 3 e 5, e em diferentes partes do império. Em seu poema latino conhecido como *Instructions* (Instruções), ele defende a fé cristã contra deuses pagãos como Saturno, Júpiter e Hércules, e aborda preceitos morais a cristãos de todas as posições.

Sua meditação se encontra em 19 de setembro.

Constituições dos Santos Apóstolos (séculos 3 e 4). Esta compilação de oito livros em grego foi feita por um autor desconhecido, com base em documentos sírios anteriores e nos escritos de Hipólito de Roma (c. 170–c. 236 d.C.).

Sua meditação se encontra em 20 de maio.

Cipriano (C. 200–258 D.C.). Pouco se sabe acerca dos primeiros anos de Cipriano, exceto que ele foi educado com o propósito de tornar-se um retórico. Após passar algum tempo com Cecílio, presbítero da igreja de Cartago, professou fé em Jesus no ano 246. A partir daí, dedicou-se a estudar as Escrituras e, dois anos depois, foi consagrado como bispo de Cartago. Durante a perseguição por Décio, nos anos 250–251, Cipriano se escondeu em um lugar próximo à cidade e dali liderou a Igreja. Posteriormente, impôs condições estritas para reentrada na Igreja dos que haviam "falhado" (negado Cristo sob ameaças de morte). Mais tarde, circunstâncias o levaram a ter maior leniência. Cipriano também participou de uma controvérsia com Estêvão, bispo de Roma, acerca da validade do batismo de hereges; a controvérsia terminou no ano 257, quando Estêvão morreu. No ano seguinte, Cipriano foi exilado e decapitado. Suas obras são primariamente voltadas à administração da Igreja.

Suas meditações se encontram em 21 de janeiro; 1, 13 e 16 de fevereiro; 29 de março; 6, 8 e 28 de abril; 13, 15 e 28 de maio; 10 de junho; 14 e 27 de julho; 8 de agosto; 4, 13 e 26 de setembro; 5, 18 e 29 de outubro; 3, 6, 14 e 26 de novembro; 30 de dezembro.

Dionísio de Alexandria (200–c. 264 d.C.). Dionísio pode ter vindo de uma família rica; de qualquer modo, claramente teve boa formação educacional. Eusébio diz que Dionísio foi aluno de Orígenes e se tornou diretor da escola catequética alexandrina. Dionísio assumiu o papel de bispo de Alexandria no ano 246, mas seu governo foi tumultuado. A perseguição do Imperador Décio e várias controvérsias dentro dos muros da igreja lhe causaram muita angústia. Nenhum de seus escritos sobreviveu intacto; entretanto, as obras de Atanásio e Eusébio incluem grandes fragmentos deles.

Suas meditações se encontram em 4 de março; 13 de julho; 19 de novembro.

Cirilo de Jerusalém (c. 310–386 d.C.). Nada se sabe acerca do início da vida de Cirilo. Ele foi ordenado presbítero em Jerusalém por volta do ano 343. Por volta de 348, Cirilo foi nomeado bispo de Jerusalém, posição que ocupou a despeito de ataques de líderes de outras seitas e de três diferentes exílios. Sua contribuição mais importante para a literatura cristã é a obra *Catechetical Lectures* (Palestras catequéticas), voltada a pessoas que desejam unir-se à Igreja. Suas mensagens enfatizavam a importância da morte e ressurreição de Jesus como a pedra angular da fé cristã.

Suas meditações se encontram em 17 de fevereiro; 17 de março; 1º de julho; 10 de agosto.

Efrém da Síria (falecido no ano 373 d.C.). Efrém (também grafado como Efraim), filho de pais cristãos, nasceu na cidade de Nisibe durante o reinado de Constantino. Após sua cidade cair sob os persas no ano 363, ele se mudou para Edessa, onde viveu pelo resto da vida como professor e defensor da fé cristã. Os hinos e homilias versificadas (em siríaco) de Efrém estabelecem sua reputação de maior poeta do início do cristianismo. Ele escreveu também comentários sobre os livros da Bíblia.

Sua meditação se encontra em 12 de junho.

Eusébio de Cesareia (c. 260–c. 340 d.C.). Eusébio é comumente conhecido como o "pai da História da Igreja". Pouco se sabe acerca do início de sua vida, mas supõe-se que tenha nascido na Síria e sido instruído em filosofia secular e filosofia cristã. Mais tarde, Eusébio se tornou assistente de seu professor Pânfilo em Cesareia, admirando-o tanto que se denominou Eusébio de Pânfilo. Após a perseguição infligida por Diocleciano nos anos 303 a 313, Eusébio foi eleito bispo de Cesareia, cargo que manteve até o ano 325, quando sua repreensão ao bispo Alexandre acerca de Ário (líder de uma seita) levou à sua excomunhão. Mais tarde, naquele mesmo ano, ele foi restaurado no Concílio de Niceia, onde apresentou um credo que foi aceito pelos bispos reunidos; depois, porém, retomou sua oposição aos opositores do arianismo. Seus escritos abrangem diversos aspectos da fé cristã, sendo o mais notável *História Eclesiástica*.

Suas meditações se encontram em 31 de março; 26 de agosto; 17 de setembro; 28 de outubro; 17 de novembro.

Gregório I (540–604 d.C.). Gregório nasceu em uma família piedosa, de considerável influência em Roma. Após a morte de seu pai, ele passou a estabelecer sete mosteiros, de um dos quais se tornou abade. Gregório não pôde ficar durante muito tempo: o papa o chamou para ser um dos sete diáconos de Roma e, subsequentemente, o enviou a Constantinopla para ser um representante na corte imperial. No ano 590, após a morte do papa, foi chamado para ocupar o lugar daquele. Gregório se autodenominou "servo dos servos de Deus", título que todos os papas usam desde então. Seus escritos mais importantes são *Regra pastoral*, um manual para bispos; numerosos ensinamentos, cartas, diálogos e *Exposition of Job* (Exposição sobre Jó).

Suas meditações se encontram em 10 de fevereiro; 28 de junho; 31 de agosto; 8 de dezembro.

Gregório Nazianzeno (c. 330–389 d.C.). Gregório cresceu em uma família cristã rica e religiosa. Seu pai era bispo de Nazianzo, e sua mãe ajudou a criá-lo no conhecimento do Senhor. Gregório estudou na maioria dos grandes centros de aprendizado da parte oriental do império antes de ser batizado no ano 358 e se dedicar à vida monástica. Seu pai o forçou a aceitar a ordenação como presbítero no ano 361, mas, dez anos depois, a tentativa de seu amigo Basílio de forçá-lo a aceitar a ordenação como bispo falhou. No ano 379, ele finalmente concordou em aceitar a responsabilidade pela Igreja Ortodoxa de Constantinopla, na qual serviu durante dois anos antes de renunciar sob o fogo de diversos opositores. Seus poemas, cartas e orações estabelecem sua reputação como escritor, orador e teólogo com poucos pares nos primeiros séculos da história cristã. Juntamente com Basílio de Cesareia e Gregório de Nissa (os outros dois "patriarcas da Capadócia"), ele desempenhou um papel importante na formação da doutrina trinitária e cristológica ortodoxa.

Suas meditações se encontram em 16 de janeiro; 11 e 23 de maio; 21 de junho; 20 e 26 de julho; 23 de setembro; 6 e 11 de outubro; 29 de dezembro.

Gregório de Nissa (330–c. 395 d.C.). Gregório nasceu na cidade de Cesareia, em meados do século quarto. Ele recebeu uma formação abrangente de seu irmão Basílio e sua irmã Macrina. Sua primeira profissão da fé cristã decorreu de uma visão em que os mártires da Igreja lhe apareceram, repreenderam-no por sua indiferença à fé e bateram nele com varas. Gregório se tornou um retórico, mas no ano 371 foi forçado por seu irmão a tornar-se bispo de Nissa, onde permaneceu até ser destituído no ano 376. Sua contribuição mais importante para a fé cristã é a coleção de 12 livros *Against Eunomius* (Contra Eunômio) (um ariano), além de seus tratados acerca de doutrinas como a Trindade, a Ressurreição e o batismo de Jesus.

Suas meditações se encontram em 2 de janeiro; 26 de março; 4, 9 e 19 de abril; 19 de maio; 5 e 29 de julho; 13 de agosto; 15 de setembro; 1, 3 e 22 de outubro; 6 e 18 de dezembro.

Hermas (século 1.º ou 2.º). Esse é o nome usado pelo autor de *Shepherd of Hermas* (Pastor de Hermas), um escrito usado por alguns cristãos dos primeiros tempos juntamente com os livros do Novo Testamento. Em tempos modernos, Hermas tem sido tratado como um dos Patriarcas Apostólicos. Um documento antigo identifica Hermas como o irmão de Pio, um bispo de Roma que morreu por volta do ano 154 d.C., mas pelo menos algumas partes do *Shepherd* parecem ter sido escritas por volta de seis décadas antes. O *Shepherd* consiste em cinco *Visões*, doze *Mandatos* ou *Mandamentos* e dez *Similitudes*. Seu tema central é o arrependimento.

Suas meditações se encontram em 9 de janeiro; 14 de março; 11 de abril; 27 de maio; 3 de dezembro.

Hilário de Poitiers (c. 315–367 d.C.). Hilário de Poitiers é mais conhecido por suas posições contra a seita ariana em seus dois tratados — *Tratado sobre a Santíssima Trindade* e *On the Synods* (Sobre os sínodos). Seus primeiros anos, antes de converter-se à fé cristã, foram dedicados ao estudo de filosofia pagã e retórica. Por volta do ano 350, foi nomeado bispo de Poitiers, apesar de ser casado. Seus seis anos como bispo foram dedicados a refutar os arianos e sustentar os ensinamentos de Atanásio. Sob o Imperador Constâncio, ele foi banido para a Frígia, na Ásia Menor, onde compôs seus tratados. Hilário retornou a Poitiers e passou o restante de sua vida defendendo a fé cristã contra ensinamentos heréticos.

Suas meditações se encontram em 19 de janeiro; 17 de junho; 4 de julho; 1º de agosto; 25 de outubro; 5 de novembro.

Inácio de Antioquia (falecido em c. 120 d.C.). Inácio foi bispo de Antioquia. Ele foi preso sob o governo do Imperador Trajano e enviado a Roma para julgamento. Ao longo do caminho, escreveu sete cartas a diversas igrejas, nas quais expressou seu desejo de sofrer martírio por Cristo. Nessas cartas, ele argumentou também que cada congregação deveria ter um líder específico (o bispo), para assegurar unidade na doutrina e na vida da Igreja. Policarpo, que colecionava suas cartas, não teve informações seguras sobre o que aconteceu a ele em Roma, mas supôs que, de fato, foi martirizado. Suas cartas estão incluídas nos Patriarcas Apostólicos.

Sua meditação se encontra em 5 de março.

Irineu (c. 115–c. 202 d.C.). Irineu nasceu em Esmirna, na Ásia Menor, onde lhe foi ensinada Teologia Joanina pelo bispo Policarpo. Ele parece ter vivido em Roma durante algum tempo, antes de se estabelecer em Lyon no ano 177, onde sucedeu Potino como bispo de uma comunidade cristã de língua grega. Sua principal obra, *Contra as heresias*, descreve e refuta os ensinamentos dos gnósticos, que afirmavam ter ensinamentos secretos desconhecidos da maioria dos cristãos. Irineu responde que os quatro evangelhos, especialmente conforme interpretados pelos bispos que sucederam os apóstolos nas principais cidades, como Roma, constituem um testemunho válido e público em favor de Cristo, no qual, como Paulo ensinou, "convergem todas as coisas". Tradições secretas e revelações particulares devem ser rejeitadas. Sua influência sobre teólogos posteriores lhe conquistou reconhecimento como o primeiro grande teólogo da Igreja Universal pós-bíblica.

Suas meditações se encontram em 23 de fevereiro; 4 de maio; 9 de junho; 9 de agosto; 2 e 8 de setembro; 24 de outubro; 15 de dezembro.

Jerônimo (c. 345–c. 419 d.C.). Jerônimo nasceu em Estridão, perto do mar Adriático, e estudou em Roma devido aos seus pais ricos. Acredita-se que ele tenha se tornado cristão após visitar, com um grupo de amigos, os túmulos dos mártires (por volta do ano 366). No ano 374, Jerônimo teve uma visão em que foi repreendido por seguir Cícero e não a Jesus. Isso desencadeou em Jerônimo uma dedicação ao estudo da Bíblia. Mais tarde, ele conheceu Gregório Nazianzeno e se tornou secretário do Papa Dâmaso I, que o encarregou de criar a *Vulgata*, uma nova tradução latina das Escrituras. Após a morte de Dâmaso, Jerônimo viveu de forma monástica em Belém, investindo suas forças em traduzir e a escrever comentários bíblicos.

Suas meditações se encontram em 14 e 30 de janeiro; 16 de maio; 15 e 26 de junho; 15 de julho; 12 e 24 de agosto; 5 e 9 de setembro; 9 de outubro; 9 e 29 de novembro.

João Cassiano (c. 360–c. 432 d.C.). Pouco se sabe sobre o início da vida de João Cassiano. Ele passou uma década em um mosteiro em Belém. Desejando aprender mais acerca da vida monástica, Cassiano e um amigo foram ao Egito e receberam ensinamentos práticos dos monges dali. João Crisóstomo o ordenou diácono em Constantinopla, enviando-o depois a Roma com uma carta ao Papa Inocêncio I, descrevendo as duras perseguições que ali ocorriam. Finalmente, Cassiano se estabeleceu em Marselha, onde instituiu dois mosteiros e escreveu suas três obras mais influentes: *Instituições cenobíticas, Conferências* e *Da encarnação do Senhor contra Nestório.*

Suas meditações se encontram em 25 e 27 de fevereiro; 20 de março; 13 de abril; 8 de junho; 9 de julho; 19 de agosto; 27 de setembro; 31 de outubro; 26 de dezembro.

João Crisóstomo (c. 347–407 d.C.). Conhecido como "Boca de Ouro" pela eloquência de seus sermões, Crisóstomo nasceu em Antioquia e foi criado por sua mãe, que se tornara viúva aos 20 anos. Ele se tornou um monge e, mais tarde, foi nomeado diácono (no ano 381) e sacerdote (no ano 386) em Antioquia. Sua reputação como pregador aumentou, e, no ano 398, Crisóstomo foi nomeado, contra a sua vontade, bispo de Constantinopla. Seus sermões levaram a cidade a muitas crises, mas seus inimigos acabaram convencendo o imperador a exilá-lo em três ocasiões, e ele morreu no exílio. Os sermões de Crisóstomo, bem como seus comentários acerca da Bíblia, levaram muitos a considerá-lo o segundo maior patriarca da Igreja, após Agostinho.

Suas meditações se encontram em 1, 8, 10, 13, 23 e 29 de janeiro; 15, 19, 22, 24 e 28 de fevereiro; 12, 16 e 24 de março; 12, 14 e 26 de abril; 14, 21 e 24 de maio; 2, 11, 14, 22 e 30 de junho; 3, 6 e 31 de julho; 20 e 27 de agosto; 1, 16 e 30 de setembro; 8, 12 e 20 de outubro; 7, 12, 15 e 27 de novembro; 22 e 27 de dezembro.

João de Damasco (c. 675–749 d.C.). João é considerado um dos últimos grandes patriarcas da Igreja Grega. Ele nasceu em Damasco, filho de família rica, e durante algum tempo representou os cristãos na corte dos califas. Alguns anos depois, tornou-se monge, morando em Jerusalém. A obra mais famosa de João é *The Fountain of Knowledge* (A fonte do conhecimento), um tratado em três partes contra as seitas dos séculos 5 e 6. Seus ensinamentos e escritos se tornaram a estrutura da Igreja Ortodoxa Grega dos dias atuais.

Suas meditações se encontram em 4 de junho; 24 de setembro; 13 de novembro.

Justino Mártir (c. 100–165 d.C.). Nascido em Samaria, Justino Mártir estudou nas escolas dos filósofos, tornando-se discípulo de Sócrates e de Platão. Ele ficou impressionado pelos cristãos não temerem a morte e, após uma conversa com um cristão idoso, tornou-se cristão. Justino Mártir é conhecido como um dos primeiros apologistas (defensores da fé) cristãos. Sua primeira obra, *Apology* (Apologia), foi dirigida ao Imperador Pio e explicou a falsidade de insultos comuns sobre a moralidade cristã. Sua obra *Dialogue with Trypho* (Diálogo com Trifão) descreveu um debate entre ideias judaicas e cristãs. Sua vida foi interrompida cedo, em Roma, no ano 165, quando Marco Aurélio o martirizou por suas crenças.

Suas meditações se encontram em 12 de janeiro; 14 de agosto.

Lactâncio (c. 240–c. 320 d.C.). Os escritos de Lactâncio têm tal estilo e graça que ele foi chamado o Cícero cristão. Supõe-se que ele era nativo da África, onde se tornou proeminente como professor de retórica. Diocleciano o convidou a morar em Nicomédia e ensinar lá, mas ele teve tantas dificuldades ali que se concentrou na composição. Ele se tornou cristão já em idade avançada e foi contratado pelo Imperador Constantino para ensinar seu filho Crispo. Os escritos de Lactâncio defendem a fé cristã e refutam as heresias predominantes.

Suas meditações se encontram em 11 de janeiro; 21 e 26 de fevereiro; 11, 13 e 23 de março; 24 de abril; 30 de maio; 13 de junho; 17 e 22 de julho; 11 de agosto; 12 e 25 de setembro; 10 de outubro; 10 de novembro; 4 e 19 de dezembro. Há controvérsia quanto a Lactâncio haver realmente escrito a seleção de 23 de março.

Leão I (falecido no ano 461 d.C.). Leão, conhecido como "o Grande", foi eleito bispo de Roma no ano 440. Durante uma época em que o Império Romano do Ocidente estava desmoronando sob ataques de povos bárbaros, ele conseguiu consolidar o poder do papado, reivindicando autoridade como sucessor de Pedro sobre as igrejas, não somente na Itália, mas em todo o ocidente. Como teólogo, ele não era um pensador original, mas sua obra *Tomus de Leão* [N.E.: O *Tomus* é um tratado teológico sobre as duas naturezas coexistentes em Cristo: humana e divina.], um documento de posicionamento que enviou ao Concílio de Calcedônia no ano 451, resumiu a doutrina da Igreja acerca de Cristo de maneira que encerrou eficazmente o debate acerca desse tema no Ocidente. Muitas de suas cartas e sermões ainda existem.

Suas meditações se encontram em 29 de abril; 3 e 22 de maio; 3 de agosto; 10 de setembro; 19 de outubro; 25 de dezembro.

Melito (século 2.º). Melito foi bispo de Sardes no último terço do século 2.º. Sua homilia *On the Pascha* (Sobre a Páscoa), descoberta e publicada em 1940, mostra que ele usou um estilo retórico floreado. Ele é o primeiro escritor conhecido a referir-se à Bíblia Hebraica como Antigo Testamento; sua teologia apresenta Cristo como o cumprimento dos precursores do Antigo Testamento. Os fragmentos siríacos atribuídos a Melito na obra *Ante-Nicene Fathers* (Patriarcas antenicenos), incluindo *Discourse in the Presence of Antoninus Caesar* (Discurso na presença de Antonino César), provavelmente são espúrios.

Sua meditação se encontra em 19 de março.

Minúcio Félix (século 3.º?). Os escritos de Jerônimo sugerem que Minúcio Félix era advogado em Roma antes de se converter à fé cristã. Nada mais é sabido com certeza acerca dele. Sua única obra sobrevivente é *Octavius* (Otávio), uma discussão entre um cristão e um pagão mediada por Minúcio Félix.

Sua meditação se encontra em 7 de maio.

Orígenes (c. 185–c. 251 d.C.). Orígenes foi um dos escritores mais eruditos e prolíficos da Igreja Primitiva. Ele nasceu de pais cristãos em Alexandria, um importante centro de aprendizado. Seu pai foi martirizado no ano 201. Ainda com vinte e poucos anos, ele instruiu novos convertidos ao cristianismo enquanto prosseguia seus estudos em filosofia. Desentendimentos com o bispo de Alexandria acabaram forçando-o a mudar-se para Cesareia; os bispos de Cesareia e de Jerusalém apreciaram demais as suas contribuições. Ele morreu como um mártir da fé, mas permaneceu controverso ao longo da história da Igreja, em grande parte devido à maneira pela qual hereges do século 5 desenvolveram certas ideias apresentadas por ele de maneira cautelosa e provisória antes que o desenvolvimento da doutrina da Igreja as excluísse. Nenhum outro cristão antes da Era Moderna se igualou a ele em erudição verbal e escrita, que resultou em aproximadamente 2.000 obras escritas, incluindo muitos sermões e comentários acerca de livros da Bíblia, nos quais ele revela um significado espiritual oculto no texto literal das Escrituras. Ele produziu também uma enorme edição do Antigo Testamento denominada *Hexapla* (agora existente somente em fragmentos), que comparava diversas traduções gregas com o texto hebraico. Seus outros escritos incluem *Contra*

Celso, uma apologia que refuta os ataques pagãos ao cristianismo, e *On First Principles* (Sobre os Primeiros princípios), uma exposição sistemática de suas próprias visões teológicas.

Suas meditações se encontram em 3, 24 e 28 de janeiro; 4 e 8 de fevereiro; 2 e 30 de março; 7 e 10 de abril; 7, 18 e 23 de junho; 2 e 30 de julho; 6 de agosto; 29 de setembro; 2, 15 e 21 de outubro; 22 de novembro; 12 e 24 de dezembro.

Rufino (c. 345–410 d.C.). Rufino nasceu em Concórdia (na Itália) e estudou em Roma, onde conheceu Jerônimo. Posteriormente, viveu durante algum tempo em uma comunidade ascética na Itália antes de se mudar para o Egito e, mais tarde, para um mosteiro perto de Jerusalém. Sua principal obra literária foi a tradução de escritos gregos, especialmente os de Orígenes, para o latim em um período quando o conhecimento da língua grega estava declinando no Ocidente. Seu ex-amigo Jerônimo atacou duramente a qualidade de suas traduções, mas os estudiosos modernos acreditam que elas sejam essencialmente confiáveis. Dentre suas obras originais, seu *Commentary on the Apostles' Creed* (Comentário sobre o Credo Apostólico) é algo dependente dos escritos de Cirilo de Jerusalém.

Suas meditações se encontram em 6 de fevereiro; 11 de dezembro.

Sulpício Severo (c. 363–c. 420 d.C.). Sulpício Severo nasceu em Aquitânia em uma família distinta e iniciou a carreira de advogado. Porém, após a morte súbita de sua esposa, tornou-se asceta. Seu herói, o ex-soldado que se tornou monge e bispo milagreiro, Martinho de Tours, é o tema de seu livro *Life of St. Martin* (A vida de São Martinho), uma obra-prima literária que se tornou modelo para muitas vidas de santos medievais.

Suas meditações se encontram em 8 de março; 16 de julho; 7 de outubro.

Tertuliano (fim do século 2.º–início do século 3.º). Tertuliano era natural de Cartago, no norte da África. Seus escritos implicam que ele foi criado como pagão e, posteriormente, convertendo-se ao cristianismo, tornou-se um presbítero. Ele era evidentemente casado, uma vez que seus escritos incluem tratados *To His Wife* (Para sua esposa). Ele parece haver abraçado o montanismo (uma seita carismática e moralmente rigorosa do cristianismo) por volta do ano 205, mas não se sabe se ele se separou definitivamente da Igreja Católica de Cartago. Seus numerosos escritos constituem o primeiro grande corpo de literatura cristã em latim. Neles, Tertuliano defende o cristianismo contra o paganismo, expõe a doutrina cristã contra o gnosticismo e outras heresias, especialmente o marcionismo, e discute questões de ética cristã.

Suas meditações se encontram em 12 de fevereiro; 3 e 25 de março; 5, 17 e 21 de abril; 8 e 31 de maio; 8 de julho; 18 de agosto; 7 de setembro; 14 e 30 de outubro; 4, 20, 24 e 30 de novembro; 23 de dezembro.

Testamentos dos Doze Patriarcas (fim do século 2.º?). Esta obra afirma apresentar as últimas palavras de cada um dos 12 filhos de Jacó. Cada filho faz uma exortação moral baseada em passagens de Gênesis ou na tradição judaica posterior acerca dos patriarcas. Obviamente, essas exortações não foram compostas pelos próprios patriarcas. Elas podem ter sido compostas por um escritor cristão por volta do ano 200, já que contêm várias passagens obviamente cristãs, mas muitos estudiosos acreditam que elas foram escritas por um judeu no período dos Macabeus e, depois, adaptadas por um editor cristão.

Suas meditações se encontram em 18 de abril; 10 de dezembro.

Teodoreto (c. 393–c. 460 d.C.). Teodoreto, de família rica, nasceu em Antioquia e foi educado por monges. Após a morte de seus pais, vendeu todos os seus bens e entrou para um mosteiro. No ano 423, foi eleito bispo da cidade vizinha de Ciro. Como teólogo, é notável primariamente por sua defesa de uma cristologia de duas naturezas. Sua oposição ao poderoso bispo Cirilo de Alexandria, cuja teologia Teodoreto considerava implicitamente monofisita, levou-o ao seu exílio. Ele foi restaurado pelo Concílio de Calcedônia no ano 451, mas, um século depois, seus escritos contra Cirilo foram condenados por outro concílio. Seus escritos remanescentes incluem comentários da Bíblia, *A history of the monks of Syria* (Uma história dos monges da Síria) e uma história da Igreja cobrindo o período dos anos 323 a 428, além de aproximadamente 200 cartas.

Suas meditações se encontram em 4 e 15 de janeiro; 22 de abril; 5 de maio; 11 de julho.

Teonas (fim do século 3). Pouco se sabe acerca de Teonas, exceto que ele foi bispo de Alexandria desde o ano 281/2 até por volta do ano 300. Os estudiosos consideram espúria a *Epistle to Lucianus* (Epístola a Luciano).

Uma seleção se encontra em 15 de agosto.

Teófilo (século 2.º). Teófilo nasceu perto dos rios Tigre e Eufrates e se converteu ao cristianismo quando adulto. Tornou-se bispo de Antioquia no final do século 2.º e completou sua única obra sobrevivente, os três livros *To Autolycus* (A Autólico), após o ano 180. Esses livros defendem a crença em Deus como Criador e na ressurreição, atacam a religião pagã, comentam o relato da criação em Gênesis e apresentam uma cronologia do mundo que se propõe a demonstrar a Homero e aos outros escritores gregos a precedência de Moisés.

Sua meditação se encontra em 26 de maio.

Vicente de Lérins (falecido em c. 450 d.C.). Vicente foi um monge em Lérins, França, durante o século 5º. Ele pode ter sido um soldado antes de abandonar a vida secular. Em sua obra *Commonitory* (Alerta), Vicente procura apresentar maneiras de distinguir entre a fé cristã e as seitas e heresias.

Sua meditação se encontra em 30 de agosto.

Fontes

The Early Church Fathers (Os patriarcas da Igreja Primitiva) (38 volumes). Hendrickson: Peabody MA, 1994.

Di Berardino, Angelo, ed. *Encyclopedia of the Early Church* (Enciclopédia da Igreja Primitiva). Trad. Adrian Walford. New York: Oxford University Press, 1992.

Douglas, J. D. *Who's Who in Christian History* (Quem é quem na história cristã). Tyndale: Wheaton IL, 1992.

Dowley, Tim. *The History of Christianity* (A História do cristianismo). Lion: Oxford, 1990.

Ferguson, Everett, ed. *Encyclopedia of Early Christianity* (Enciclopédia dos primórdios do cristianismo). 2. ed. New York: Garland, 1997.

Freedman, David Noel, ed. *Anchor Bible Dictionary*. (Dicionário bíblico Âncora). New York: Doubleday, 1992.

Lane, Tony. *Concise Book of Christian Faith* (O livro conciso da fé cristã). Harper and Row: San Francisco CA, 1984.

Fontes das meditações

Os leitores que desejarem explorar adicionalmente os escritos parafraseados nesta coletânea encontrarão versões inglesas mais antigas, contudo, em geral, bastante confiáveis, de todas elas no conjunto de 38 volumes *The Early Christian Fathers* (Os primeiros patriarcas cristãos), reimpr. Peabody, Mass.: Hendrickson, 1994.

Os primeiros 11 volumes, intitulados *The Ante-Nicene Fathers* (Os patriarcas antenicenos), contêm escritos do período anterior ao Concílio de Niceia, no ano 325 d.C. *The Nicene and Post-Nicene Fathers, Series One* (Os patriarcas nicenos e pós-nicenos, série um) dedica oito de seus 14 volumes a obras selecionadas de Agostinho e seis a obras de João Crisóstomo. Os escritos de outras figuras pós-nicenas estão nos 14 volumes de *The Nicene and Post-Nicene Fathers, Series Two* (Os patriarcas nicenos e pós-nicenos, série dois). O índice anotado, preparado para a edição de Hendrickson dessas obras por William DiPuccio e impresso como páginas 267–375 de *The Ante-Nicene Fathers, vol. 10* (Os patriarcas antenicenos, vol. 10), proporciona a maneira mais fácil de localizar trabalhos específicos nesses volumes.

Versões mais recentes em inglês de muitas dessas obras foram publicadas individualmente e em séries como *The Classics of Western Spirituality* (Os clássicos da espiritualidade ocidental) e *Ancient Christian Writers* (Escritores cristãos da antiguidade), ambos publicados pela Paulist Press, e *The Fathers of the Church* (Os patriarcas da Igreja), publicado pela Catholic University of America Press.

- Janeiro 1 .... João Crisóstomo, *Homilia 6 sobre Mateus*, §8
- Janeiro 2 .... Gregório de Nissa, *Sobre a virgindade* 17
- Janeiro 3 .... Orígenes, *Comentário sobre Mateus 12:25*
- Janeiro 4 .... Teodoreto, *Carta* 21
- Janeiro 5 .... Clemente de Alexandria, *Instrutor* 1.9
- Janeiro 6 .... Basílio, o Grande, *Carta* 42
- Janeiro 7 .... Agostinho, *Confissões* 10.7
- Janeiro 8 .... João Crisóstomo, *Homilia 28 sobre João*

- Janeiro 9 .... O pastor de Hermas, *Mandamentos* 2
- Janeiro 10 .... João Crisóstomo, *Homilia 2 sobre Filemom*
- Janeiro 11 .... Lactâncio, *Institutas divinas* 3.26
- Janeiro 12 .... Justino Mártir, *Primeira Apologia* 14
- Janeiro 13 .... João Crisóstomo, *Homilia sobre o paralítico baixado pelo telhado,* §1
- Janeiro 14 .... Jerônimo, *Carta* 53, §§5, 7
- Janeiro 15 .... Teodoreto, *Carta* 83
- Janeiro 16 .... Gregório Nazianzeno, *Discursos* 37.13
- Janeiro 17 .... Agostinho, *Sobre a Trindade* 2.17
- Janeiro 18 .... Clemente de Alexandria, *Exortação aos pagãos* 10
- Janeiro 19 .... Hilário de Poitiers, *Sobre a Trindade* 5.21
- Janeiro 20 .... Clemente de Alexandria, *Instrutor* 1.6
- Janeiro 21 .... Cipriano, *Tratado* 4, §20
- Janeiro 22 .... Ambrósio, *Exposição da fé cristã* 2.11
- Janeiro 23 .... João Crisóstomo, *Homilia 47 sobre Atos*
- Janeiro 24 .... Orígenes, *Contra Celso* 3.28
- Janeiro 25 .... Atanásio, *A vida de Antônio* 55
- Janeiro 26 .... Clemente de Alexandria, *Quem é o rico que será salvo?*
- Janeiro 27 .... Agostinho, *Carta* 130, §15
- Janeiro 28 .... Orígenes, *Primeiros princípios* 1.1
- Janeiro 29 .... João Crisóstomo, *Homilia 13 sobre Romanos*
- Janeiro 30 .... Jerônimo, *Carta* 58
- Janeiro 31 .... Ambrósio, *Exposição da fé cristã 5 Prólogo*
- Fevereiro 1....... Cipriano, *Tratado* 10, §12
- Fevereiro 2....... Ambrósio, *Exposição da fé cristã* 5.4
- Fevereiro 3....... Atanásio, *Sobre a encarnação do Verbo* 27
- Fevereiro 4....... Orígenes, *Contra Celso* 4.1
- Fevereiro 5....... Agostinho, *Cidade de Deus* 5.14
- Fevereiro 6....... Rufino, *Comentário sobre o credo apostólico* 15
- Fevereiro 7....... Clemente de Roma, *Primeira epístola aos coríntios* 34
- Fevereiro 8....... Orígenes, *Comentário sobre João* 1.12
- Fevereiro 9....... Agostinho, *Sermão* 4, §4
- Fevereiro 10..... Gregório I, *Epístolas* 7,4
- Fevereiro 11..... Ambrósio, *Exposição da fé cristã* 2.17-19
- Fevereiro 12..... Tertuliano, *Sobre a idolatria* 2
- Fevereiro 13..... Cipriano, *Tratado* 7, §26
- Fevereiro 14..... Agostinho, *Sobre a Trindade* 4.1
- Fevereiro 15..... João Crisóstomo, *Homilia 17 sobre Atos*
- Fevereiro 16..... Cipriano, *Tratado* 7, §24
- Fevereiro 17..... Cirilo de Jerusalém, *Palestras catequéticas* 1.5
- Fevereiro 18..... Basílio, o Grande, *Carta* 2
- Fevereiro 19..... João Crisóstomo, *Homilia 10 sobre Colossenses*
- Fevereiro 20..... Agostinho, *Sobre o Credo* 10
- Fevereiro 21..... Lactâncio, *Institutas divinas* 6.25
- Fevereiro 22..... João Crisóstomo, *Homilia 27 sobre Hebreus*

- Fevereiro 23..... Irineu, *Contra as heresias* 3.18,5
- Fevereiro 24..... João Crisóstomo, *Homilia 8 sobre Romanos*
- Fevereiro 25..... João Cassiano, *Institutas* 4.36
- Fevereiro 26..... Lactâncio, *Institutas divinas* 4.17
- Fevereiro 27..... João Cassiano, *Conferências* 7.5
- Fevereiro 28..... João Crisóstomo, *Tratado sobre o sacerdócio* 2.1
- Fevereiro 29..... Basílio, o Grande, *Cartas*, §2
- Março 1........... Basílio, o Grande, *Homilia 3 sobre o Hexamerão*
- Março 2........... Orígenes, *Comentário sobre João 1.11*
- Março 3........... Tertuliano, *Sobre a carne de Cristo* 5
- Março 4........... Dionísio de Alexandria, *Sobre a recepção dos caídos ao arrependimento* (Fragmentos Exegéticos 7)
- Março 5........... Inácio, *Epístola aos Efésios* 14-15
- Março 6........... Agostinho, *Cidade de Deus* 14.13
- Março 7........... Clemente de Alexandria, *Instrutor* 1.9
- Março 8........... Sulpício Severo, *A vida de São Martinho* 3
- Março 9........... Atanásio, *Carta festiva* 19, §7
- Março 10.......... Agostinho, *Confissões* 10.8
- Março 11.......... Lactâncio, *Institutas divinas* 6.12
- Março 12.......... João Crisóstomo, *Exortação a Teodoro após a sua queda* 6
- Março 13.......... Lactâncio, *Institutas divinas* 6.24
- Março 14.......... O pastor de Hermas, *Mandamentos* 5.2
- Março 15.......... Agostinho, *Sobre a graça e o livre arbítrio* 33
- Março 16.......... João Crisóstomo, *Homilia 24 sobre Efésios*
- Março 17.......... Cirilo de Jerusalém, *Protocatequese* 11
- Março 18.......... Clemente de Alexandria, *Exortação aos pagãos* 9
- Março 19.......... Pseudo-Melito, *Discurso na presença de Antonino César*
- Março 20.......... João Cassiano, *Institutas* 12.32
- Março 21.......... Atanásio, *Carta festiva* 1
- Março 22.......... Agostinho, *Sobre a doutrina cristã* 1.29
- Março 23.......... Lactâncio, *Poema sobre a paixão do Senhor*
- Março 24.......... João Crisóstomo, *Homilia 4 referente às estátuas,* §§11–12
- Março 25.......... Tertuliano, *Prescrição contra os hereges* 9
- Março 26.......... Gregório de Nissa, *Sobre a virgindade* 18
- Março 27.......... Ambrósio, *Sobre o Espírito Santo* 1.9
- Março 28.......... Atanásio, *A vida de Antônio* 42
- Março 29.......... Cipriano, *Epístola* 55, §8
- Março 30.......... Orígenes, *Contra Celso*, Prefácio
- Março 31.......... Eusébio, *Discurso de Constantino* 23
- Abril 1 .... Atanásio, *A vida de Antônio* 20
- Abril 2 .... Agostinho, *Carta* 130, §18
- Abril 3 .... 1 Clemente 49–50
- Abril 4 .... Gregório de Nissa, *Contra Eunômio* 11.2
- Abril 5 .... Tertuliano, *Grinalda* 14
- Abril 6 .... Cipriano, *Tratado* 4, §§14–15
- Abril 7 .... Orígenes, *Primeiros princípios* 3,1,15

- Abril 8 .... Cipriano, *Tratado* 7, §2
- Abril 9 .... Gregório de Nissa, *Sobre a virgindade* 9
- Abril 10 .... Orígenes, *Comentário sobre Mateus* 12.27
- Abril 11 .... O pastor de Hermas, *Mandamentos* 9.1
- Abril 12 .... João Crisóstomo, *Homilia 30 sobre Atos*
- Abril 13 .... João Cassiano, *Institutas* 4.35
- Abril 14 .... João Crisóstomo, *Homilia 28 sobre Mateus*, §1
- Abril 15 .... Basílio, o Grande, *Carta* 233
- Abril 16 .... 2 Clemente 8
- Abril 17 .... Tertuliano, *Sobre a paciência* 8
- Abril 18 .... *Testamentos dos doze patriarcas*, Benjamim 6
- Abril 19 .... Gregório de Nissa, *Contra Eunômio* 10.1
- Abril 20 .... Agostinho, *Sobre o perdão de pecados e o batismo* 2.6
- Abril 21 .... Tertuliano, *Prescrição contra os hereges* 11
- Abril 22 .... Teodoreto, *Carta* 14
- Abril 23 .... Ambrósio, *Exposição da fé cristã* 5.2
- Abril 24 .... Lactâncio, *Institutas divinas* 6.12
- Abril 25 .... Agostinho, *Homilia 1 sobre 1 João*
- Abril 26 .... João Crisóstomo, *Homilia 45 sobre Atos*
- Abril 27 .... Basílio, o Grande, *Homilia 7 sobre o Hexamerão*, §5
- Abril 28 .... Cipriano, *Epístola* 7, §7
- Abril 29 .... Leão I, *Sermão* 42
- Abril 30 .... Agostinho, *Enquiridião* 81
- Maio 1.............. Ambrósio, *Exposição da fé cristã* 2.5.14
- Maio 2.............. Agostinho, *Sermão* 32, §4
- Maio 3.............. Leão I, *Sermão* 88
- Maio 4.............. Irineu, *Contra as heresias* 2.28
- Maio 5.............. Teodoreto, *Carta* 134
- Maio 6.............. Agostinho, *Carta* 93, §4
- Maio 7.............. Minúcio Félix, *Otávio* 36
- Maio 8.............. Tertuliano, *Sobre a fuga na perseguição*
- Maio 9.............. Agostinho, *Sermão do monte* 1.7
- Maio 10............ Atanásio, *Carta festiva* 3
- Maio 11............ Gregório Nazianzeno, *Discursos* 40.16
- Maio 12............ Clemente de Alexandria, *Instrutor* 1.8
- Maio 13............ Cipriano, *Epístola* 6, §3
- Maio 14............ João Crisóstomo, *Homilia 10 sobre 1 Timóteo*
- Maio 15............ Cipriano, *Epístola* 1, §14
- Maio 16............ Jerônimo, *Carta* 52
- Maio 17............ 2 Clemente 15–16
- Maio 18............ Ambrósio, *Epístola* 63
- Maio 19............ Gregório de Nissa, *Resposta ao segundo livro de Eunômio* (p. 282)
- Maio 20............ *Constituições dos Santos Apóstolos* 2.13
- Maio 21............ João Crisóstomo, *Homilia 45 sobre Mateus, §3*
- Maio 22............ Leão, o Grande, *Sermão* 12

- Maio 23........... Gregório Nazianzeno, *Discursos* 40.25
- Maio 24........... João Crisóstomo, *Homilia 20 sobre Romanos*
- Maio 25........... Agostinho, *Homilia 7 sobre 1 João*, § 10
- Maio 26........... Teófilo, *A Autólico* 1.5
- Maio 27........... O pastor de Hermas, *Mandamentos 7*
- Maio 28........... Cipriano, *Epístola* 55, §6
- Maio 29........... Agostinho, *Homilia 6 sobre 1 João*, §3
- Maio 30........... Lactâncio, *Institutas divinas* 6.21
- Maio 31........... Tertuliano, *Prescrição contra os hereges* 4
- Junho 1 .... Agostinho, *Cidade de Deus* 10,6
- Junho 2 .... João Crisóstomo, *Homilia 30 sobre Hebreus*
- Junho 3 .... 1 Clemente 37–38
- Junho 4 .... João de Damasco, *Exposição exata da fé ortodoxa* 1.1
- Junho 5 .... Ambrósio, *Epístola* 63
- Junho 6 .... Agostinho, *Sobre o perdão de pecados e o batismo* 2,5
- Junho 7 .... Orígenes, Contra Celso 1.52
- Junho 8 .... João Cassiano, *Institutas* 8.13
- Junho 9 .... Irineu, *Contra as heresias* 3,26
- Junho 10 .... Cipriano, *Tratado* 4, §4
- Junho 11 .... João Crisóstomo, *Homilia 9 sobre Efésios*
- Junho 12 .... Efrém da Síria, *Homilia* 1, §15
- Junho 13 .... Lactâncio, *Institutas divinas* 5.24
- Junho 14 .... João Crisóstomo, *Homilia 42 sobre Atos*
- Junho 15 .... Jerônimo, *Carta* 12
- Junho 16 .... Atanásio, *A vida de Antônio* 19
- Junho 17 .... Hilário de Poitiers, *Sobre a Trindade* 1.37
- Junho 18 .... Orígenes, *Comentário sobre Mateus 6*
- Junho 19 .... Basílio, o Grande, *Homilia 7 sobre o Hexamerão*
- Junho 20 .... Agostinho, *Confissões* 2.15
- Junho 21 .... Gregório Nazianzeno, *Discursos* 3.7
- Junho 22 .... João Crisóstomo, *Aos que não compareceram à reunião* 7
- Junho 23 .... Orígenes, *Primeiros princípios* 3.1
- Junho 24 .... Clemente de Alexandria, *Miscelânea* 2.2
- Junho 25 .... Agostinho, *Enquiridião* 60
- Junho 26 .... Jerônimo, *Contra Joviniano* 1.12
- Junho 27 .... Agostinho, *Sermão* 13, §2
- Junho 28 .... Gregório I, *Epístolas* 2.48
- Junho 29 .... Clemente de Alexandria, *Quem é o rico que será salvo?* 21
- Junho 30 .... João Crisóstomo, *Homilia 61 sobre Mateus, §5*
- Julho 1 .... Cirilo de Jerusalém, *Palestras catequéticas* 1.3
- Julho 2 .... Orígenes, *Contra Celso* 7.60
- Julho 3 .... João Crisóstomo, *Homilia 13 sobre Mateus*, §12
- Julho 4 .... Hilário de Poitiers, *Sobre a Trindade* 8.33
- Julho 5 .... Gregório de Nissa, *Sobre a virgindade* 24
- Julho 6 .... João Crisóstomo, *Homilia 23 sobre João*
- Julho 7 .... Agostinho, *Sobre a Trindade* 14.17

- Julho 8 .... Tertuliano, *Grinalda* 15
- Julho 9 .... João Cassiano, *Institutas* 5.12
- Julho 10 .... Agostinho, *Sobre o perdão de pecados e o batismo* 2.27
- Julho 11 .... Teodoreto, *Carta* 78
- Julho 12 .... 1 Clemente 23
- Julho 13 .... Dionísio de Alexandria, *Comentário sobre Lucas (Fragmentos Exegéticos 2)*
- Julho 14 .... Cipriano, *Epístola* 7, §5
- Julho 15 .... Jerônimo, *Carta* 52
- Julho 16 .... Sulpício Severo, *Carta* 2, §17 ("cartas duvidosas")
- Julho 17 .... Lactâncio, *Institutas divinas* 5.15
- Julho 18 .... Agostinho, *Homilia 2 sobre 1 João*
- Julho 19 .... Basílio, o Grande, *Carta* 42
- Julho 20 .... Gregório Nazianzeno, *Discursos* 39.8
- Julho 21 .... Agostinho, *Carta* 93, §8
- Julho 22 .... Lactâncio, *Tratado sobre a ira de Deus* 23
- Julho 23 .... Ambrósio, *Exposição da fé cristã* 3.8
- Julho 24 .... Cipriano, *Tratado* 1, §5
- Julho 25 .... Agostinho, *Sobre a Doutrina cristã* 1.4
- Julho 26 .... Gregório Nazianzeno, *Carta* 20
- Julho 27 .... Cipriano, *Epístola* 51, §§18–19
- Julho 28 .... Clemente de Alexandria, *Miscelânea* 7.16
- Julho 29 .... Gregório de Nissa, *Contra Eunômio* 3.2
- Julho 30 .... Orígenes, *A Gregório* 3
- Julho 31 .... João Crisóstomo, *Homilia 24 sobre João*
- Agosto 1.......... Hilário de Poitiers, *Sobre a Trindade* 2.6
- Agosto 2.......... Agostinho, *Cidade de Deus* 14.13
- Agosto 3.......... Leão I, *Sermão* 72
- Agosto 4.......... Clemente de Alexandria, *Quem é o rico que será salvo?*
- Agosto 5.......... Agostinho, *Sobre a catequese dos incultos* 4
- Agosto 6.......... Orígenes, *Primeiros princípios* 1,4
- Agosto 7.......... Atanásio, *Carta festiva* 3
- Agosto 8.......... Cipriano, *Epístola* 1, §15
- Agosto 9.......... Irineu, *Contra as heresias* 3,5.2
- Agosto 10......... Cirilo de Jerusalém, *Palestras catequéticas* 23.17
- Agosto 11......... Lactâncio, *Institutas divinas* 6.24
- Agosto 12......... Jerônimo, *Carta* 118, §5
- Agosto 13......... Gregório de Nissa, *Sobre a virgindade* 16
- Agosto 14......... Justino Mártir, *Fragmento da obra perdida de Justino sobre a ressurreição*
- Agosto 15......... Teonas, *Epístola a Luciano* 2
- Agosto 16......... 2 Clemente 6–7
- Agosto 17......... Atanásio, *Sobre a encarnação do Verbo* 57
- Agosto 18......... Tertuliano, *Grinalda* 10
- Agosto 19......... João Cassiano, *Conferências* 1.8
- Agosto 20......... João Crisóstomo, *Homilia 26 sobre Hebreus*

- Agosto 21......... Ambrósio, *Sobre a crença na ressurreição* 39–40
- Agosto 22......... Agostinho, *Cidade de Deus* 10.22
- Agosto 23......... Basílio, o Grande, *Carta* 140
- Agosto 24......... Jerônimo, *Carta* 122
- Agosto 25......... Clemente de Alexandria, *Miscelânea* 5.1
- Agosto 26......... Eusébio, *Discurso de Constantino* 26
- Agosto 27......... João Crisóstomo, *Homilia 59 sobre Mateus*, §5
- Agosto 28......... Clemente de Alexandria, *Instrutor* 1.12
- Agosto 29......... Atanásio, *Carta festiva* 10, §7
- Agosto 30......... Vicente de Lérins, *Alerta* 23.55-56
- Agosto 31......... Gregório I, *Epístolas* 9.105
- Setembro 1 ...... João Crisóstomo, *Homilia 60 sobre Mateus*, §3
- Setembro 2 ...... Irineu, *Contra as heresias* 2.25
- Setembro 3 ...... Clemente de Alexandria, *Miscelânea* 2.6
- Setembro 4 ...... Cipriano, *Tratado* 4, §31
- Setembro 5 ...... Jerônimo, *Contra os pelagianos* 3.8
- Setembro 6 ...... 1 Clemente 33
- Setembro 7 ...... Tertuliano, *Sobre a oração* 11
- Setembro 8 ...... Irineu, *Contra as heresias* 1.10
- Setembro 9 ...... Jerônimo, *Diálogo contra os luciferianos*
- Setembro 10 .... Leão I, *Sermão* 39
- Setembro 11 .... Agostinho, *Sobre o perdão de pecados e o batismo* 2.54
- Setembro 12 .... Lactâncio, *Epítome das institutas divinas* 58
- Setembro 13 .... Cipriano, *Tratado* 7, §12
- Setembro 14 .... Agostinho, *Confissões* 10.36
- Setembro 15 .... Gregório de Nissa, *Resposta ao Segundo livro de Eunômio* (p. 262)
- Setembro 16 .... João Crisóstomo, *Homilia 39 sobre Atos*
- Setembro 17 .... Eusébio, *Discurso de Constantino* 7–8
- Setembro 18 .... Agostinho, *Enquiridião* 73
- Setembro 19 .... Comodiano, *Instruções* 24
- Setembro 20 .... Agostinho, *Sermão* 30, §2
- Setembro 21 .... Ambrósio, *Exposição da fé cristã* 4.12
- Setembro 22 .... Agostinho, *Sobre o batismo, contra os donatistas* 4.14
- Setembro 23 .... Gregório Nazianzeno, *Discursos* 33.14
- Setembro 24 .... João de Damasco, *Exposição exata da fé ortodoxa* 2.29
- Setembro 25 .... Lactâncio, *Institutas divinas* 6.13
- Setembro 26 .... Cipriano, *Epístola* 39, §5
- Setembro 27 .... João Cassiano, *Institutas* 5.17
- Setembro 28 .... Ambrósio, *Epístola* 63
- Setembro 29 .... Orígenes, *Contra Celso* 3.40
- Setembro 30 .... João Crisóstomo, *Homilia 7 sobre Romanos*
- Outubro 1 .... Gregório de Nissa, *Contra Eunômio* 12.1
- Outubro 2 .... Orígenes, *Primeiros princípios* 3.2
- Outubro 3 .... Gregório de Nissa, *Contra Eunômio* 5.5
- Outubro 4 .... Agostinho, *Cidade de Deus* 14.4

- Outubro 5 .... Cipriano, *Tratado* 4, §36
- Outubro 6 .... Gregório Nazianzeno, *Discursos* 16.2
- Outubro 7 .... Sulpício Severo, *Carta* 1, §2
- Outubro 8 .... João Crisóstomo, *Homilia 18 sobre Romanos*
- Outubro 9 .... Jerônimo, *Carta* 22
- Outubro 10 ...... Lactâncio, *Institutas divinas* 7.27
- Outubro 11 ...... Gregório Nazianzeno, *Discursos* 40.15
- Outubro 12 ...... João Crisóstomo, *Homilia referente à solidão da alma* 2
- Outubro 13 ...... Ambrósio, *Exposição da fé cristã* 2,23-25, 27
- Outubro 14 ...... Tertuliano, *Sobre a oração* 29
- Outubro 15 ...... Orígenes, *Comentário sobre João* 6.11
- Outubro 16 ...... Clemente, *Exortação aos pagãos* 9
- Outubro 17 ...... Atanásio, *Aos bispos do Egito* 4
- Outubro 18 ...... Cipriano, *Epístola* 45, §3
- Outubro 19 ...... Leão I, *Sermão* 12
- Outubro 20 ...... João Crisóstomo, *Homilia 20 sobre Atos*
- Outubro 21 ...... Orígenes, *Contra Celso* 6.20
- Outubro 22 ...... Gregório de Nissa, *Contra Eunômio* 10.4
- Outubro 23 ...... Agostinho, *Carta* 218, §3
- Outubro 24 ...... Irineu, *Contra as heresias* 2.27.1-2
- Outubro 25 ...... Hilário de Poitiers, *Sobre a Trindade* 10,70
- Outubro 26 ...... Agostinho, *Sermão* 5, §4
- Outubro 27 ...... Basílio, o Grande, *Carta* 101
- Outubro 28 ...... Eusébio, *Discurso de Constantino* 15
- Outubro 29 ...... Cipriano, *Epístola* 1, §§4–5
- Outubro 30 ...... Tertuliano, *Prescrição contra os hereges* 3
- Outubro 31 ...... João Cassiano, *Conferências* 24.25
- Novembro 1..... Afraate, *Demonstrações* 1.18-20
- Novembro 2..... Agostinho, *Tratado 25 sobre João*, §16
- Novembro 3..... Cipriano, *Tratado* 11, §13
- Novembro 4..... Tertuliano, *Sobre o arrependimento* 3
- Novembro 5..... Hilário de Poitiers, *Sobre a Trindade* 1.7
- Novembro 6..... Cipriano, *Tratado* 1, §12
- Novembro 7..... João Crisóstomo, *Homilia 12 sobre Filipenses*
- Novembro 8..... Clemente de Alexandria, *Miscelânea* 7.16
- Novembro 9..... Jerônimo, *Carta* 225, §14
- Novembro 10... Lactâncio, *Institutas divinas* 6.4
- Novembro 11... Clemente de Alexandria, *Instrutor* 1.9
- Novembro 12... João Crisóstomo, *Homilia 10 sobre 2 Timóteo*
- Novembro 13... João de Damasco, *Exposição exata da fé ortodoxa* 4.17
- Novembro 14... Cipriano, *Tratado* 10, §7
- Novembro 15... João Crisóstomo, *Homilia 76 sobre Mateus*, §5
- Novembro 16... Agostinho, *Sermão do monte* 2.36
- Novembro 17... Eusébio, *Discurso de Constantino* 12
- Novembro 18... Agostinho, *Confissões* 1.5-6
- Novembro 19... Dionísio de Alexandria, *Exposição de Lucas* 22:46 (Fragmentos exegéticos 4)

- Novembro 20... Tertuliano, *Sobre o arrependimento* 4
- Novembro 21... Atanásio, *A vida de Antônio* 17
- Novembro 22... Orígenes, *Primeiros Princípios* 3.1
- Novembro 23... Agostinho, *Tratado 41 sobre João*, § 13
- Novembro 24... Tertuliano, *Um tratado sobre a alma* 11
- Novembro 25... Atanásio, *Carta festiva* 3, §5
- Novembro 26... Cipriano, *Tratado* 9, §30
- Novembro 27... João Crisóstomo, *Homilia referente à solidão da alma* 11
- Novembro 28... Ambrósio, *Referente ao arrependimento* 1.13
- Novembro 29... Jerônimo, *Contra Joviniano* 2.3
- Novembro 30... Tertuliano, *Sobre a fuga da perseguição* 1
- Dezembro 1 ..... Agostinho, *Sobre a doutrina cristã* 1.22
- Dezembro 2 ..... Basílio, o Grande, *Carta* 240
- Dezembro 3 ..... O pastor de Hermas, *Mandamentos* 5.1
- Dezembro 4 ..... Lactâncio, *Institutas divinas* 5.13
- Dezembro 5 ..... Agostinho, *Carta* 31, §5
- Dezembro 6 ..... Gregório de Nissa, *Sobre a virgindade* 21
- Dezembro 7 ..... Ambrósio, *Deveres do clero* 1.3-4
- Dezembro 8 ..... Gregório I, *Epístolas* 11.45
- Dezembro 9 ..... Clemente de Alexandria, *Instrutor* 1.9
- Dezembro 10 ... *Testamentos dos Doze Patriarcas*, Gad 5
- Dezembro 11 ... Rufino, *Comentário sobre o credo apostólico* 40
- Dezembro 12 ... Orígenes, *Comentário sobre Mateus* 12.10
- Dezembro 13 ... Agostinho, *Sobre a Trindade* 9.1
- Dezembro 14 ... Atanásio, *Carta festiva* 2
- Dezembro 15 ... Irineu, *Contra as heresias* 2.25
- Dezembro 16 ... Agostinho, *Sermão* 30, §7
- Dezembro 17 ... Ambrósio, *Epístola* 63
- Dezembro 18 ... Gregório de Nissa, *Sobre a virgindade* 24
- Dezembro 19 ... Lactâncio, *Epítome das institutas divinas* 65
- Dezembro 20 ... Atanásio, *Sobre a encarnação do Verbo* 15
- Dezembro 21 ... Pseudo-Clemente, *Homilia* 12, §32
- Dezembro 22 ... João Crisóstomo, *Homilia 13 sobre Mateus*, §§5–6
- Dezembro 23 ... Tertuliano, *Da paciência* 11
- Dezembro 24 ... Orígenes, *Contra Celso* 6.67
- Dezembro 25 ... Leão I, *Sermão* 21
- Dezembro 26 ... João Cassiano, *Institutas* 5.19
- Dezembro 27 ... João Crisóstomo, *Comentário sobre Gálatas* 6:14
- Dezembro 28 ... Agostinho, *Sermão* 3, §11
- Dezembro 29 ... Gregório Nazianzeno, *Discursos* 40.13
- Dezembro 30 ... Cipriano, *Epístola* 6, §2
- Dezembro 31 ... Clemente de Alexandria, *Miscelânea* 7.3